불안의 기원

일러두기 ────────

1. 본문 하단의 각주는 모두 옮긴이 주입니다.
2. 인명은 외래어 표기법을 따랐습니다.
3. 도서명은 『 』로, 신문이나 잡지는 《 》, 짧은 글과 영화, 방송 등은 「 」로 표기했습니다.

불안의 기원

지그문트 바우만 지음 | 박지선 옮김

다산
초당

두려움에는 눈이 많아서
땅속에 묻힌 것까지 볼 수 있다.

_ 미겔 데 세르반테스 『돈키호테』 중에서

두려움을 느끼는 데는 이유가 필요 없다. (⋯)
나는 두려웠지만, 그 이유를 알아서 다행이었다.

_ 로맹 가리 『자기 앞의 생』 중에서

우리가 두려워해야 할 것은
두려움 그 자체뿐이라고 확신합니다.

_ 프랭클린 델러노 루스벨트, 1933년 취임 연설에서

21세기가 열린 뒤 지난 25년 동안 우리 시대를 대표해온 사회사상가를 한 사람만 들라면 나는 주저 없이 지그문트 바우만을 꼽는다. 두 가지 점에서 그러하다. 첫째, 사회적 차원에서 바우만은 '액체liquid' 시리즈를 통해 21세기가 서 있는 자리와 가야 할 길을 날카롭게 분석한다. 둘째, 개인적 차원에서 바우만은 이 위기의 시대를 견뎌내고 희망의 틈새를 발견할 수 있게 한다.

『불안의 기원』은 '액체' 시리즈의 한 권이다. 바우만에 따르면 우리 시대는 불확실성과 불안이 삶과 사회에 넓고 깊게 스며든 '두려움의 시대'다. 바우만은 죽음, 악, 통제 불가능한 것, 세계화와 두려움의 관계를 주목하고, 다양한 두려움 앞에 던져진 실존적 개인의 고난을 응시하며, 그 두려움에서 어떻게 벗어날 수 있을지를 탐색한다.

　바우만은 회의주의자다. 오늘날 두려움은 삶과 사회에 끝없이 흐르고 스며든다. 그러나 바우만은 희망을 포기하지 않는다. 자유와 안전 사이의 균형을 모색하고, 칸트가 말한 '메타 희망'을 추구해야 한다고 제언한다. 비관적 현실에 맞서는 의지적 희망은 21세기를 살아가는 사람이라면 마땅히 품어야 할 책무다. 바우만을 읽어야 하는 까닭이 바로 여기에 있다.

_김호기(연세대 사회학과 명예교수)

　현대 사회에서 두려움은 늘 우리 곁에 있다. 모두가 촘촘히 연결된 세계에서 자칫 잘못하면 모든 게 도미노처럼 무너질지도 모른다는 두려움, 남들이 달려 나가는 동안 나만 배제될지도 모른다는 두려움……. 명확한 실체를 짚어낼 수 없지만 무수히 많은 형태로 다가오는 두려움 속에서 우리는 황급히 물건을 소비하고 최선의 선택이 무엇인지 따져 물으며 소문을 따라다닌다. 그 밑에 유유히 흐르는 죽음에 대한 공포가 마치 천연자원처럼 두려움을 공급한다. 악은 평범성과 합리성의 모습으로 곳곳에 숨고, 그만큼 두려움도 재생산된다. 미디어와 정치권은 끊임없이 두려움을 유발한다.

무엇도 예측하기 어렵고 통제되지 않으며 악이 모습을 바꾸는 동안 곁에서 끊임없이 불안한 말을 떠벌리는 사회. 그것이 바우만이 '유동하는 두려움'을 중심으로 바라본 이 세계의 모습이다. 이 세계는 오래전 두려움의 대상이었던 자연과는 전혀 다른 모습을 하고 있다. 이 세계에서 우리는 어떻게 해야 할까? 바우만은 유동하는 두려움의 모습을 총체적으로 바라볼 것을 제안한다. 나도 모르게 계속되는 뿌리 깊은 두려움의 정체를 짚어나갈 수 있도록 돕는 책이다.

_김겨울(작가, 유튜브 '겨울서점' 운영)

끝없이 불안에 떠는 현대인의 초상

지그문트 바우만의 이름은 국내에도 어느 정도 알려졌지만, 그의 사상이나 저서는 아직 생소하게 느끼는 사람들이 많다. 폴란드 태생의 사회학자인 그는 '액체 현대liquid modern'라는 개념을 창시한 20세기 최고의 지성으로, 현대 사회를 '액체처럼 이리저리 흐르며 계속 변화하는 사회'로 규정한다. 그리고 과거의 제도, 풍속, 도덕 등 고정적인solid 모든 것이 해체되고 유동적으로 계속 변화하며 개인의 삶에 서서히 스며드는 현대 사회의 특징에 주목한다.

『불안의 기원』은 바우만의 대표작 '액체 현대' 시리즈의

한 권으로, 액체처럼 유동하는 현대 사회에서 우리가 마주한 두려움과 실체 없는 불안을 고찰한다. 바우만은 두려움의 근원을 무엇이 닥칠지 모르는 '무지'로 인한 불안과, 무엇을 할 수 있고 할 수 없는지 모르는 '무력함'으로 진단하며, 원인 모를 막연한 불안에 만성적으로 시달리는 현대인에게 흥미로운 통찰을 제시한다. 이를 통해 인간이라면 피할 수 없는 불안이 어디에서 오는지, 과거와 현대의 두려움은 어떻게 다른지, 현대의 유동성으로 새로 생겨난 두려움은 무엇인지 사회적·철학적으로 통찰하는 동시에 구체적인 예를 들어 설명한다.

이 책은 20년 전인 2005년 집필되었으나 오늘날 우리 사회에도 여전히 적용된다. 오늘날 우리는 과학 기술과 의학의 발달로 그 어느 세대보다 안전하고 안락하게 살 수 있는 환경에 놓여 있다. 그러나 코로나19 바이러스를 비롯한 여러 신종 질병과 기술 발전으로 생겨난 새로운 형태의 범죄 등에 더없이 두려움을 느낀다. 서바이벌 프로그램이 흥행하는 현실도 의미심장하다. 두려움은 나날이 증가하지만 현대 사회의 유동성 때문에 연대는 사라지고, 개인의 삶은 조각조각 흩어져 서로 경쟁하기 바쁘다. 두려움에 대처하기가 더욱 힘들어진 것은 물론이다. 게다가 실체 없는 불안에 가짜 실체를 주입해 이득을 취하는 존재도 분명히 있다. 그렇기에 우리는 막연하게 불안해하며 두려움을 느끼는 대신 그 근원을 파헤쳐 보고 실체에 다가가야 한다. 더 나아가 긍정적인 '연대'를 통해 문제를 해결하고자 노력해야 한다.

이 책에는 수많은 철학자, 역사학자, 사회학자와 여러 이념이 등장한다. 바우만은 이를 친절하게 인용했으나 혹여 완전히 이해하지 못했다고 해서 좌절할 필요는 없다. 그가 전하려는 메시지는 일관되므로 그 핵심 줄기만 따라가면 될 것이다. 두려움을 심리학이 아니라 사회·역사·철학적 맥락에서 짚어보는 것만으로도 새로운 시선을 얻는 데 도움이 된다.

바우만의 말처럼 이 책에는 불안을 해결할 방안이 담겨 있지 않다. 유동적인 현대에서 나타나는 두려움의 실체를 알리고, 이를 정확히 파악한 상태에서 어떻게 행동할지 신중하게 결정하라고 촉구할 뿐이다. 20세기 최고의 지식인이 지침을 주었으니, 이에 대처하는 것은 결국 액체 현대를 살아가는 우리의 몫이다. 우리가 다시 한번 '역사의 주체'가 되어 이를 해결하는 것이 이 책이 남긴 숙제가 아닐까.

2025년은 지그문트 바우만이 탄생한 지 100년째 되는 해다. 『불안의 기원』 출간을 계기로 그의 독창적인 사상이 널리 알려지기를 바란다. 나아가 현대인이 처한 여러 위기를 함께 헤쳐 나갈 수 있는 계기가 되면 좋겠다.

두려움은 어떻게 우리를 움직이는가

오랫동안 불안, 초조, 불길한 예감, 걱정 가득한 나날, 잠
못 이루는 밤을 보낸 끝에 마침내 위험의 실체를 마주하고는
이를 직접 보고 만질 수 있게 되었을 때, 안도감이 느껴져 별
안간 기운과 용기가 솟구치는 경험은 매우 기이하지만 흔히
벌어진다.

어쩌면 기이한 일이 아닐지도 모르겠다. 끔찍한 일이 벌
어질 것만 같은 막연한 느낌, 즐거워야 할 일상을 망가뜨리고
밤잠을 이루지 못하게 하던…… 그 느낌에 오래 시달린 끝에
그 뒤에 무엇이 자리를 잡고 있는지 마침내 알게 되면, 우리

를 힘들게 하던 그 느낌이 어디에서 왔는지 알면 그걸 떨쳐 낼 방법도 알아낼 수 있기 때문이다. 사실 방법이 있을지 모르지만 적어도 그 두려움이 끼치는 해악 앞에서 우리가 얼마나 무능력한지, 어떤 종류의 상실과 상처와 고통을 받아들여야 하는지는 알 수 있다.

'진짜 위험'에 직면했을 때, 다시 말해 예상만 할 뿐 상상에 지나지 않던 재난이 실제로 닥쳤을 때 겁 없는 투사로 변신한 겁쟁이의 이야기를 다들 들어보았을 것이다. 두려움은 널리 퍼져 여기저기 흩어질 때, 불분명하며 원인을 알 수 없을 때, 어딘가에 고정되어 있지 않고 명확한 소재나 이유 없이 자유로이 움직일 때, 뚜렷한 규칙이나 근거 없이 우리를 사로잡을 때, 그 위협이 모든 곳에서 어렴풋이 감지되지만 절대 또렷하게 보이지는 않을 때 가장 큰 위력을 발휘한다.

'두려움'은 우리가 **불확실성**에 부여한 이름이다. 또한 위협의 정체와 **대처 방안**을 모르는 상황에, 즉 그 위협을 막기 위해 무엇을 할 수 있고 무엇을 할 수 없는지 모르고, 위협을 막는 것이 능력 밖의 일일 경우에 맞서 싸워야 할지 말지 모르는 **무지**에 부여한 이름이기도 하다.

두려움은 언제 어디에나 있다

프랑스 역사학자 뤼시앵 페브르Lucien Febvre는 근대가 태동하던 16세기 유럽에서 경험한 삶을 네 마디로 명료하게 압축한다.

"두려움은 언제 어디에나 있다."[1]

페브르는 어디에나 존재하는 두려움을 문밖에서 시작해 농장 울타리 너머까지 온 세상을 감싼 어둠과 연관 짓는다. 어둠 속에서는 무슨 일이든 일어날 수 있지만 어떤 일이 일어날지는 알 수 없기 때문이다. 어둠이 위험의 근원은 아니지만 당연히 불확실성이 존재하므로 두려움도 존재한다고 보았다.

사람들은 근대에 본격적으로 접어들면서 그런 두려움에서 벗어나 크게 도약하리라고 예상했다. 두려움을 떨치고 두려움의 온상에서 벗어난 세계로, 즉 보이지도 않고 어찌해 볼 도리가 없는 운명에서 벗어난 세계로 접어들 줄 알았다. 빅토르 위고는 이러한 생각을 다음과 같이 서정적으로 표현한다.[2]

"(정치가 행사하던 힘을 과학에 내주고) 과학의 안내 덕분에 예상치 못한 놀라운 일, 재앙, 대참사가 종말을 고하는 것은 물론이고, 분쟁, 잘못된 믿음, 기생적 관계 또한 끝날 것이다.

(…) 다시 말해 두려움이 만들어낸 모든 것에서 자유로워질 것이다."

하지만 탈출구라고 생각한 길은 결과적으로 긴 우회로가 되었다. 5세기가 지난 지금, 성급한 희망이 묻힌 거대한 무덤의 반대편에 서 있는 우리에게 페브르의 단호한 말은 다시 한번 놀라우리만치 시의적절하게 들린다. 우리는 또다시 두려움의 시대에 살고 있다.

두려움은 모든 생명체가 느끼는 감정이다. 인간은 두려움이라는 경험을 동물과 공유한다. 동물행동학자들은 생명을 위협하는 위험한 존재와 맞닥뜨렸을 때 동물이 보이는 다채로운 반응을 매우 자세하게 설명했다. 이들 모두 인간이 위협에 직면했을 때와 마찬가지로 도망치느냐, 공격하느냐 사이에서 갈등한다.

하지만 인간에게는 여기에 추가되는 두려움이 있다. 일종의 '2차 두려움'으로, 말하자면 사회적·문화적으로 '확대재생산된 두려움'이다. 프랑스 사회학자 위그 라그랑주Hugues Lagrange의 연구에 따르면[3] 이는 위협이 당장 존재하는지와 상관없이 특정 행동을 하게 만드는 세상에 대한 인식과 기대를 먼저 바꾸어놓음으로써 사람들의 행동을 유도하는 '파생된 두려움'이기도 하다. 2차 두려움은 위협에 정면으로 맞닥뜨린 과거 경험이 퇴적되어 느끼는 감정이다. 그래서 그 경험이 끝난 뒤에도, 즉 생명이나 안위가 더 이상 직접적으로 위협당하지 않는 상황에서도 인간의 행동을 형성하는 데 중요한 요소로 작용한다.

파생된 두려움은 지속적으로 생각을 규정하며, 스스로 위험에 **취약하다고** 생각하게 만드는 정서가 된다. 이를테면 세상은 경고 없이 언제든 닥칠 수 있는 위험으로 가득하다고 느끼는 불안감, 위험이 닥쳤을 때 빠져나가거나 성공적으로 자신을 지킬 가능성이 거의 없다고 느끼는 취약함 같은 것들이다. 이때의 취약함은 실제 위협의 규모나 본질보다는 스스로 동원할 수 있다고 생각하는 방어 수단에 대한 믿음이 부족하기에 생긴다. 불안감과 취약함이 포함된 세계관을 내면화한 사람은 진정한 위협이 없는 일상적인 상황에서도 위험을 정면으로 맞닥뜨렸을 때와 같은 반응을 보인다. 파생된 두려움은 이렇게 추진력을 얻는다.

예를 들어보자. '바깥세상은 위험하니 되도록 나가지 않는 게 좋다'라고 생각하는 사람들은 저녁 외출을 자제한다. 해가 지면 특히 무섭게 느껴지기 때문이다. 이들이 집 밖으로 나가지 않는 이유는 실제로 위험을 감지해서일 수도 있고, 위협에 대처할 자신이 없어서일 수도 있다. 또는 부족한 경험이 상상력을 제멋대로 자극해 상황을 확대 해석하기 때문일 수도 있다.

사람들이 두려워하는 위험과 여기에서 파생된 두려움은 세 가지로 나눌 수 있다. 첫 번째, 신체와 재산을 위협하는 위험이다. 두 번째, 수입이나 고용 같은 생계와 장애인, 노인 등 약자의 생존을 보장하는 사회 질서를 위협하는 위험이다. 세 번째, 개인의 사회적 위치를 위협하는 위험이다. 위계질서, 계층, 성별, 인종, 종교 같은 정체성뿐만 아니라 사회 안에서의 지위나 존엄성을 위협하는 것이다.

하지만 수많은 연구에 따르면 파생된 두려움은 그 두려움으로 괴로워하는 사람의 인식과 쉽게 분리된다. 불안감과 취약함에 시달리는 사람은 파생된 두려움이라는 증거가 있어도 실제로 무엇을 인식했는지와 상관없이 반대로 자신의 두려움을 앞서 말한 세 가지 위험 유형 중 하나로 해석해 버린다. 그래서 두려움을 완화하기 위해 방어적이거나 공격적인 반응을 보이지만 불안의 진짜 원인은 제대로 겨냥하지 못한다.

예컨대 국가의 **존재 이유**는 위협으로부터 국민을 보호해 그들의 생존을 보장하는 것이며, 이 약속을 바탕으로 국가는 국민에게 복종을 요구한다. 하지만 그 약속을 더 이상 지키지 못할 경우, 특히 두 번째와 세 번째 유형의 위험에서 국민을 지키지 못할 경우, 또는 빠른 세계화와 점점 영향력이 커지는 해외 시장 때문에 국민의 생존을 책임지고 보장하지 못할 경우 보호의 초점은 사회적 보장에 대한 위험에서 개인 안전에 대한 위험으로 바뀌어야 한다. 그런 다음 두려움에 대항하는 싸움을 개인이 주도하고 관리하는 생활 정치 영역으로 '수준을 낮추어' 책임을 '하위 주체로 넘겨야' 하고, 그와 동시에 그 싸움에 쓸 수 있는 무기를 소비자 시장에 공급하는 일도 개인에게 맡겨야 한다.

매일 새로운 위험이 발표되는 시대

가장 두려운 것은 두려움이 어디에나 존재한다는 사실이다. 두려움은 우리의 가정과 우리가 사는 지구의 모든 구석에서 새어 나온다. 어두운 거리와 환하게 빛나는 텔레비전 화면에도, 침실과 주방에도, 일터와 출퇴근할 때 타는 지하철에도, 우리가 만나는 사람들과 미처 알아차리지 못한 사람들에게도, 우리가 삼킨 것과 우리 몸이 접촉한 것에도, 우리가 '자연'이라고 부르는 것에도(경험한 기억이 거의 없을지 모르지만 지진, 홍수, 허리케인, 산사태, 가뭄, 폭염이 급증하며 집과 일터를 파괴하고 몸을 망가뜨리겠다고 위협한다), 사람들에게도(이 역시 경험한 기억이 거의 없을지 모르지만 테러리스트의 잔혹 행위, 강력 범죄, 성폭력, 유해 식품, 대기와 수질 오염이 급증해 집과 일터를 파괴하고 몸을 망가뜨리겠다고 위협한다) 두려움이 존재한다.

가장 무서운 영역일 수 있는 세 번째 위험은 회색 지대에 존재하며 감각을 마비시키고 정신을 괴롭힌다. 아직 이름이 붙지 않은 이 영역에는 더 짙고 사악한 두려움이 스민다. 온전히 자연에서 오는 위험도 아니고, 그렇다고 오롯이 인간에게서 오는 위험도 아니다. 자연과 인간에서 동시에 올 수 있고 둘 다에 속하지 않는 새로운 유형일 수 있다. 야심만 과하고 운은 따라주지 않는, 사고와 재난을 일으키기 일쑤인 마법사의 제자 또는 못된 마음을 품고 경솔하게 램프에서 빠져나온 지니가 이 영역을 맡은 게 틀림없다.

예를 들면 전력망이 마비되고 석유가 바닥나고 주식 시장이 무너지고 대기업이 모두 한꺼번에 사라져 당연하게 사용하던 수많은 서비스도 사라지고 만다. 탄탄하다고 믿었던 수많은 일자리가 사라진다. 수많은 집기를 싣고 승객 수백 명을 태운 제트기가 서로 충돌하는 것과 같은 상황이다. 시장의 갑작스러운 변화로 가장 소중하고 누구나 탐내는 자산이 쓸

모없어지고, 상상할 수 있거나 상상할 수 없는 여러 재난이 발생하고, 무언가 다른 요인 때문에 재난이 조장되어 조심스러운 사람이든 그렇지 않은 사람이든 모두를 덮치려 한다. 우리는 위험이 쉴 없이 발생한다는 것을 날마다 알게 된다. 거의 매일 새로운 위험이 발표된다. 얼마나 많은 위험이, 또 어떤 종류의 위험이 우리와 전문가들의 관심을 피해 예고 없이 공격할 준비를 하고 있는지 알 길이 없다.

하지만 영국 비평가이자 작가인 크레이그 브라운Craig Brown은 재치를 발휘해 1990년대를 다음과 같이 기록한다.

세계를 대상으로 한 경고는 모든 곳에서 증가하고 있다. 살인 바이러스, 살인 해일, 살인 약물, 살인 빙산, 살인 고기, 살인 백신, 진짜 사람을 죽이는 살인자를 비롯해 금방이라도 목숨을 앗아갈 듯한 여러 사건을 알리는 새로운 경고가 세계를 대상으로 매일 쏟아진다. 사람들은 처음에는 이런 경고를 들으며 두려워했지만 이제는 즐기기 시작했다.[4]

정말 그렇다. 이 세상이 살기 무섭다는 것을 안다고 해서 두려움에 사로잡혀 살지는 않는다. 적어도 매일 24시간 내내 두려워하지는 않는다. 우리에게는 혹시 일어날지 모를 끔찍한 사태를 피하는 데 도움이 될 만한 기민한 전략이 아주 많다. 상점에서 구매를 부추기는 온갖 똑똑한 기기의 도움을 받을 수도 있다. 우리는 이러한 '세계적 경고'를 **즐기는** 경지에까지 이르렀다. 결국 유동적인 현대 사회에서 확실하다고 인정받은 것은 단 하나, 내일은 오늘과 같을 수 없고 같아서도 안 되며 같지 않을 것이라는 사실이고, 이런 세계에 산다는 것은 사라짐, 소멸, 죽음을 매일 예행연습 한다는 뜻이다. 좀 더 완곡하게 표현하자면, 죽음이 끝이 아니고 부활을 거듭하며 영원히 환생한다는 사실을 반복해서 연습한다는 뜻이다.

두려움은 반드시 사라지기에

인간이 함께 살아가는 모든 형태가 그렇듯이, 우리가 사는 유동적인 현대 사회는 두려움과 함께 살아갈 만하게 만들어진 장치다. 다시 말해 현대 사회는 위험에 대한 두려움을 잠재적으로 누그러뜨리거나 무력화하고, 사회 질서 유지를 위해 존재할 수 없거나 존재하면 안 되는 위험에서 파생된 두려움을 효과적으로 예방하기 위해 만든 장치라는 뜻이다.

질서를 어지럽힐 가능성이 있는 다른 여러 정서와 마찬

가지로 두려움을 억압할 장치는 꼭 필요하다. 노르웨이 사회
학자 토마스 마티에센Thomas Mathiesen은 이를 '조용한 입막음
silent silencing'이라고 말한다. "소란스럽기보다 조용하고, 드러
내기보다 감추고, 알아차릴 수 없이 몰래 하고, 보이기보다
보이지 않으며 실체가 있기보다 실체를 알 수 없이 진행된
다"라는 것이다. 이것이 바로 조용한 입막음이다.

조용한 입막음은 구조적이다. 일상생활의 일부기도 하다. 제한
이 없기에 우리의 모든 것에 각인되어 있다. 소리가 없어서 아
무도 알아차리지 못하게 진행된다. 우리 사회에 퍼져 지속적으
로 사회를 점점 두텁게 둘러싼다는 의미에서 역동적이다. 조용
한 입막음의 구조적 특징 때문에 국가의 대표자는 그에 대한
책임을 '면제'받는다. 또한 일상생활의 일부라는 특징 때문에
입막음당하는 사람의 관점에서 볼 때 이를 '피할 수 없다.' 제
한이 없기에 개인에게 특히 효과적으로 작용할 수 있다. 소리
없이 아무도 알아차리지 못하게 진행되기에 정당성을 주장하
기 쉽다. 끝으로, 역동성 때문에 입을 막는 메커니즘이 점점 신
뢰받게 된다.[5]

우선 유동적인 현대의 삶에서 모든 것이 그렇듯이, 죽음

은 일시적이고 추후 통보가 있을 때까지만 유지된다. 오래 잊힌 유명인이나 한참 동안 유명하지 않았던 노래가 다시 돌아올 때까지, 오래 잊힌 작가가 몇십 또는 몇백 주년 같은 기념일을 맞아 다시 발굴될 때까지, 복고풍 패션이 다시 유행할 때까지만 죽음이 지속되는 것이다. 조금씩 자주 물리다 보면 한 번 크게 물려도 치명적으로 느껴지지 않는 법이다. 행여 무언가 사라지더라도 다른 수많은 것이 그랬듯이 되돌릴 수 있으리라 희망하게 된다.

게다가 실제로 발생한 충격적인 위기보다 더 많은 위기가 눈앞에 닥쳤다고 계속 발표되고 있으므로, 우리는 이런저런 위기 역시 우리를 스쳐 지나가지 않을까 생각하게 된다. 그렇게 큰 피해를 줄 것이라던 '밀레니엄 버그'로 못 쓰게 된 컴퓨터가 어디 있단 말인가? 카펫 진드기의 희생양이 된 사람을 몇 명이나 만나 봤는가? 광우병으로 사망한 친구들이 몇 명이나 있는가? 유전자 조작 식품 때문에 병에 걸리거나 장애가 생긴 지인이 몇 명이나 있는가? 위험하고 나쁘다는 망명 신청자에게 폭행당하거나 장애를 입은 이웃이나 지인이 있는가? 극심한 두려움은 왔다가 사라지며, 아무리 끔찍해 보여도 모든 두려움이 그랬듯이 반드시 사라진다.

유동적인 삶은 한 가지 어려운 과제에서 다른 과제로, 한

가지 사건에서 또 다른 사건으로 흐르며 느릿느릿 이동한다. 어려운 과제와 사건의 익숙한 습성은 대부분 수명이 짧다는 것이다. 현재 사람들을 사로잡고 있는 두려움의 지속 기간 역시 그처럼 짧을 것으로 추정할 수 있다. 또 삶에 두려움이 찾아들 때는 대부분 대처 방안이 따라온다. 어떤 질병 때문에 두려워할 새도 없이 치료제라는 대처 방안을 듣게 되는 경우가 많다는 뜻이다.

밀레니엄 버그는 끔찍하기만 한 소식은 아니었다. 밀레니엄 버그를 경고한 바로 그 회사에서 이미 적절한 가격에 컴퓨터를 보호할 방법을 제시했기 때문이다. 또 다른 예로 영국 기자 캐서린 베넷Catherine Bennett은 고가의 피부 관리 제품 중 '초보자 세트' 판매에 음모가 있음을 밝혀냈다. 해당 제품은 "잘못된 식이요법으로 조기 노화가 급속히 진행될 수 있고 안색이 피곤하고 핼쑥해 보이고 푸석푸석해질 수 있으며 (…) 얼굴 피부가 주름지고 거칠고 건조해질 수 있다"라고 경고한다. 그러면서도 단돈 119파운드를 투자해서 "28일 프로그램을 따르면 평생 주름 없이 살 수 있다"라면서 잠재 고객을 안심시킨다.[6]

밀레니엄 버그 사례나 두려움마저 극복하게 만드는 기적의 미용 기기와 같은 예시는 수없이 볼 수 있다. 소비자 경제는 소비자를 얼마나 많이 만들어내느냐에 달려 있다. 그리고 두려움을 없애는 제품을 많이 팔기 위해서는, 겁에 질려 두려워하며 위험을 강제로 물리칠 수 있기를, 돈을 주고 도움을 사서라도 그 일을 해내기를 바라는 소비자가 생겨야 한다.

미래를 만드는 건 현재가 아니다

오늘날 우리 삶은 계몽주의 현인이나 그 후손과 제자가 구상하고 설계한 삶과 다르다. 이들은 새로운 삶을 만들기로 결심하고 그 삶의 개요를 그리면서, 두려움을 길들이고 두려움의 원인이 되는 위협을 제어하는 일이 한 번의 노력으로 끝나기를 바랐다. 하지만 유동적인 현대 사회에서 두려움에 맞서는 싸움은 평생에 걸친 과제가 되었다. 우리는 **대처하기 아주 힘든** 위험이 하나도 없는 상황에서조차 두려움을 일으키는 위험은 인간의 삶에서 **떼려야 뗄 수 없는** 영원한 동반자라고 여기게 되었다. 삶은 두려움에서 조금도 자유로워지지 않았고, 그 삶의 무대가 될 수밖에 없는 유동적인 현대 사회는 위험과 위협에서 전혀 자유롭지 않다.

이제 우리는 삶을 무력하게 만들 수 있는 두려움에 대항해, 우리를 겁먹게 하는 진짜 두려움과 머릿속에만 있는 두려움에 대항해 아마도 이기지 못할 싸움을 **평생** 하게 되었다. 눈앞에 닥친 위험을 일시적으로라도 모면할 수 있는 전략과 방편을 끊임없이 모색하고 시험하는 과정이 삶이라고 생각하는 편이 좋다. 더 나아가 그 위험에 대한 걱정을 한쪽으로 제쳐두어 흐릿하게 만들거나 잠시라도 잊을 수 있다면 더욱 좋다. 인간의 창의성에는 한계가 없기에 수많은 전략을 세울 수 있지만 전략은 많을수록 효과가 떨어진다. 다만 이들 전략에는 공통점이 있는데, 시간을 속여 나름의 방식으로 시간을 이긴다는 것이다. 그렇게 **만족**이 아닌 **불만**을 지연한다.

미래가 안개 낀 듯 불투명한가? 위험을 미리 알 수 없는가? 그래도 두려움에 사로잡히지 말아야 할 확실한 이유가 하나 더 있다. 더 안 좋을 수도 있는데 아직은 괜찮지 않은가. 이러한 태도를 유지하라. 다리 앞에 가지도 않았는데 다리 건널 걱정부터 할 필요는 없다. 어쩌면 평생 다리 근처에 갈 일이 없을지도 모르고, 그 앞에 도착하기 전에 다리가 무너지거나 다른 곳으로 옮겨 갈지도 모른다. 그러니 왜 지금 걱정하는가! '**카르페 디엠**Carpe diem'이라는 오랜 비법을 따르는 편이 좋다. 좀 더 쉽게 말하자면, 일단 즐기고 대가는 나중에 치러라. 이 옛 지혜를 최신 버전으로 바꾼 신용카드 회사의 홍보

문구처럼 "원하는 걸 기다리지 마라."

우리는 신용으로 살아간다. 과거 그 어떤 세대도 지금의 우리만큼 개인적으로나 집단적으로 빚을 많이 진 세대는 없었다. 과거에는 국가 예산을 편성하며 장부의 균형을 맞췄지만, 요즘에는 수입 대비 초과 지출을 전년도 수준으로 유지하면 '건전 예산'이라고 한다. 신용으로 사는 데는 실용적인 즐거움이 있다. 왜 만족을 지연하는가? 미래의 행복을 지금 여기서 누릴 수 있는데 왜 기다리는가?

미래는 통제할 수 없지만 신용카드는 짜증스러울 정도로 규정하기 힘든 미래를 바로 내 무릎 위에 마법처럼 가져다준다. 말하자면 미래를 미리 소비하는 것이다. 물론 아직 소비할 것이 남아 있을 때의 이야기다. 이것이 신용으로 사는 잠재된 매력인 듯하다. 매우 실용적인 이익, 즉 즐거움을 주는 것이다. 그리고 미래가 예상대로 험하게 설계되어 있다면, 아직 생생하고 온전한 지금 써버릴 수 있는 셈이다. 재난이 닥치기 전에, 그리고 그 재난이 얼마나 끔찍한지 미래가 미처 보여주기 전에 말이다.

생각해 보면 옛날 식인종이 했던 일이 바로 이런 것이다. 그들은 적을 먹어치우는 것이 적의 위협에 대응하는 가장 확실한 방법이라고 생각했다. 먹혀서 소화되고 배설된 적은 더 이상 두려운 존재가 아니다. 하지만 안타깝게도 적을 모두 잡아먹을 수는 없다. 적을 아무리 잡아먹어도 무리가 줄기는커녕 는다.

미디어는 문화나 가치관을 형성하고 반영해 일종의 메시지 역할을 한다. 소비문화와 경제적 신념이 담긴 신용카드도 마찬가지다. 예금 통장에 담긴 메시지가 확실한 미래라면, 신용카드는 불확실한 미래를 외친다.

예금 통장은 미래를 신뢰하는 데서 시작되고 유지된다. 미래가 분명히 올 것이며 그 미래의 모습이 현재와 그다지 다르지 않으리라고 믿는다. 지금 우리가 소중히 여기는 것을 미래에도 소중히 여길 것이라고, 그래서 과거의 저축이 가치를 인정받고 저축한 사람이 보상받을 것이라고 기대한다. 예금 통장은 지금과 '미래의 어느 시점' 사이에 **연속성**이 존재하기에 지금, 그러니까 현재에 하는 일이 미래의 어느 시점을 선점하고 아직 다가오지 않은 미래를 탄탄하게 만들 것이라는 희망, 기대, 확신을 바탕으로 액수를 불려간다. 즉 **지금** 우리가 하는 일이 '차이를 만들어' 미래의 모습을 **결정**한다고 본다.

신용카드와 그로 인해 쉽게 생기는 빚은 온화한 사람을 다시 두려움에 빠뜨리고 매우 모험심 강한 사람조차 불안하게 만들 수 있다. 이런 상태에 빠지지 않는다면, 그것은 **불연속성**을 예측하기 때문일 것이다. 행여 미래가 실제로 다가온다면, 그리고 그때 내가 계속 존재해 직접 볼 수 있다면 미래는 우리가 아는 현재와 다를 것이라는 예감 덕분이다. 물론 어떤 점에서 얼마나 달라질지 알 길은 없다.

지금부터 수년이 지난 뒤에 다가올 미래가 현재 시점의 희생을 영광스럽게 여길까? 안정된 미래를 확보하려는 노력을 보상할까? 아니면 반대로, 현재의 자산이 미래의 부채가 되고, 소중한 꾸러미가 성가신 부담이 되지는 않을까? 그건 그 누구도 알 수 없는 일이며, 알 수 없는 것을 제한하려고 애쓰는 일은 별 의미가 없다.

자꾸 리스크를 분석하는 이유

그런데 결국 건너야만 하는, 건너는 일을 가볍게 미룰 수 없을 만큼 가까이 있는 다리도 있다. 모든 위험이 끝없는 상상의 산물이거나 당장 걱정할 문제가 아니라고 외면할 만큼 멀리 있는 것은 아니다. 다행히 우리에게는 불편을 느낄 정도로 너무 가까이 다가와 더 이상 외면할 수 없는 장애물을 우회할 방법이 있다. 그 장애물을 '리스크risk'라고 생각하는 방법인데, 우리는 실제로 그렇게 하고 있다. 다음 단계에 리스크가 있을 수 있다고, 사실상 모든 단계가 그렇다고 인정하는 것이다.

리스크 때문에 용납할 수 없는 비용이 들거나 원래 존재하던 위험이 가까워지거나 새로운 위험이 발생할 수 있다. 원하는 것을 얻지 못하고 대신 그것과 아주 다르거나 몹시 불쾌한, 오히려 피하고 싶은 무언가를 얻게 될 가능성도 있다. 우리는 이처럼 마음에 들지 않고 원치 않는 결과를 '부작용' 또는 '부수적 피해'라고 부른다. 행동의 목표와 동떨어진 데다 의도하지 않았기 때문이다.

우리는 이러한 리스크가 '예상치 못하게' 발생한다는 것을, 아무리 이리저리 계산해도 준비되지 않은 상태에서 뜻하지 않게 우리를 붙잡을 수 있다는 사실을 받아들인다. 모든 것을 심사숙고하고 검토하고 논의했음에도 원치 않은 결과가 발생했다며(더 나은 선택지가 없으므로), 주의를 기울이고 경계하며 그에 따른 후속 단계를 추적 관찰해야 할 상황을 **예상했다는 듯이** 계속 나아간다.

그리 놀랄 일은 아니다. 우리는 **예측할 수 있는** 결과에 대해서만 걱정할 수 있고, 예측할 수 있는 결과에 대해서만 피하려고 애쓸 수 있다. 따라서 우리가 리스크의 범주에 넣는 것은 이렇게 '미리 보이는' 원치 않는 결과뿐이다. 리스크는 우리가 확률을 **계산할 수 있는**, 또는 계산할 수 있다고 믿는 위험이다. 다시 말해 리스크는 **계산 가능한** 위험이다. 이렇게 규정하고 나면 리스크는 안타깝게도 달성할 수 없는 확실성의 차선책이 된다.

그러나 '계산 가능성'이 예측 가능성을 의미하지는 않는다는 사실에 유의해야 한다. 계산할 수 있는 대상은 일이 잘못되어 재난이 발생할 확률뿐이다. 확률 계산은 수많은 비슷한 행동의 결과를 넓게 펼쳐서 보여줄 때 신뢰할 수 있지만 특정 행동 하나에 대한 예측 수단으로서는 부적절하고 가치가 없다. 확률은 아무리 열심히 계산해도 지금의 **이** 특정 사례와 나중의 **저** 사례에서 위험을 피할 수 있을지 없을지 확실히 알려줄 수 없다. 하지만 확률을 계산해 보았다는 사실만으로도 성급하게 결정했다거나 무모하다는 비난을 간접적으로 피할 수 있고, 눈앞에 닥친 일이 노력을 쏟을 만한지 아닌지 판단할 용기를 얻을 수 있으며, 안심할 근거가 부족할 때조차도 어느 정도 안심할 수 있다. 그래서 확률을 제대로 파악하는 것은 실제로 도움이 될 수 있다. 불운할 확률이 높아서 리스크가 큰 조치를 정당화할 수 없거나, 불운할 확률이 낮아서 기회를 놓치지 말고 잡아야 하는 '이유가 생기는' 것이다.

하지만 위험에서 리스크로 주의를 돌리는 것은 또 다른 속임수로 드러나는 경우가 많다. 안전한 행동을 하기 위한 해결책이 아니라 문제를 회피하려는 시도이기 때문이다. 밀란 쿤데라Milan Kundera가 『배신당한 유언들』[7]에서 언급했듯이 우리의 삶은 아무것도 보이지 않고 움직일 수도 없는 완전한 어둠이 아니라 안개에 싸여 있다.

"안개 속에서 우리는 자유롭다. 하지만 그건 안개에 싸인 사람의 자유일 뿐이다."

안개 속에서 우리는 30~40미터 정도의 앞만 볼 수 있고 길가의 아름다운 나무를 감상할 수 있으며 지나가는 사람을 알아보고 그들의 행동에 반응할 수 있고 다른 사람과 부딪치지 않고 앞에 있는 바위나 구멍을 피할 수 있다. 하지만 더 멀리 있는 건널목이나 수백 미터 밖에서 빠른 속도로 달려오는 자동차는 보기 힘들다. 이러한 '안개 속에 사는' 우리는 확실성을 추구하면서 눈에 보이는 위험, 알려져 있거나 가까이 다가오는 위험, **예측할 수 있고** 그 확률을 **계산할 수 있는** 위험을 예방하기 위해 노력한다. 반면 가장 엄청나고 두려운 위험은 예측이 **불가능**하다. 십중팔구 **예측할 수 없는** 위험이다.

우리는 리스크를 계산하기에 바빠서 더 큰 걱정거리를

미루는 경향이 있다. 그 덕분에 예방할 수 없는 재난이 자신 감을 갉아먹는 일이 줄어든다. 뭐라도 할 수 있는 일에 집중 하면 아무것도 할 수 없는 일에 대해 깊이 고민할 시간이 없 다. 이는 우리가 온전한 정신으로 살아가는 데 도움이 된다. 악몽과 불면증을 멀리할 수도 있다. 하지만 이렇게 한다고 해 서 반드시 더 안전해지는 것은 아니다.

심지어 위험이 덜 와닿는 것도 아니다. 위험이 다가올 것 이라는 추측, 직관, 의심, 예감, 신념, 확신 같은 것들은 잠시 낮잠을 재울 수는 있을지 몰라도 영원히 잠재울 수는 없다. 몇 번이나, 그리고 최근에는 눈에 띄게 빨라진 속도로 위험 은 우리가 모든 예방 조치를 취해도 현실이 될 수 있음을 계 속 일깨워 준다. 위험은 간헐적이지만 꽤 주기적으로 우리 인 식의 표면 몇 센티미터 아래에 있는 얕은 무덤에서 발굴되어 우리의 관심 한가운데로 인정사정없이 내던져진다. 재난이 잇따라 발생하면 자주 이렇게 될 수밖에 없다.

문명은 깨지기 쉽다

9.11 테러라는 엄청난 사건이 발생하고 수년 뒤 2005년

허리케인 카트리나 사태 이후 유가가 무서울 정도로 급등해 사람들이 정신 차리고 냉정해지는 계기가 되었을 때(다행히 유가 급등은 오래가지 않았다) 프랑스 경제학자 자크 아탈리Jacques Attali는 영화 「타이타닉」이 비슷한 재난 영화의 역대 흥행 기록을 모두 뛰어넘으며 경이로운 수익을 거둔 일에 대해 고찰했다. 그리고 이 현상을 다음과 같이 설명한다. 이 글은 당시에도 매우 신빙성이 있었지만, 수년이 지난 지금 보면 예언이라고 해도 모자라지 않아 보인다.

> 「타이타닉」은 다름 아닌 우리다. 승리주의에 빠져 자화자찬하며 현실을 인식하지 못하고 위선적인 사회를, 가난한 사람에게 인정머리 없는 우리의 모습을 보여준다. 모든 것을 예측하지만 그 예측의 방법 자체는 이해하지 못하는 사회를. (…) 우리 모두 안개 낀 미래 어딘가에 빙산이 숨어서 기다리고 있으리라 추측한다. 결국 그 빙산에 부딪혀 음악 소리를 들으며 가라앉을 것이라고…….[8]

영화 속에서 감미로운 음악은 마음을 가라앉히는 동시에 기운을 북돋아 준다. 당시의 인기 곡으로, 유명 연주자들이 실시간으로 연주하는 음악이다. 울려 퍼지는 음악 소리는 승객들의 귀를 멀게 하고 번쩍이는 조명은 그들의 눈을 멀게 했다. 그 때문에 사람들은 불길한 사고의 희미한 속삭임을 듣지 못했고, 소리 내지 않고 다가오던 거대하고 웅장한 빙산들을 보지 못했다.

그렇다. 빙산은 하나가 아니라 **여럿**이다. 아마 셀 수 없을 정도로 많을 것이다. 아탈리가 언급한 몇 가지 빙산으로는 금융 위기, 핵 문제, 환경 오염, 사회 문제가 있다(사회 문제에 관해서는 앞으로 세계 인구 중 30억 명이 '불필요해질' 전망이라고 분석했다). 아탈리가 2005년에 목록을 작성한다면 항목은 분명 더 길어질 것이다. '테러리스트'나 '종교 근본주의' 빙산을 가장 우선해 다루었을 것이다. 또는 '문명 붕괴'가 가장 가능성 높은 빙산일 수도 있다. 중동에서 벌어진 예상치 못한 군사적 충돌이나 뉴올리언스를 덮친 허리케인 카트리나의 여파*는 추악하고 끔찍한 문명 붕괴를 예행연습처럼 보여주었다.

외부 요인으로 인한 폭발이 아닌 **내부** 요인으로 인한 파괴는 근대 사회 '안정기'에 주로 드러난 문명 질서 붕괴의 두려움과 형태가 매우 다르다. 당시의 두려움은 홉스가 '만인의

---

* 2005년 미국 남동부를 강타한 허리케인 카트리나로 주민 2만 명 이상이 실종되고 8만 명 이상의 이재민이 발생했다. 이후 수용시설과 폐허가 된 시가지에서 약탈, 총격전, 방화, 강간 등 각종 범죄가 일어나 사회 시스템이 마비되었다.

만인에 대한 투쟁'이라고 선언했듯이 오래전부터 조상들과 함께해 인류가 자연스럽게 받아들이던 것이었다.

허리케인이 휩쓸고 간 루이지애나에서는 혁명이 발생하지도 않았고, 뉴올리언스 거리에서 시가전이 벌어지거나 바리케이드가 등장하지도 않았다. 누구도 사회 질서에 저항하지 않았고, 기존의 여러 법과 구속력 있는 질서 체계에 도전하려고 모의한 비밀 조직망도 발견되지 않았다. 뉴올리언스와 그 일대에서 일어난 일을 '법과 질서의 붕괴'라고 부르는 것은 그 사건이 전하는 메시지는 고사하고 현상조차 온전히 파악하지 못했다는 뜻이다.

당시 법과 질서는 존재하지도 않았다는 듯이 사라져 버렸다. 일상생활을 영위하는 데 90퍼센트 이상을 차지하던 학습된 습관과 규칙적인 활동이 의미를 잃었다. 평소였다면 굳이 생각할 필요도 없이 아주 당연하게 받아들이던 의미였다. 사회에서 암묵적으로 공유하던 가정이 힘을 잃었다. 관습적인 인과 관계의 순서도 무너졌다. 일상에서 '정상'이라고 부르던 것, 특별한 행사나 축제 때 '문명'이라고 부르던 것이 사실상 얇은 종잇장 같은 존재임이 증명되었다. 그 종이는 홍수로 물에 젖어 흐물흐물해지더니 순식간에 씻겨 내려갔다.

원래 유죄 판결을 받은 중범죄자를 수용하는 알렉산드리아의 래피즈 패리시 구치소에 수감자 200명이 새로 들어왔다. (…) 홍수 때문에 뉴올리언스의 교도소에서 대피해 온 수감자들이다. 이들이 술을 너무 많이 마셔서 기소되었는지, 살인 미수 혐의로 기소되었는지 명시한 서류는 없었다. 사건을 심리할 판사도, 이를 위해 지정할 법원도, 그들을 대리할 변호사도 없었다. (…)

이는 1871년 시카고 대화재나 1906년 샌프란시스코 대지진 이후에 보지 못한 법률망 붕괴로, 과거의 두 사건은 이번 사건을 이해하는 데 도움이 되지 않을 정도로 훨씬 단순했던 시대에 벌어졌다.[9]

"이 사람들이 누구인지, 왜 여기 있는지 아무도 모른다."

구치소에 배정된 어느 변호사는 당시 상황을 이렇게 요약했다. 이 짧고 날카로운 서술은 단순히 정규 '사법망'이 내부적으로 파괴되었다는 표현 이상의 의미를 전달한다. 그리고 법적 절차의 한가운데 갇혀 사회적 소속은 물론이고 사회에서 인식되던 정체성을 잃은 사람들은, 즉 과거에 사회적 위치를 반영하거나 결정하던 일련의 행위의 바탕이 된 정체성을 잃은 이들은 수감자뿐만이 아니었다. 홍수에서 생존한 다른 수많은 사람 역시 같은 운명을 맞이했다. 생존자 외의 다른 이들도 마찬가지였다.

이곳 도심의 상업 지구에, 유니언 스트리트의 황량한 거리에 (…) 시체가 (…) 있다. 몇 시간이 지나고 귀가 시간을 알리는 황혼이 찾아드는데도 시체는 그 자리에 그대로 있다. (…) 밤이 오고 다시 아침이 오고 정오가 되었는데도 태양은 초승달 도시 뉴올리언스의 죽은 시민을 내리쬐고 있다. (…) 놀라운 점은 미국 대도시 번화가에서 며칠 동안 시체가 짐승의 썩은 고기처럼 부패하는 일이 용인되고 있다는 사실이다. 대재앙이 휩쓸고 간 뉴올리언스에 온 걸 환영한다. (…) 물에 잠긴 목조 주택에서 초췌한 주민들이 나와 이상한 말을 한 다음, 다시 썩어가는 곳으로 들어간다. 고속도로에서 자동차가 잘못된 방향으로 가고 있어도 아무도 신경 쓰지 않는다. 불길이 타오르고 개가 쓰레기 더미를 뒤진다. 행복한 시절을 그린 오래된 간판에는 '도둑질하면 총으로 쏴 죽이겠다'라고 협박하는 손 글씨가 쓰여 있다.

이해할 수 없는 일들이 일상이 되었다.[10]
변호사와 함께 법이 보이지 않는 곳으로 사라지고 시체

가 기약 없이 매장을 기다리는 상황에서, 우리가 알고 있는 '문명'을 이루어낸, '일단 즐기고 대가는 나중에 치러라'라는 전략의 대가를 치르게 되었다. 많은 사람의 동정심과 정치인들의 열성적 홍보 덕분에 한동안은 그 충격이 완화되었고, 과거의 빚에 시달리던 사람들에게, 수입이 사라져 그 빚을 갚을 수 있으리라는 희망을 잃은 사람들에게 일시적인 안도감을 주었다. 하지만 결과적으로 이 모든 것은 잠깐의 안도였을 뿐이다. 《뉴욕 타임스》의 어느 기자는 다음과 같이 예측했다.

"지금부터 6~9개월 뒤면 연방재난관리청이 철수할 것이고 교회도 떠날 것이며 채권자들은 다시 한번 돈을 요구할 것이다.[11] 카트리나 이전에 좋은 직장에 다녔던 사람의 현재 수입이 과거와 매우 다를 수 있다. 한편 수많은 사람이 더 이상 수표책, 보험 증서, 자동차 소유권 증명서 또는 자동차, 출생증명서, 사회 보장 카드, 지갑을 가지고 있지 않다."

재난을 믿지 않는 사람들

이 글을 쓰는 지금은 카트리나가 불어닥친 지 6개월이 채 안 되는 시점이다. 하지만 미국이라는 왕관의 빛나는 보석이던 도시는 지금 "여러 동네에서 불빛이 반짝이지만 사실 상 도시의 40퍼센트는 어둠에 덮여" 있다. "뉴올리언스의 절 반 가까운 지역은 요리나 난방용 천연가스가 부족"하다. 또 "절반 가까운 가정의 화장실은 아직도 하수도 시설이 연결되 지 않았다." 도시의 4분의 1가량이 식수 부족에 시달리고 있 다.[12] 상황이 나아질 것이라는 희망은 거의 남아 있지 않다.

허리케인 카트리나가 뉴올리언스를 휩쓴 지 3개월도 지나지 않은 지금, 워싱턴에서는 구호 법안이 잠자고 있고, 의회와 부 시 행정부가 그들의 곤경에 관심을 잃지 않을까 두려워하는 현지 공무원들 사이에는 절망이 깊어지고 있다. (…) 9월에는 빠르게 조치를 취해야 한다며 박차를 가했으나 이제 그 긴박 감은 빠르게 사라지고 있다.[13]

카트리나가 미국 해안에 상륙하기 몇 해 전, 프랑스 공학 자이자 철학자인 장피에르 뒤피Jean-Pierre Dupuy는 곧 발생할 일에 꼭 맞는 표현을 쓴다. 바로 "불가능한 상황에서 불시에 일어나는 가능성"이라는 말이다.[14]

그는 재난을 예방하려면 가장 먼저 재난이 발생할 **가능성 을 믿어야** 한다고 경고했다. 불가능한 것도 **가능하다고** 믿어야 한다. 그 가능성은 불가능이라는 보호막 아래에서 **언제나** 불안정하게 도사리며 터져 나오길 기다리고 있다. 무시할 수 있을 정도의 확률이라고 간주하는 것만큼 해로운 위험도 없고, 타격이 큰 재난도 없다. 재난이 불가능하다고 생각하거나 아예 그에 대해 생각하지 않는 것은 재난을 피하는 건 고사하고 실제로 재난이 닥쳐서 있음 직하지 않은 일이 현실이 되기 전까지, 그래서 그 충격을 완화하기에는 너무 늦어버릴 때까지 이를 막기 위해 아무것도 하지 않겠다는 핑계에 불과하다. 하지만 이것은 우리가 무의식적으로 매일 하는, 또는 하지 않는 일이다. 뒤피는 다음과 같이 언급한다.

"현재 상황은 재난이 발생했다고 해서 우리의 행동 방식이나 사고방식이 눈에 띄게 달라지지 않는다는 사실을 보여준다. 사람들은 재난이 닥친다는 정보를 들어도 그 내용을 믿지 않는다."[15]

뒤피는 전 유럽의회 의원이자 프랑스 환경부 장관인 코린 르파주Corinne Lepage의 말을 인용한다.

"우리는 머릿속으로 그런 일은 가능하지 않다고 되뇌며 [그러한 발표를] 거부한다."[16]

그리고 재난을 예방하는 데 가장 큰 장애물은 그 가능성을 믿지 않는 것이라고 결론 내린다. 「종말은 지금Apocalypse

Now」[*] 같은 상황이 재현되는 것이다. '지금 종말이 온다'라는 것은 매우 극단적이고 예측 불가능한 상황이므로 일반적인 확률 개념으로 설명할 수는 없다. 이러한 상황이 영화관이나 상상 속이 아니라 미국 대도시의 도심 거리에서 벌어졌다.

"바그다드도, 르완다도 아닌 바로 이곳에서."

미국 언론인 댄 배리Dan Barry는 불가능의 내면에 존재하던 가능성이 드러난 도시에서 이와 같이 보도하며 그곳에서 펼쳐진 상황이 얼마나 새로운지 강조한다.[17] 이번에 종말이 닥친 곳은 「지옥의 묵시록」의 배경이 된, 먼 베트남 열대우림도 아니고 조지프 콘래드가 교양 있는 독자들에게 메시지를 또렷하게 전달하고자 『어둠의 심장』^{**}의 배경으로 설정한, 암울한 어느 대륙의 해안도 아니었다. 바로 **여기**, 문명 세계의 심장부이자 아름다움과 **삶의 기쁨**으로 칭송받던 도시에, 얼마 전까지만 해도 고급 예술이 주는 기쁨과 품격 있는 오락거리를 찾아 세계를 돌아다니는 수많은 관광객이 몰려들던 도시에, 문명의 창조력이 만들어낸 것 중 가장 큰 찬사를 받고 누구나 탐내는 선물이 있는 도시에 닥쳤다.

---

*   영화 「지옥의 묵시록」의 원제다.
**   「지옥의 묵시록」의 원작 소설이다.

얄팍한 표면 아래 도사린 위험

카트리나 때문에 인류 문명이 가장 철저하게 지킨 비밀이 드러났다. 영국 역사학자 티머시 가턴 애시Timothy Garton Ash 는 제목만으로도 모든 것을 말해주는 에세이「그것은 항상 아래에 도사리고 있다It always lies below」에서 다음과 같이 생생하게 표현한다.

"우리가 밟고 선 문명의 표면은 언제나 매우 얄팍하다. 그래서 한 번만 흔들려도 그 아래로 떨어진다. 우리는 살기 위해 들개처럼 할퀴고 긁어대며 발버둥 친다."

21세기의 한가운데로 갈수록 이런 일이 훨씬 많아질 것 같다는 느낌을 지울 수 없다. 인류를 퇴보시킬 수 있는 큰 문제가 너무 많이 다가오고 있다. (…) 세계 여러 지역이 예측하지 못한 폭풍, 홍수, 기후 변화로 고통받게 된다면, 뉴올리언스에서 벌어진 일은 그저 소박한 다과회처럼 보일지도 모르겠다.

어떤 의미에서는 이런 것들 역시 인간이 만들어낸 허리케인이라고 할 수 있다. [미국이 내일이 없는 것처럼 이산화탄소를 지속적으로 배출한 결과일 수 있다.] 하지만 인간이 다른 인간을 직접적으로 위협하는 경우는 더 많다. (…) 테러리스트 집단

이 대도시에서 방사능 폭탄이나 소형 핵무기라도 폭발시켰다고 가정해 보자. 그러면 어떻게 될까.[18]

물론 이는 수사학적 질문이다. 그가 던진 메시지는 미국 소설가 잭 런던Jack London의 소설에서 직접 발견한 용어인 '탈문명decivilization'의 위협이 두려울 정도로 현실이 되어가고 있다는 것이다.

"식량, 주거지, 식수, 최소한의 개인 안전을 비롯해 정돈되고 문명화된 삶을 구성하는 기본 요소를 제거하면 우리는 몇 시간 만에 홉스가 주장한 '자연 상태', 즉 '만인의 만인에 대한 투쟁' 상태로 돌아갈 것이다."

돌아갈 수 있는 자연 상태라는 게 있는지, 그 유명한 만인의 만인에 대한 투쟁이 오히려 '문명화 과정'이라는 반대쪽 끝에서 나타나는 상태가 아닌지, 다시 말해 자연이나 인간이 초래한 재난의 충격 때문에 '매우 얄팍한 표면'이 깨지는 순간이 아닌지 애시와 논쟁할 사람이 있을지도 모르겠다. 문명화된 삶을 살도록 길들고 그런 삶을 추구하던 인간이 스스로 만들어낸 '두 번째 생태계'가 무너지고 나서 후퇴할 곳이 있는지, 물에 잠기고 질척거리고 악취가 나서 지내기 힘들지라도 '문명 붕괴 이후에 살아갈 두 번째 참호'가 실제로 있는지 말이다.

또는 필수적인 문명화 과정에 오히려 정반대의 의도가 담겨 있는 것은 아닌지, 인간이라는 대상을 '문명에 중독'되게 '문명 의존적'으로 만들어 '과거로 돌아가지' 못하도록 하는 동시에, 문명화된 태도라는 겉모습이 사라졌을 때 인간의 공존을 가능하게 하는 모든 대안을 박탈하는 것은 아닌지 논쟁할 수도 있다.

하지만 솔직히 말하자면 지금 논의하는 주제는, 즉 내가 '타이타닉 콤플렉스' 또는 '타이타닉 신드롬'이라고 표현하는 것이 가장 적절하다고 제안하는 이 주제는 다소 사소한 문제일 뿐이고 따라서 '주변적' 논쟁이다. 어쩌면 문화철학자에게는 중요한 문제일지 모르지만 대다수에게는 그다지 중요하지 않고 관련 없다.

타이타닉 신드롬이란 문명의 매우 얄팍한 표면을 뚫고 '정돈되고 문명화된 삶의 기본 요소'를 박탈당해 아무것도 없는 세계로 떨어지지 않을까 하는 두려움이다. 혼자 떨어지든 여럿이 떨어지든, 모두 '삶의 기본 요소'가 계속 공급되고 나를 붙잡아 주는, 의지할 힘이 있는 세계에서 **방출되는** 것이다. 문명화는 정확히 '정돈된 상태', 다시 말해 일상적이고 예측 가능하며 사회 규범과 선택 가능한 행동 사이의 균형이 맞춰진 상태 덕분에 가능한 세계다.

우리 모두 알고 있듯이 타이타닉 이야기의 진짜 **주인공**은 대사 한마디 없는 빙산이다. 하지만 매복하고 우리를 기다리던 것은 빙산이 아니라 **두려움**이었고, 이는 여러 비슷한 공포 영화나 재난 영화 중에서도 이 이야기를 돋보이게 하는 요인이다.

그 두려움은 '바로 여기에서', 즉 호화 여객선의 가장 깊은 곳에서 벌어진 온갖 대혼란 때문에 생겼다. 이를테면 침몰하는 배의 승객을 대피시키고 구할 수 있는 합리적이고 실행 가능한 계획이 없었다든가, 구명정과 구명조끼가 턱없이 부족했다든가 하는 혼란이었다. 이런 상황에서 북극 가까운 곳에서 맞이한 칠흑 같은 밤에 '저쪽 바깥에' 있던 빙산은 기폭제와 리트머스 종이 역할을 동시에 했을 뿐이다.

저쪽 바깥에 있던 무언가는 '**언제나** 아래에 도사리고' 우리가 얼어붙을 듯한 북극 인근 지역 바다에 뛰어들어 정면으로 마주하기를 기다린다. 그것은 대부분의 시간 동안, 어쩌면 항상 숨어 있다가 언제나 피해자가 준비되지 않거나 제대로 대처하기 힘들 때 은신처에서 기어 나와 그들을 놀라게 하기에 더 무섭다.

숨어 있느냐고? 그렇다. 하지만 절대 깊숙이 숨지 않고 얄팍한 표면 아래에 숨어 있다. 문명은 깨지기 쉽다. 따라서 언제나 충격 한 번으로 지옥에 떨어질 수 있는 상태다. 영국 사회학자 스티븐 그레이엄Stephen Graham이 날카롭게 풀어냈듯이 우리는 "삶을 유지하기 위해 복잡하고 간접적인 시스템에 그 어느 때보다 의존하게 되었다." 그렇기에 "사소한 지장이나 장애만 생겨도 사회적·경제적·환경적 삶에 연쇄적으로 엄청난 영향을 미칠 수 있다."

많은 사람이 사는 곳이자 "외부에서 초래한 지장에 몹시 취약한" 도시에서는 특히 더하다.

"도시의 사회 기반 시설망 기능이 붕괴하여 도시의 사회 질서가 제대로 기능하지 못하면 어쩌나 하는 혼란과 두려움이 그 어느 때보다 커졌다."[19]

또는 그레이엄이 인용한 영국 건축가이자 도시 계획 전문가 마틴 폴리Martin Pawley의 말처럼 "도시에서 제공되는 서비스가 대규모로 중단되지 않을까 하는 두려움은 이제 모든 대도시의 풍토병이 되었다."[20]

풍토병……, 다시 말해 삶의 일부가 되었다는 뜻이다. 굳이 대형 재난이 아니더라도 작은 사고만으로도 '대규모 중단'이 벌어질 수 있다. 재난은 예고 없이 찾아온다. 절대 무너지지 않을 것만 같던 예리코 성벽이 곧 무너질 것이라고 경

고하는 뿔 나팔 소리도 없을 것이다.* 두려워할 이유는 충분
하다. 성벽 갈라지는 소리가 들리지 않을 정도로 크게 울리는
뿔 나팔 소리에 몰두할 이유는 차고 넘친다.

능력은 아무런 힘이 없다

타이타닉 신드롬에서 비롯된 두려움은 붕괴나 재난이 **우
리 모두에게**, 아무런 규칙성이나 이유 없이 맹목적이고 무차
별적이고 무작위적으로 닥칠 수 있다는, 그래서 **모두** 준비되
지 않은 채 무방비 상태로 당할 수 있다는 두려움이다. 하지
만 다른 두려움도 그에 못지않게 공포스럽다. 즐거워하는 사
람들 속에서 **나 홀로** 또는 기껏해야 몇 명만 뽑혀서 다른 사람
들이 계속 왁자지껄하게 즐기는 가운데 **혼자만** 고통받게 될지
도 모른다는 두려움, '나'라는 **개인에게** 재난이 닥칠 수 있다
는 두려움, 내가 표적이 되어 불행한 결말을 맞이하게 될 수
있다는 두려움, 다른 승객들은 안전띠를 단단히 매고 그 어
느 때보다 즐겁게 여행하는 중인데 나만 속도를 올리며 빠르

---

* 구약성경 「여호수아기」 6장에 등장하는 내용이다.

48

게 달리는 차량에서 떨어지거나 배 밖으로 튕겨 나갈지도 모른다는 두려움, 뒤처지는 것에 대한 두려움, **배제**에 대한 두려움…….

이런 두려움은 상상의 산물만은 아니다. 현대 사회에서 권위를 자랑하는 미디어를 통해 실제로는 볼 수도, 만질 수도 없는 상황이 생생하게 실감 나는 현실이 된다. 고대의 '도덕극morality plays'을 유동적인 현대 사회에 맞게 재해석한 리얼리티 쇼는 두려움이 도사리고 있는 험난한 현실을 매일 확인시켜 준다.

'리얼리티 쇼'라는 이름에서, 시청자 대부분이 이의를 제기하지 않고 유독 까다로운 소수만 의문을 제기하는 그 이름에서 알 수 있듯이 프로그램에서 보여주는 것은 진짜다. 하지만 더 중요한 점은 그 쇼에서 보여주는 것이 '현실에서 일어난다는' 것이다. 쇼에서는 누군가를 배제하는 상황이 불가피하게 발생한다는 사실과 배제당하지 않으려고 맞서 싸우는 것이 현실임을 보여준다. 리얼리티 쇼는 그 메시지를 굳이 강조할 필요가 없다. 시청자 대부분이 이미 그 사실을 **알고** 있기 때문이다. 시청자를 화면 앞으로 끌어들이는 것도 바로 뿌리 깊이 자리한 그 친숙함이다.

이와 유사하게 우리는 잘 아는 음악을 들으면 기분 좋고 위안이 되는 듯한 느낌을 받는다. 그리고 **듣는** 것보다 **보는** 것을 훨씬 더 잘 믿는 경향이 있다. '목격담'과 '뜬소문'의 차이를 생각해 보라. '소문담'이나 '뜬목격' 같은 말은 들어본 적 없을 것이다.

시각 매체는 인쇄된 글자나 말보다 훨씬 더 현실감 있다. 사람이 이야기할 때는 화자가 '거짓말할 가능성'이 숨어 있으므로 잘못된 정보를 제공받을 수 있다. 사람이라는 중개자와 달리 카메라는 '거짓말하지 않고 진실을 말한다'(또는 우리가 그렇게 믿도록 길들어졌다).

시각 매체 덕분에 우리는 모두 독일 철학자 에드문트 후설Edmund Husserl(사물의 본질에 도달하는 매우 간단하면서도 오류 없는 방법을 찾아내려는 열망이 그 어느 철학자보다 컸다)의 바람처럼 "사물 그 자체로 돌아갈" 수 있게 되었다. 사진술이나 전자 기술을 사용해 만들어진 시각 매체를 마주할 때 우리와 현실 사이에는 아무것도 존재하지 않는 것처럼 보인다. 시선을 사로잡거나 다른 데로 눈 돌리게 만드는 요소가 없이 사실적이기 때문이다. "백문百聞이 불여일견不如一見"이라는 말은 '눈으로 보아야 믿을 수 있다'라는 뜻이기도 하지만 '내가 보게 될 것을 믿겠다'라는 의미도 담겨 있다.

그리고 우리는 **배제되지 않기 위해 다른 사람을 배제하려고 애쓰**

는 **사람들**을 보게 된다. 지극히 평범한 우리 대부분은 여기에 해당하지만 이러한 배제가 성공의 전략이 될 수 있다는 사실을 드러내지 않으려 한다. 리얼리티 쇼가 바로 그걸 감춰주는 역할을 한다. 따라서 우리는 고마워한다. 리얼리티 쇼가 보여주는 지식은 여러 조각으로 쪼개져 다양한 방식으로 확산하므로 한데 모아 의미를 파악하기가 몹시 어렵다.

의도적이든 우연히든, 노골적이든, 간접적이든 리얼리티 쇼가 일깨워 주는 것은 우리가 곤경에 처했을 때 의지하며 우리의 안전을 보장한다고 배워온 정치 제도가, 영국 정치 이론가 존 던John Dunn이 지적하듯이 사실은 '이기주의적 질서order of egoism'를 제공하도록 조정된 장치이고, 그 질서를 구성하는 중요 원칙은 '강자에게 돈 걸기'라는 것이다. 다시 말하면 '부자에게 돈 걸기'라고 할 수 있는데 이미 부유한 사람들에게 돈을 걸 수밖에 없도록 만드는 어느 정도의 강제성이 있다.

이뿐만 아니라 이기주의적 질서라는 시스템에서는 무엇보다 능력과 배짱과 운으로 자수성가한 사람에게 돈을 걸도록 한다.[21] 하지만 침몰하는 배에서 대피하거나 구명정에서 자리를 잡을 때 기술이나 배짱은 별 도움이 되지 않는다. 그때는 운이 유일한 구원일 수 있다. 하지만 운은 운명이 아주 드물게 어쩌다 내놓는 선물이다.

매일 수많은 사람이 이 암울한 진실을 깨닫는다. 미시간 주 플린트의 제리 로이도 마찬가지였다. 그는 30년 전 제너럴 모터스에 입사했지만 지금은 "일자리를 잃거나 엄청난 임금 삭감을 받아들여야 하는 상황에 직면"했다. 한때 "미국 산업이 지닌 막강한 힘의 상징"이었던 제너럴 모터스는 과거 모습의 그림자가 되었고, "공장 노동자로 일하는 것이 아메리칸드림을 보장해 주는 길이라는 약속이 점점 희미해졌기 때문"이다.

"공장이었던 모든 곳이 이제 주차장이 되었고" 공장을 소유했던 회사가 "의료와 연금 혜택을 대폭 삭감하고 수많은 일자리를 해외로 돌리려" 하며 "노동 계약서를 다시 쓰거나 찢어버리려는 움직임까지 보이는" 상황에서 기술과 배짱이 무슨 도움이 된단 말인가.[22]

개인화된 사회의 연대

확실성, 보장, 안전이 심각하게 사라진 이 시대에는 두려움을 유발하는 상황이 넘쳐난다. 두려움은 그 수와 종류가 다양하다. 사회적 계층, 성별, 나이가 저마다 다른 사람이 모두 나름의 두려움에 사로잡혀 있다. 이뿐만 아니라 세계 어디에서 태어났든, 어디에서 살기로 선택했든 또는 어쩔 수 없이 살든 모두가 공유하는 두려움도 있다.

하지만 문제는 이런 두려움을 논리적으로 설명하기 어렵다는 것이다. 두려움은 하나씩 꾸준히, 하지만 무작위적으로 연속해서 내려앉으며 혹시라도 하고 있을지 모를 우리의 노력을, 두려움을 한데 연결하고 공통의 뿌리를 추적하려는 노력을 무력하게 만든다. 그리고 우리는 이해하기 어렵기에 더욱 두려워진다.

그보다 더 끔찍한 것은 두려움이 무력감을 불러일으킨다는 것이다. 두려움의 근원과 논리를 이해하지 못하면(논리가 있는지는 모르겠으나) 두려움이 신호를 보내는 위험을 예방하거나 이에 맞서 싸우는 것은 고사하고, 어둠 속에서 길을 잃고 아무런 예방 조치도 취하지 못할 것이다. 싸울 수단이나 기술을 손에 넣을 수 없는 것이다.

우리가 두려워하는 위험은 우리의 행동 능력을 초월한다. 게다가 우리는 그 수단과 기술을 고안하거나 만들어내기는커녕 그 일에 적합한 도구와 기술이 무엇인지 정확히 알아낼 수 있을 정도로 발전하지도 못했다. 혼란에 빠진 어린아이와 크게 다르지 않은 셈이다. 3세기 전 독일 물리학자 게오르크 크리스토프 리히텐베르크Georg Christoph Lichtenberg가 든 비유를 빌리자면, 아이가 혼자서 탁자에 부딪히고 나서 탁자에 화풀이하듯이 "우리는 운명이라는 단어를 만들어내서 아이와 다르면서도 비슷하게 엄청난 비난을 퍼붓는다."[23]

하지만 두려움이 끼치는 가장 끔찍한 영향인 무력감은 우리가 인지하거나 추측한 위협 그 자체에 있지 않다. 두려움을 유발하는 위협과 이에 대한 우리의 반응, 그러니까 실제로 활용할 수 있는 대처법이나 현실적이라고 여겨지는 방법 사이에 펼쳐진 광활하지만 끔찍할 정도로 아무것도 갖추지 않은 공간에 있다. 우리가 느끼는 두려움은 다른 의미에서도 "논리적으로 설명하기 힘들다."

많은 사람을 괴롭히는 두려움은 개별 사례를 살펴보면 놀라울 정도로 비슷할 수 있지만 그에 맞서 싸우는 일은 개인의 영역으로 간주된다. 우리는 저마다 각자의 자원을 동원해 싸우는데 대부분은 그 자원이 부족하다. 우리가 가진 자원을 모으고 두려움으로 고통받는 사람에게 그 두려움에서 안전하게 벗어날 기회를 동등하게 제공한다고 해도 당장 방어가 가능할지 불분명한 경우가 대부분이다. 설상가상으로, 공동으로 두려움에 맞서자는 주장이 설득력을 얻더라도 홀로 싸우는 사람들을 어떻게 한데 모아 계속 함께하게 할 것인가 하는 문제가 남아 있다.

개인화된 사회는 연대 행동에 우호적이지 않고 나무 뒤의 숲을 보지 못하게 방해한다. 이뿐만 아니라 과거에 친숙했고 쉽게 알아볼 수 있었던 오래된 숲은 심하게 훼손되었고, 토지 경작을 주로 개인 농부에게 소규모로 하청하게 되었기 때문에 새로운 숲이 생길 가능성은 낮다. 개인화된 사회의 특징은 연대 활동의 기반이 되는 사회적 유대가 사라진다는 것이다. 또한 사회적 유대를 지속 가능하고 신뢰할 수 있게 해주는 연대를 방해하는 것으로도 잘 알려져 있다.

이 책에서는 유동적인 현대의 두려움을 매우 기초적이고 불완전하지만 다양하게 보여준다. 또한 마찬가지로 매우 기초적이고 해답보다 의문이 더 많지만, 두려움의 공통된 근원을 찾고 그것을 발견하는 길에 쌓인 장애물을 알아내 그것들이 제 역할을 하지 못하거나 우리에게 해를 끼치지 못하게 할 방법을 찾고자 한다.

다시 말해 이 책은 어떤 행동을 취할지 생각하고 그것을 신중하게 실행하도록 요청할 뿐, 해결 방안을 담고 있지는 않다. 이 책의 유일한 목적은 우리가 현 세기의 대부분을 지나는 동안 알든 모르든, 자발적이든 아니든 분명 마주하게 될 과업의 무시무시함을 경고해 인류가 그 과업을 꿰뚫어 보고 결국에는 처음보다 더 큰 안정감과 자신감을 느낄 수 있도록 하는 것이다.

차례

1

거부할 수 없는 운명, 죽음

이제부터는 아무 일도 일어나지 않을 것이라고,

다시 말해 우리가 보고, 듣고, 만지고, 냄새 맡고, 즐거워하고,

슬퍼할 일은 없을 것이라는 뜻을 지닌 사건은 죽음뿐이다.

죽음에 대한 두려움은 수많은 위협에 대한

셀 수 없이 많은 걱정으로 쪼개져

독성이 다소 희석된 상태로 삶 전체에 스민다.

2005년 6월 3일 오늘, 나는 앉아서 글을 쓰고 있다. 한 가지 사건이 아니었다면 어제나 내일과 거의 비슷한 평범한 날일 것이다. 그 사건은 바로 오늘이 「빅 브라더Big Brother」*의 여섯 번째 시즌이 시작된 지 8일째 되는 날로, 맨 처음으로 탈락자가 나오는 '방출의 날'이기도 하다는 것이다. 이러한 우연의 일치 덕분에 오늘이 특별해졌다. 많은 사람에게 이 '방출의 날'은 폭로의 날일 테고, 어느 관점에서 보느냐에 따라 해방의 날이거나 용서의 날일 수 있다.

거부할 수 없는 운명이 드러나다

먼저 **폭로**의 날이다. 오래전부터 의심했지만 차마 생각할 수조차 없었던 것, 질문받으면 화를 내며 강하게 부인했을 것들. 이제 타블로이드 신문 1면을 큼지막한 머리기사로 장식하며 주목받은 그 내용을 화면에서 보게 된다. 그것도 수많은

---

* 외부와 격리된 집에서 참가자들을 관찰하는 서바이벌 프로그램으로, 참가자들이 매주 투표로 방출자 두 명을 선정하고 시청자 실시간 전화 투표로 최종 방출자를 선정한다.

사람과 함께. 그동안 계속 느꼈지만 말로 표현하기 어려웠던 것들이 만천하에 명확히 드러나고, 그 진실은 매우 흥미롭고 짜릿한 동시에 불쾌할 정도로 악의적이다. 그리고 수많은 사람이 몰려와서 부여했을 때만 가능할 정도의 강력한 권위를 지니게 된다. 간단히 말하자면 단순히 의심했거나 추측했거나 **느끼기만** 했던 것을 이제는 확실히 **알게** 된다는 것이다.

「빅 브라더」 공식 웹사이트에는 다음과 같이 쓰여 있다.

빅 브라더 하우스에서 마지막이 될지 모를 밤에 잠자리에 들 준비를 하던 크레이그의 머릿속은 온통 곧 닥칠 방출의 날에 관한 생각뿐이었다.

하우스메이트들이 침실에서 자거나 거실에서 이야기를 나누는 동안 크레이그는 주방에 홀로 앉아 시간을 보내기로 한다.

가운을 입고 주방 조리대에 엎드린 그는 쓸쓸해 보인다. 크레이그는 양손으로 머리를 감싼 채 슬픈 표정으로 허망하게 주위를 둘러본다. 어제저녁 하우스메이트들을 즐겁게 해주려고 브리트니 분장을 한 쾌활한 남자는 이제 그림자만 남은 듯하다. 이 집에서 하루를 온전히 보내는 마지막 날일 수 있다는 생각에 사로잡힌 게 틀림없다……. 몇 분 더 멍하니 응시하며 생각에 잠긴 뒤에 크레이그는 마침내 하루를 마무리하기로 결심하고 잠자리에 든다.

길 잃은 강아지 같던 그는 여전히 마음을 가라앉히지 못한 채 침대에서 일어나 앉아 어둠을 바라본다.

불쌍한 크레이그는 곧 방출될지도 모른다는 생각에 무척 괴로워했다.

"곧 닥칠 방출", "하루를 온전히 보내는 마지막 날", "홀로" 이런 말들 모두 아프지만 익숙한 표현이다. 이 글을 읽으면서 누군가가 내 앞에 강제로 거울을 들이댄 느낌을 받았는지도 모르겠다. 아니면 누군가가 마법이라도 부려 나조차 겁나서 잘 찾아가지 않는…… 내 머릿속 가장 어두운 구석에 마이크와 조명이 달린 카메라를 설치한 느낌일 수도 있다.

다른 사람들과 마찬가지로, 내면에 웅크리고 있는 크레이그가 밖으로 나오기를 기다리지는 않았는가? 「빅 브라더」의 크레이그에게는 그 일이 실제로 벌어졌고, 우리는 그가 고통을 통해서 가르쳐준 교훈에 감사해야 한다. 물론 다음 날 크레이그의 두려움이 시기상조였고 맨 처음 방출될 사람은 그가 아니라 메리라는 사실을 알게 되겠지만, 그건 중요하지 않다.

「빅 브라더」 공식 웹사이트에서는 **전문가들**, 그러니까 자신이 전문으로 하는 분야를 가장 잘 **안다는** 사람들의 말을 인용해 "영국 도박 회사 래드브룩스의 말에 따르면 메리가 마이크 착용을 거부한 뒤로 그녀의 인기가 급락했다"라고 설명한다. 그런데 인용된 전문가들이 정작 가장 잘 아는 것은 대중의 동정심과 반감이 어떤 우여곡절을 겪는지다. 전문가들은 언변이 좋고 **말이 많은 것**이 크레이그의 원죄라면서, 그것 때문에 그가 방출될 위기에 놓일 수 있다고 말한다(익명의 어느 시청자는 생각이 같은 수많은 시청자를 대변하며 다음과 같은 불만을 표출했다. "크레이그는 수치스러움 그 자체다. 교양 없고 재미없고 멍청한 데다가 뚱뚱하다. 빅 브라더 하우스에 전혀 도움이 되지 않는다. 크레이그를 방출한 다음, 그를 따르던 사람들도 내보내야 한다.")

하지만 메리가 사람들에게 속마음을 솔직하게 털어놓지 **않겠다고** 한 일은 분명 크레이그의 잘못을 모두 합친 것보다 더 정떨어지고 비난받을 만한 일이었다. 그리고 마침내 메리가 다 포기하고 마이크를 착용했을 때, 그녀는 더 깊은 곤경에 빠졌다. "계속해서 다른 사람들을 비난했기" 때문이다……. 목요일에는 이런 말까지 했다.

"떠나고 싶어요. 모두가 날 혐오해요. 난 유명해질 생각 없어요. 지적인 대화를 하고 싶은데 여기에서는 그게 불가능해요."

그렇다면 어느 쪽이 나을까? 계속 입을 다물어야 할까, 아니면 속마음을 뱉어내 탁자 위에 올려놓아 염탐꾼의 비위를 맞춰야 할까? 분명 이 물음에 정답은 없다. 어느 쪽을 선택하든 자신에게 불리할 뿐이다. **방출을 모면할 확실한 방법 같은 것은 없다.** 방출될지 모른다는 위협은 사라지지 않는다. 행여 이런 위협의 방향을 바꾸거나 지연시킬 방법이 있다 해도 그 수가 매우 적다. 규칙이나 별다른 방안도 없다. 그냥 계속 시도하고 실수할 뿐이다.

혹시라도 프로그램 8일 차의 교훈을 놓친 사람들을 위해 설명하자면 불과 7일 후인 15일 차에 레슬리가 방출될 차례가 된다.

"레슬리는 기다리던 사람들의 떠들썩한 야유를 받으며 빅 브라더 하우스를 떠났다."

그때 크레이그는 이해할 수 없는 운명의 변화에 불만을 쏟아냈다.

"말도 안 돼요. 믿을 수 없어요. 레슬리는 방출될 만한 일을 하나도 하지 않았다고요."

그가 부루퉁하게 말했다.

요점은 꼭 방출될 만한 무언가를 해서 방출되는 게 **아니라**는 것이다. 방출은 정의와 아무런 관련이 없다. 사람들이 야유와 환호 중 하나를 선택할 때 '정당한 대가' 같은 것은 온데간데없다(물론 토끼와 함께 달리는 것이 아니라 사냥개와 함께 사냥할 때는, 즉 약자가 아닌 강자를 선택할 때는 이를 부정하려 들 것이다). 짐을 싸서 떠나라는 명령이 언제 떨어질지 확신할 수 없으며, 그 일이 벌어지거나 벌어지지 않게 하기 위해 할 수 있는 일은 없다.

리얼리티 쇼가 말하려는 것은 **운명**이다. 모두 알다시피 방출은 **피할 수 없는** 운명이다. 죽음과 마찬가지로, 잠시 거리를 두려고 노력해도 마침내 닥치면 그 어떤 노력으로도 막을 수 없다. 이것이 세상의 이치다. 그러니 이유는 묻지 말라.

희생양을 선택할 자유

방출의 날은 **해방**의 날이기도 하다. 이제 진실을 알았으니, 우리가 아는 것을 수많은 사람이 함께 알고 그 지식의 출처를 신뢰할 수 있음을 알았으니(또 다른 인기 쇼 「백만장자가 되고 싶은 사람Who Wants to Be a Millionaire」에서 정답을 맞히려는 출연자들이 괜히 '시청자 의견'을 마지막 구명줄로 삼는 게 아니다) 더 이상 자신을 괴롭히지 않아도 된다. 자기 감정, 의심, 예감을 부끄러워할 필요도 없고, 이것들을 머릿속에서 내쫓아 잠재의식 속 가장 어두운 저장고에서 썩히려고 노력하는 자신을 부끄러워할 필요도 없다.

빅 브라더가 명령하고 그 명령을 따르려고 애쓰는 하우스 거주자 중 누가 먼저 방출될 것인지 계산하는 과정은 공개적으로 주고받는다는 사실만 다를 뿐 여느 정신 분석 상담과 다를 바 없다. 결국 이런 상담의 목적은 어제까지만 해도 견딜 수 없었던 생각을 품고도 행복하게 살게 해주고, 며칠 전까지만 해도 형편없어 보였던 옷을 입고 당당하게 다니도록 해주는 것이다. 「빅 브라더」라는 공개적인 정신 분석 상담에서, 그동안의 수수께끼 같던 예감을 리얼리티 쇼라는 권위를 통해 확고하게 승인받았기에 더 이상 혼란스러워하거나 자신을 괴롭힐 필요가 없어진다. 이것은 **현실** 세계에도 그대로 적용된다. 오늘날의 빅 브라더는 물어보지도 않고 이름을 빌려 온 조지 오웰의 소설 속 빅 브라더와 달리, 사람들을 **붙잡아** 두고 선을 지키도록 하는 게 아니라 그들을 **쫓아내고** 한 번 쫓겨나면 다시 돌아오지 못하게 한다.

그 세계는 리얼리티 쇼가 생생하게 보여주고 설득력 있게 증명했듯이 '누가 누구를 쓰레기 처리장으로 보내는가'가 전부다. 또는 누가 그 행동을 **가장 먼저** 할지, 다른 사람이 자신의 욕망을 실행에 옮기기 전에 기회가 생기면 다른 사람에게 당할 수 있는 그 일을 누가 **가장 먼저** 할지에 초점을 맞춘다. 메리가 아직 마이크를 착용하고 있을 때, 나중에 **그녀를** 방출해야 한다고 투표한 출연자에 대해 하는 말을 들었을 것이다.

"그런 오만한 노인네는 여기 있으면 안 돼요!"

얼마 뒤에 방출될 메리는 다른 방출자들과 똑같은 게임을 똑같은 방식으로 했다. 그리고 할 수만 있었다면 조금도 망설이지 않고 다른 사람들의 소란에 동참했을 것이다.

이미 짐작했겠지만 방출을 완전히 없앨 방법은 없다. 문제는 방출**하느냐 마느냐**가 아니라 **누구를 언제** 방출하느냐다. 사람들이 쫓겨나는 것은 나빠서가 아니라 누군가는 방출되어야 한다는 게임 규칙 때문이다. 같은 처지의 다른 사람들보다 노련하게 압도하는 기술이 더 부족하기에 쫓겨나는 것이다. 즉 다 같이 참여해 다른 참가자를 이겨야만 하는 게임에서, 방출하는 사람과 방출되는 사람은 비슷하다. 게임에 남기에 부적절하다는 이유로 계속 방출되는 것은 아니다. 오히려 반대다. 할당받은 방출자 수를 채워야 하기에 부적절하다는 선고를 받는 것이다. 하우스 거주자 중 한 사람은 무슨 일이 있어도 매주 한 명씩 **방출되어야** 한다. 이것은 거주자들이 어떻게 행동하든 모두에게 의무적으로 적용되는 하우스의 규칙이다.

빅 브라더는 솔직하다. 착한 일을 한 사람에게 상을 주고 악한 일을 한 사람에게 벌을 주는 규칙은 없다. 무슨 일이 있어도 내보내야 하는 주간 방출 할당량이 있을 뿐이다. 진행자 다비나 매콜Davina McCall의 외침을 들었을 것이다.

"크레이그와 메리의 운명이 여러분 손에 달려 있습니다!"

이는 희생양을 선택할 자유가 있으며 **둘 중 한 사람을** 선택할 수는 있지만 방출하지 않고 둘 다 남겨두는 것은 선택할 수 없다는 뜻이다. 그래서 그 사실을 확실히 확인한 사람들은 이제 거리낌 없이 본능과 직감을 따른다. 누구를 방출해야 한다고 투표하든 잘못된 선택이 아니다. 망설이거나 참여를 거부하는 순간에만 방출되거나 눈에 띄는 위험을 감수하게 된다. 누군가를 방출해야 하는 게임을 극도로 싫어한다고 해도 나머지 사람들이 자신에게 투표하는 것을 막을 수는 없다.

최약체를 공개 처형하는 시스템

끝으로 방출의 날은 **용서**의 날이다. 사실 용서는 양날의 검이다. 과거를 돌아보는 동시에 미래를 예고하기 때문이다. 즉 과거의 잘못뿐만 아니라 미래에 저지를 수 있는 교활한 행동까지 모두 용서한다는 것이다. 과거에 어둠 속을 더듬어 얻은 경험은 미래를 위해 이성적인 선택을 하는 현재의 지혜가 된다. 우리는 학습했고 **훈련**도 받았다. 진실이 폭로되면서 무엇이 유용한 기술인지도 밝혀졌다. 그리고 해방과 함께 그 기술을 실행할 용기도 얻었다.

그렇게 공식적으로 '무죄' 판결을 받은 우리는 「빅 브라더」 제작진에게 고마움을 느낀다. 그 고마움 때문에 많은 사람과 함께 화면 앞을 떠나지 못하고, 그 판결에 권위를 부여해 판결이 진정한 의미에서 대중성과 보편적 구속력을 지니는 데 일조한다. 그 과정에서 시청률이 치솟고 이익이 상승하는 것은 물론이다.

「빅 브라더」는 복잡하게 얽힌 쇼다. 온건한 비평가들의 말을 빌려 아무리 좋게 말해도 '다면적' 또는 '다층적'이다. 그 안에는 성별, 피부색, 계층, 학력과 관계없이 모두를, 아니 적어도 대부분이라고 할 수 있을 정도로 많은 사람을 만족시키는 무언가가 있다. 추잡한 이야기를 즐기는 사람들은 방출을 모면하려고 필사적으로 발버둥 치는 하우스메이트들을 보려고 화면 앞에 모여들 것이다. 일반적으로 사람이 추락할 수 있는 바닥보다 얼마나 더 깊이, 얼마나 다양한 방식으로 나락에 빠질 수 있는지 알고 싶어 하는 사람들도 화면에 끌려들어 갈 수 있다. 노출이나 관능적인 요소를 좋아하는 팬들도 끌어당겨 그들의 마음을 사로잡을 것이다. 비속어를 더 많이 알고 싶거나 실생활에서 그런 말을 사용하는 방법을 배우고 싶은 사람들에게도 많은 것을 줄 수 있다. 실제로 쇼의 이점은 매우 많고 다양하다. 비평가들은 「빅 브라더」를 열렬히 추종하는 사람들을 지속적으로 비난했는데, 비난할 때마다 그럴듯한 이유를 들지만 그 동기는 대체로 저급하다. 물론 가끔은 고상한 동기의 비평도 있다.

이렇듯 각기 다른 사람들이 저마다의 이유로 「빅 브라더」를 시청한다. 이 쇼의 핵심 메시지는 오해의 여지 없이 즉시 사람들을 끌어들이는 여러 매력적인 요소에 둘러싸인 채 은근슬쩍 스며든다. 그 메시지는 기분 전환을 위해 쇼를 선택한 여러 시청자에게 예기치 않게 다가갈 수 있다. 심지어 일부 시청자는 계속 알아차리지 못할 수도 있다. 비평가들은 주로 예의 바른 태도를 지적하는 데 관심을 두느라, 특히 훌륭한 취향과 저급함을 가려낼 권리가 자신들 고유의 것이라는 듯이 옹호하느라 쇼의 메시지를 전혀 언급하지 않기도 한다.

하지만 「더 위키스트 링크The Weakest Link」 쇼*에서는 이런 일이 벌어지지 않는다. 이 쇼는 지식을 시험하는 퀴즈 쇼로 얄팍하게 위장하고 상금을 획득하기 위한 토너먼트로 더 얄팍하게 포장해, 시청자들에게 인간적 굴욕에 이은 방출과 자기희생이라는 구경거리를 제공할 뿐 정신적으로나 육체적으로 즐거움을 주지 않는다. '퀴즈' 범주로 분류되다 보니 유감스럽게도 질문과 대답을 피할 수 없는데, 질문이 너무 급하게 제시되는 바람에 당황스러움을 유발하고 용서를 구하고 싶은 생각마저 든다. '정말 중요한 일에 써야 할 소중한 시간을 낭비하게 만들어 무척 미안합니다만, 우리 모두 알다시피 퀴즈 쇼라는 형태는 유지해야 합니다'라고 말이다. 피할 수도 없을 뿐만 아니라 유감스럽기까지 한 질문과 답변, 중심 줄거리에 끼어드는 방해 요인들, 긴 호흡으로 이어져야 할 극적인 사건을 짧은 간격으로 분리한 구성. 대부분은 아니더라도 일부 시청자에게는 쇼를 보는 시간이 그저 느긋하게 차를 마시고 감자 칩을 먹는 시간일 뿐이다.

「더 위키스트 링크」는 「빅 브라더」가 전하는 메시지를 알약에 욱여넣은 듯이 압축해서 보여준다. 이 쇼는 최대한 핵심

---

* 팀 대항 퀴즈 프로그램으로, 상대 팀에서 가장 약한 사람을 공략해 떨어뜨려 마지막까지 남은 사람이 상금을 차지한다.

을 간추려서 문제의 중심, 즉 주기적으로 벌어지는 방출이라는 행사를 곧바로 보여준다. 쇼의 이름처럼 가장 약한 고리가 된 것이 틀림없는 참가자들은 길게 몇 주 동안 기다리지 않고 30분에 한 명씩 방출된다. 쇼의 공식 명칭과 달리 진행 과정에서 드러나는 진짜 목적은 퀴즈를 거듭하며 누가 '최약체'인지 알아내는 것이 아니다. 매번 누가 최약체인지 반드시 공표해야 한다고 모든 사람에게 일깨워 주고, 우승자 단 한 명을 제외한 모두가 방출될 수밖에 없으므로 최약체로 공표될 차례가 오리라는 사실을 모두에게 보여주는 것이다. 이 쇼는 시작하기도 전부터 한 명을 제외한 모든 참가자를 들러리로 만든다. 그리고 게임의 목적은 오직 공동 운명에서 제외된 단 한 사람을 밝히는 것뿐이다.

인간은 무력하다는 교훈

「더 위키스트 링크」에서는 참가자 몇 명이 한 팀을 구성해 퀴즈 쇼를 진행하고 각자 얻은 상금을 공동의 돈으로 모은다. 마지막에 그 돈을 모두 가져가는 참가자는 한 명뿐이다. 단 한 사람만 살아남고 나머지는 모두 지옥에 떨어지는 운명을 맞이한다.

모든 참가자는 자신이 방출되기 전까지 방출자를 인도하는 의식에 잇따라 참여하게 된다. 이 과정에서 성실히 임무를 수행했거나 퀴즈를 잘 풀었거나 뭔가를 확실히 배웠는지 따져본다. 이때 양심의 가책을 느낄 수 있는데 방출자의 잘못된 행동을 판단의 증거로 삼으며 가책을 던다. 어쨌든 참가자의 필수적인, 아마도 가장 중요한 의무는 방출 절차를 따르고 패배했을 때 자신의 책임을 인정하며 사람들에게 배척당한 결점을 공개적으로 고백해 방출이 정당하고 불가피하게 보이도록 하는 것이다. 이들이 지루할 정도로 반복해서 고백하는 결점의 핵심은 '다른 사람보다 뛰어나지 못한 죄'다.

도덕적 교훈을 주는 옛이야기에 따르면 착한 사람에게는 상이 기다리고 죄지은 사람에게는 벌이 준비되어 있다. 하지만 「빅 브라더」와 「더 위키스트 링크」는 물론이고 비슷한 교훈을 주는 수많은 이야기에서는, 유동적인 현대 사회를 살아가는 사람들에게 제공되고 이들이 열심히 받아들인 이야기에서는 전혀 다른 진리를 강조한다. 첫째, 벌이 일반적이고 상은 예외적이다. 우승자는 대부분의 사람이 당하게 된 방출을 모면한 사람이다. 둘째, 선과 악, 다시 말해 상과 벌의 연결 고리는 미약하고 무작위적이다. 복음서가 「욥기」 한 권만 남은 셈이라고 볼 수 있다.* 우리 시대의 '교훈적 이야기'가 알려주는 바는 시련이란 아무런 이유도, 설명도 없이 무작위로 닥친다는 것이다. 혹시 사람들의 행동과 그들에게 벌어지는 사건 사이에 연결 고리가 존재한다 해도 이는 아주 약하다. 고통을 피하기 위해 할 수 있는 일도 거의 또는 전혀 없다. 우리 시대의 교훈적 이야기는 나쁜 일이 부당하게 닥치고 방출이 임박하더라도 그 운명을 피하는 데 인간은 거의 무력하다고 말한다.

교훈적 이야기는 모두 두려움을 심는 방식으로 작용한다. 하지만 과거의 교훈적 이야기가 심은 두려움은 보상되는 반면(위협을 피해 두려움에서 벗어나는 방법을 제시함으로써 두려움과 함께 해결책도 주었다), 우리 시대의 교훈적 이야기는 대체로 무자비하다. 이들 이야기에서는 구원을 약속하지 않는다. 이들이 심는 두려움은 아주 대처하기 힘들고 사실상 **뿌리 뽑을 수 없다**. 한동안 지연되거나 잊히거나 억제될 수는 있지만 완전히 몰아낼 수는 없다. 이러한 두려움을 해결할 방법은 아직 발견되지 않았고 앞으로도 개발되지 않을 듯하다. 이러한 두려움은 삶 전체에 침투해 몸과 마음 구석구석 스며든 다음

---

* 욥은 의롭고 충실한 사람이지만 평생 엄청난 고통에 시달린다.

삶의 과정을 중단하거나 끝낼 수 없는 '숨바꼭질' 또는 '까꿍놀이'로, 한순간의 부주의가 돌이킬 수 없는 패배로 이어지는 그런 게임으로 재구성한다.

우리 시대의 교훈적 이야기는 죽음을 공개적으로 예행연습 하는 것과 마찬가지다. 올더스 헉슬리는 『멋진 신세계』에서 아이들이 죽음을 두려워하지 않게 만들기 위해 죽음을 앞둔 어른들 주위에서 좋아하는 과자를 먹이는 방식으로 훈련하는(예방 주사를 맞히는) 방법을 상상했다. 우리 시대의 교훈적 이야기에서는 죽는 장면을 진부하게 만들어 죽음에 대한 두려움을 예방하려 한다. 죽음이 적나라한 모습으로 다가오기 전에 우리가 그 일상성에 익숙해지기를 바라며, 사회적 배제로 꾸며낸 죽음을 매일 최종 예행연습 하는 것이다.

죽음은 반드시 찾아온다

바로잡을 수 없고, 돌이킬 수 없고, 취소할 수 없으며 변경할 수 없는……, 회수하거나 개선할 수도 없고 되돌릴 수 없는 지점, 마지막이고…… 최종적인…… **모든 것의 끝**, 이 모든 수식어를 예외 없이 모두 부여할 수 있는 단 하나의 사건,

이 개념을 적용한 다른 모든 일을 은유로 만드는 유일한 사건, 모든 일에 원초적 의미를 부여하고 그것들을 변하지 않고 순수하며 희석되지 않은 상태로 되돌려 놓는 사건, 바로 **죽음**이다.

죽음이 두려운 이유는 그 무엇과도 다른 특성, 즉 더 이상 협상할 수 없게 만드는 특성을 지녔기 때문이다. 죽음을 제외하고 우리가 직간접적으로 알고 있는 모든 사건에는 과거뿐만 아니라 미래도 있다. 죽음을 제외한 모든 사건에는 비록 아주 작은 글씨일지라도 지워지지 않는 잉크로 '다음에 계속된다'라는 약속이 쓰여 있다. 하지만 죽음에 새겨진 문장은 단 하나 **"모든 희망을 버려라**Lasciate ogni speranza**"***이다(지옥문을 넘어서면 더 이상 기회가 없다고 생각해 이 문구를 새겨 넣은 단테의 아이디어는 타당하지 않다. 지옥문을 지난 다음에도, 그러니까 "모든 희망을 버려라"라는 문구를 지난 뒤에도 온갖 일이 벌어지기 때문이다). 이제부터는 아무 일도 일어나지 않을 것이라고, **우리에게** 아무 일도 일어나지 않을 것이라고, 다시 말해 **우리가** 보고, 듣고, 만지고, 냄새 맡고, 즐거워하고, 슬퍼할 일은 없을 것이라는 뜻을 지닌 사건은 죽음뿐이다. 바로 이런 이유로 죽음은 살아

---

* 단테 『신곡』 지옥 편의 유명한 구절.

있는 자들에게 이해할 수 없는 무엇으로 남을 수밖에 없다. 실제로 인간의 상상력으로 넘어설 수 없는 한계를 설정하는 데 있어 죽음만큼 강력한 것은 없다. 우리가 시각적으로 표현할 수 없고 앞으로도 표현할 수 없는 유일한 것은 우리가 존재하지 않는 세상이다.

인간의 경험이 아무리 풍부할지라도 아무 일도 일어나지 않고 더 이상 할 일이 없을 때 어떤 기분인지 짐작할 수는 없다. 우리가 살면서 매일 배우는 것은 정반대지만, 다시 말해 계속 뭔가가 일어나고 뭔가를 해야 하는 느낌이지만 죽음은 우리가 배운 모든 것을 무효로 만든다. 죽음은 '미지의' 화신이고, 다른 모든 **미지의 것들** 중 진정으로 온전하게 **알 수 없는** 유일한 것이다. 죽음에 대비해 무엇을 하든 죽음은 우리를 준비되지 않은 상태로 만든다. 설상가상으로 '대비'라는 개념 자체를, 즉 삶의 지혜라고 정의되며 축적된 지식과 기술을 무가치하고 공허하게 만든다. 절망, 불행, 무지, 무력 같은 사례는 충분히 노력하면 개선할 수 있다. 하지만 죽음은 아니다.

이 '원초적 두려움'은, 다시 말해 선천적이고 고유한 두려움이기도 한 죽음에 대한 두려움은 진화 과정에서 모든 동물 종에게 또는 오래 살아남아 존재를 기록할 정도의 흔적을 남긴 종에게 프로그래밍 된 생존 본능 때문에 우리 인간과 모든 동물이 공유하는 것으로 보인다. 하지만 우리 인간만이 죽음을 피할 수 없다는 것을 알기에 그 사실을 인식한 상태로 살아가야 하는, 죽음은 불가피하지만 그럼에도 살아야 하는 엄청난 과업에 직면한다. 프랑스 소설가 모리스 블랑쇼Maurice Blanchot는 "인간은 인간이기에 죽음을 알기도 하지만, 죽음으로 가는 과정에 있기에 인간이기도 하다"라고 했다.[1]

죽음이 닥치면 나는 더 이상 세상에 존재하지 않고, 내가 세상에 존재하면 죽음이 없는 것이라고 주장하며 죽음에 대한 두려움은 이성에 위배된다고 설파한 소피스트는 틀렸다. 내가 어디에 있든, 언젠가 죽음이 이 세상에서의 내 존재를 **반드시** 끝낸다는 **자각**이 늘 함께하기 때문이다. 이 과제를 해결하는 데 2차 두려움, 즉 실제로 닥쳐 문을 두드리는 죽음이 아니라 언젠가 죽음이 반드시 찾아오리라는 것을 아는 데서 비롯된 두려움에 맞서 싸우거나 이를 완화하는 데, 우리가 가진 본능은 거의 도움이 되지 않는다. 그런 두려움을 해소할 수 있을지 모르지만 이 과제를 해결하는 일은 인간이 스스로 착수하고 수행해야 한다. 그리고 그 일의 결과가 좋든 나쁘든 완벽하게 해결할 수는 없고 복합적인 성공을 거둘 뿐이다.

삶을 이끄는 죽음이라는 전차

인류의 모든 문화는 **죽음을 의식하면서도 삶을 살 만하게 만들기 위해 계산된 교묘한 장치**로 이해할 수 있다. '피할 수 없는 죽음을 끌어안고도 살게 해준다'라는 측면에서 문화의 독창성은 한계가 있지만 매우 놀랍다. 사실 기록으로 남아 있는 다양한 전략은 몇 안 되는 범주로 분류할 수 있다. 온갖 형태로 변형되더라도 몇 가지 필수 전략의 하위 범주로 구분된다.

지금까지 이와 관련해 개발된 문화 중 가장 일반적이고 효과적인 데다가 유혹적이기까지 한 것은 죽음의 최종성을 부정하는 문화다. 죽음은 세상의 끝이 아니라 다른 세계로 가는 통로라는, 본질적으로 검증할 수 없는 개념이다. 미국 문학 비평가 샌드라 길버트Sandra M. Gilbert는 죽음을 **종료**termination가 아닌 **만료**expiration라고 표현한다.[2] 죽어가는 사람은 존재하는 유일한 세계에서 떨어져 나가 소멸해 사라지는 것이 아니라 다른 세계로 이동한다. 그 세계에서 원래 익숙하던 자기 모습과 다소 다른, 하지만 불편하지 않을 정도로는 비슷한 모습으로 계속 존재한다. 육체적 존재는 끝날 수 있다. 또는 재림이나 최후의 심판 날까지 단순히 유예되거나 환생을 통해 영원히 회귀하는 것처럼 원래의 형태를 벗어나 다른 육체 형태로 들어갈 수 있다. 쓰임을 다해 낡은 몸은 분해될 수 있으나 이동한 곳에서는 '세상에 존재한다는 것'이 살이나 뼈 같은 껍데기에 국한되지 않는다. 사실 현재의 육체적 존재는 환생처럼 끝없이 형태를 바꾸는 경험에 불과할지도 모른다. 또는 기독교의 사후 세계처럼 죽음에서 시작되는 영혼의 영생을 알리는 서곡으로, 이때 죽음은 육체라는 껍데기에서 영혼이 자유로워지는 순간이 된다.

영원한 생명을 주장할 때 따라오는 경고로, 죽는다는 것을 기억하라는 뜻의 '**메멘토 모리**memento mori'는 곧 다가올 죽음이 행사할 무력감에 맞서 싸우는 데 엄청난 힘을 발휘하는 약속이다. 이 말을 이해하고 믿으면 피할 수 없는 죽음을 잊으려고 헛되이 애쓰지 않아도 된다. 피할 수 없는 죽음의 도착을 보지 않으려고 눈을 돌릴 필요도 없어진다. 그렇게 되면 죽음은 더 이상 보기만 해도 죽는 고르곤Gorgon*이 아니다. 인간은 죽음을 정면으로 **바라볼 수 있을** 뿐만 아니라 임박한 죽음이 가져올 새로운 삶에 계속 신경 쓰도록 매일 24시간 죽음을 **바라보아야** 한다.

죽음이 곧 닥친다는 것을 기억하면 삶의 모든 순간을 소

---

* 그리스 신화에 등장하는 괴물 세 자매인 스텐노, 에우리알레, 메두사를 가리키며 일반적으로는 메두사를 뜻한다.

중하게 만드는 목적을 부여해 계속 바르게 살게 된다. 다시 말해 메멘토 모리는 죽음 이후의 삶에서 행복할 수 있도록 지상의 삶을 살라는 뜻이다. 사후 세계는 보장되어 있고 피할 수 없지만, 그 세계에서 어떻게 살아갈지는 죽기 **전에** 어떻게 살았느냐에 달려 있다. 그 삶은 악몽일 수도 있고, 지극한 행복일 수도 있다. 그러니 이제 대비를……

영혼의 영원성은 지상의 삶에 진정으로 값진 가치를 부여한다. 영혼이 아직 육신의 껍데기 안에 갇혀 있는 바로 이곳 지상에서만 영원한 행복을 보장받고 고통을 피할 수 있다. 육신의 삶이 끝났을 때는 너무 늦다. 죽음이 예고하는 '두 번째 기회가 없는' 판결에 전혀 다른 의미가, 사실상 정반대의 의미가 부여된 것이다. 죽음의 순간에는 선을 실천하고 악을 피할 기회를 반드시 맞이하게 되는데 이때는 천국과 지옥 중에서 어디에 떨어질지 이미 결정된 상태이고 이에 따라 영혼의 운명 역시 영원히 결정된다. 영원에 진정한 힘을 행사하는 것은 바로 그 엄청나게 짧은 **지상의** 삶이다. 살아 있는 사람들은 **메멘토 모리**가 일깨워 주는 의무 덕분에 그 힘을 열심히 갈고닦는다.

원죄가 상속된다는 기독교의 개념은 특히 절묘한 발명품이다. 육신의 삶을 더 가치 있고 중요하게 만들기 때문이다.

이 개념 때문에 천국에 갈 확률은 50 대 50이 아니라 불확실해졌다. 천국에 갈 확률이 매우 낮으므로 상속받은 원죄는 삶에서 주어진 과제를 긍정적으로 받아들이는 데 자극이 된다. 죄 없이 태어난 사람은 아무도 없고 모두 날 때부터 상속된 죄를 짊어지기에 인간은 짧은 생을 사는 동안 구원받을 힘을 얻기 위해 두 배로 성실해야 한다.

악한 행동을 멀리하는 것만으로는 충분하지 않다. 선한 행동을 최대한 많이 하며 극단적일 정도까지 자신을 희생하고 스스로 속죄의 고통을 주어야 원죄가 덧씌운 오명을 씻어낼 수 있다. 그렇게 하지 않으면 지옥 불에서 영원히 불탈 것이다. 영원이라는 가능성은 악하고 태만한 사람에게는 악몽이지만, 선하고 근면한 사람에게는 마르지 않는 기쁨의 원천이다. 이 두 가지 면이 행동에 영감을 준다.

가장 끔찍한 추락을 가장 복된 비상으로 바꾸며 죽음의 의미를 뒤집은 것은 고도의 기교를 보여준다. 이를 통해 인간과 언젠가는 죽어야 하는 운명이 화해했을 뿐만 아니라 죽음이라는 판결이 과거처럼 직설적이고 냉엄하고 단순한 의미만 지녔더라면 단호하게 부인했을 의미와 목적과 가치를 삶에 불어넣었다. 이 덕분에 죽음이 지닌 파괴적인 힘은 삶을 향상하는 어마어마한 힘으로 바뀌었다. 죽음이 삶을 이끄는 전차로 활용되는 것이다. 그 덕분에 일시적인 삶에 영원이라는 목표가 생겼고, 자신이 죽음을 맞이할 존재임을 인식한 사람들이 불멸immortality의 주도권을 쥐게 되었다.

개인의 불멸이냐, 개체의 지속이냐

불멸의 주도권을 쥐기는 힘들다. 하지만 다양한 방식으로 이를 모방하려 했고 이러한 시도는 분명 앞으로도 계속될 것이다. 죽음이라는 유령을 길들이는 데 불멸을 믿는 기존의 신념을 대체할 만한 것은 거의 없다. 오직 그 믿음만이 사후의 삶을 보편적이고 협상할 수 없는 운명으로 제시했고, 그렇게 함으로써 죽음에 대한 두려움에서 비롯된 관심을 보편적이고 구속력 있는 의무로 다시 제시했다. 이를 모방한 다른 신념은 모두 불멸을 직접 경험하는 것이 아니라 '대리로 경험하는' 것으로 보고, 그 형태마저 매우 축소되었으며, 잡을 수도 있고 놓칠 수도 있는 기회 같은 것으로 제시한다. 그렇게 대체된 불멸의 기회를 거머쥐기 위해 고군분투한 사람들은 성공한다 하더라도 승리의 효과를 직접 경험하거나 목격할 기회를 얻지 못한다.

상상만 할 뿐 결코 직접 볼 수 없는 기쁨을 위해 직접 경험할 수 있는 즐거움을 왜 포기해야 하느냐고 묻는 이들에게, 대안으로 제시된 관점은 기존 전략과 달리 만족스럽고 보편적이기는커녕 압도적으로 설득력 있는 답을 내놓지 못했다. 비록 불완전하지만 모든 대안은 죽음 이후의 삶이 있다는 공식을 바탕으로 설계되었다. 이들은 지상의 삶이 **일시적**이지만 **그 영향은 지속된다고** 강조하면서 죽음이 예정된 인간의 삶에 의미를 부여하려 했다. 또한 삶의 과정에서 들인 노력이 헛되지 않을 것이라는 확신을 주어 지금의 삶이 멈춘 지 한참 지난 뒤에도 그 삶을 어떻게 살았는지가 중요할 것이라는 사실을 의심하는 사람들을 설득하려 했다. 그러는 한편 나중에 어떤 일이 일어나든 그 결과를 무효로 만들 수 없다고 했다.

이 공식에 따르면 자신의 삶이 사후에도 지속될 세계에 변화를 불러올지 아닐지, 변화가 있다면 어떤 종류의 변화일지 결정하는 것은 각자에게 달려 있다. 지상에서의 수명이 다한 뒤에 지속될 그 세계에는 다른 사람들이 살게 될 텐데, 변화를 만든 사람은 그들 사이에 있지 않을 것이다. 그곳에 살게 될 사람들은 누군가가 죽기 전에 만든 변화를 체험하고, 그 영향을 인정할 것이다. 그들은 소중히 여기는 것을 빚진 사람에게 감사할 테고 그 사람에 대한 고마움을 영원히 기억할 것이다. 설령 자신의 삶에 좋은 쪽으로 변화를 준 사람의 이름을 모른다고 해도 죽어서 잊힌 누군가의 삶이 열매를 맺어 오래 흔적을 남긴다는 사실은 변하지 않는다.

원래의 전략과 비교했을 때 수정된 대안은 표면적으로 인간의 선택지를 넓혔다. 대안이 제시하는 불멸을 얻을 기회에 동기 부여받은 사람들에게 '천국이냐, 지옥이냐'라는 딜레마를 넘어 선택의 폭이 넓어졌다. 형태가 어떻든 불멸이 기정사실이 되면 관련된 모든 사람에게 발명과 실험의 장이 널찍하게 열린다. 그리고 죽음이 끝이 아니라는 개념이 영혼의 불멸과 분리되면 여러 다른 대안과 자유롭게 결합할 수 있다.

그동안 문화적으로 매우 다양한 대안이 만들어졌는데, 이들은 크게 두 부류로 나눌 수 있다. **개인의 불멸**이라는 개념을 추구하는 것과 **개인이 아닌** 개체의 생존과 지속을 위해 개인이 기여해야 한다고 말하는 것이다. 후자는 일반적으로 개인 정체성의 중요성을 무시함으로써 결과적으로 자기 부정과 자기희생을 준비하라고 요구한다.

개인성은 모든 종류의 사회에서 갈망하고 면밀히 지켜보고 보호하는, 소수만 누리는 특권이다. 개인성을 지닌다는 것은 사람들 틈에서 두드러지는 것이다. 얼굴이 눈에 띄거나 이름이 알려지는 것이며, 다른 개인과 혼동되지 않아 **자신의 고**

유한 정체성을 지킬 수 있다는 뜻이다. 과거의 '역사적 순간'을, 즉 그 결과가 당대를 넘어 현재에 뚜렷한 흔적을 남겨 이후에 벌어지는 일들의 흐름을 바꾸어놓았기에 기록할 가치가 있다고 생각된 순간을 묘사한 캔버스에서 '개인'과 '군중' 또는 '대중'은 확실하게 구분된다. 개인의 얼굴은 독특하고 눈에 띄는 반면, 군중이나 대중은 모호하고 눈에 띄지 않는 얼굴이 연속된다.

명성을 얻으려 발버둥 치다

이토록 뚜렷한 대비는 놀랍지 않다. 결국 개인성이란 '공짜 선물'이 아니라 고군분투하며 노력해서 얻을 때만 가치를 지닌다. 이런 이유에서 개인성은 원칙적으로 일부 사람만 지닐 수 있는 것이며 나머지 사람에게 전혀 닿지 않는 곳에 있다. 군중, 떼, 무리, 폭도처럼 얼굴 없는 사람들이 없다면, 또는 개인성이 누구나 타고나며 특별히 고민할 필요 없이 있는 그대로 받아들여지는 특성이라면 개인성이라는 개념은 빛과 매력을 상당 부분 잃었을 것이다. 애당초 이 개념이 생겨나지 않았을 가능성도 높다. 얼굴과 이름을 인식하게 해주는 고유성을 미래, 특히 그 소유자가 사망한 이후까지 보존할 수 있는지가 개인성의 필수 속성이자 누구나 탐내는 요소다.

이러한 효과를 누릴 수 있는 주요 수단은 '후대의 기억에 남는 것', 짧게 말해 '명성'이다. 역설적으로 개인성의 불멸을 얻고자 명성에 접근하는 방법은 특정 **범주**에 속하는 것이다. 그리고 그 범주에 속하기 위한 싸움은 그 범주에 속한 사람에게 불멸을 부여하도록 만드는 싸움까지 포함해 역사적으로 집단이 해온 일이다. 처음에는 왕과 장군의 특권이었던 명성은 이후 정치인과 혁명가, 이들의 왜곡된 복제품이라고 할수 있는 사회적으로 물의를 일으킨 사람과 반란 모의자, 그리고 발명가와 과학자와 예술가가 획득했다. 왕정 국가에는 자체적으로 명성을 분배하는 규칙이 있었고 이는 신정 국가, 공화국, 민주주의 국가, 농경 사회, 산업 사회, 전근대, 근대, 탈근대 문화에서도 모두 마찬가지다.

하지만 집단적 차원에서 범주의 권리로 유지되는 개인의 명성은 양날의 검이라는 점에 유의해야 한다. 그러한 명성은 행운의 손길이 아닌 운명의 잔혹함으로 느껴질 수 있다. 개인의 명성을 제도적 권리로 보장한다고 해서 반드시 올바른 종류의 명성, 즉 **영광**이 따라오지는 않는다. 실제로는 영원한 불명예를 의미할 수도 있다. 후대를 비롯해 누군가가 기억한다는 것은 축복일 수도 있고 아닐 수도 있다. 개인의 성과가 인정받든 비난받든, 기록되고 기념될 가능성이 있는 사회적 범주에 속한다면 명성은 **운명**이다. 그러나 이 명성이 언제까지 어떤 내용으로 기억될지는 계속 모호한 상태로 남는다. 개인의 명성에 대한 권리를 얻으려면 끊임없이 노력하고 잠시도 방심하면 안 된다. 구원을 얻으려면 평생 쉬지 않고 선을 실천하라고 요구하는 것과 마찬가지다. 이것은 휴식을 약속하지 않으며 불안, 자기비판, 자기 비난이 가득한 삶을 예고한다. 기회를 놓치거나 잘못 활용하면 기회를 거부당했을 때만큼이나 쓴맛을 볼 수 있다.

개인으로서 영원히 기억될 기회가 거부된 사람들, 다시 말해 통계표에서만 존재를 확인할 수 있는 얼굴 없는 익명의 **호이 폴로이**hoi polloi('특별하지 않은' '보통' 사람들)에게는 다른 형태의 불멸이 제공된다. 공동체와 같이 개인이 아닌 존재를 통한 대리 불멸, 또는 개인성을 포기하고 더 큰 집단의 일원으로서 얻는 불멸이다. 과거부터 지금까지 개인이 아닌 불멸이 수없이 많이 제공되었다는 사실을 고려할 때 다른 변형된 형태도 가능하다. 이러한 불멸 모두 치유할 수도, 궁극적으로 치료할 수도 없는 인간의 두려움, 즉 죽음이라는 엄청난 미지에 대한 두려움을 각기 다른 방식으로 이용한다.

개인적 불멸은 삶을 한 단계 끌어올리는 명제다. '흔적을 남기려면', 기억에 남을 행동을 하려면 열심히 노력해야 하기 때문이다. 비개인적 불멸은 정반대로 작용한다. 이것은 중요한 업적을 남길 희망이 거의 없는, 그래서 사람들의 기억 속에 자기 자리를 안전하게 확보할 가능성이 희박한 수많은 사람에게 위안을 주는 보상이다. 비개인적 불멸은 개인적 불멸을 얻지 못한 것을 보완할 수 있다. 익명의 존재가 익명의 영원을 경험할 기회를 얻기 때문이다. 그렇다. 이때 개인의 삶은 잊히겠으나 그럼에도 변화를 만들 수 있다. 그래서 흔적 없이 사라지지 않는다.

하지만 그 변화를 만들고 무한히 지속되는 시간에 흔적을 깊이 새기는 방법은 **죽음**이다. **삶**을 통해 불멸을 얻지 못하더라도 **죽음**을 통해 얻을 수 있다. 이들은 죽음을 도구로 사용해 무미건조하고 칙칙하고 매력 없는 개인의 삶보다, 그래서 사는 동안 존재감을 드러내고 주목받을 기회를 박탈당한 그 삶보다 견고하고 지속적이고 믿을 만하고 중요한 무언가를 끌어내는 것이다. 그리고 그 '무언가'의 생존을 통해 대리 불멸을 달성한다. 말하자면 자신의 죽음을 영원히 지키고 싶은 **대의명분**의 제물로 삼는 것이다.

국가의 존속을 위한 죽음

혁명이 끝나고 국가 건설의 문턱에 들어선 프랑스 공화국은 **프로 파트리아**pro patria[*]라는 고대 로마의 전략을 되살려 '대리 불멸', 즉 '보완적 불멸'의 양식을 정해두었다. 이는 미국 역사학자 조지 모세George L. Mosse가 '죽음의 국유화'[3]라고 부른 것을 통해 달성되는데 이 전략은 현대까지 이어진다.

이제 막 싹트려는 국가나 발전기 국가가 안정감을 느끼려면 국가 권력이 필요하고, 신생 국가가 힘이 있다고 느끼려면 애국심이 필요하다. 생존을 위해 서로가 필요한 것이다. 국가에는 '상상의 공동체imagined community'^{**}인 국가의 생존을 위해 개인의 삶을 희생할 준비가 된 애국심 있는 국민이 필요하다. 또한 '국가적 대의'를 위해 징집하고, 필요할 경우 국가 지속을 위해 목숨을 바치라고 강요할 권한이 있는 대상으로서 국민이 필요하다. **익명의** 죽음이 **비개인적** 불멸로 이어진다는 개념으로 국가와 국민 모두 가장 적합한 문제 해결책을 찾았다.

---

[*]   '조국을 위하여'라는 뜻의 라틴어.

^{**} 아일랜드 정치학자 베네딕트 앤더슨Benedict Anderson이 제시한 개념으로, 국가나 사회 구성원이 서로 직접 알지 못하더라도 동일 공동체의 일원으로 느끼는, 상상으로 존재하는 관계를 의미한다.

집단 징병제와 보편적 병역 의무의 시대에는 죽음에 대한 미지의 두려움과 죽음 이후에 이어질 것으로 보이는 허무에 대한 두려움을 성공적으로 활용해 대중의 애국심을 불러일으키고 국가적 대의에 헌신하도록 이들을 동원했다. 조지 모세가 지적했듯이 "전쟁에서 형제, 남편, 친구가 사망하는 것"은 예나 지금이나 '순교', 다시 말해 개인의 희생으로 받아들이지만 "이제 적어도 공적 영역에서는 그러한 죽음으로 얻는 개인적 손실보다 이득이 더 크다고 여겨진다." 국가 영웅의 죽음은 개인적으로는 손실이자 비극일 수 있지만, 그러한 희생은 죽은 자의 **영혼**이 구원받아 불멸하는 것으로 보상받는 것이 아니라 국가적으로 불멸의 존재가 되는 것으로 보상받는다. 유럽 전역에 흩어져 있는 참전용사 기념비는 국가가 은혜를 잊지 않고 그들의 희생에 보답하며 그 공로를 영원히 잊지 않겠다는 것을, 그들이 목숨을 바쳐 기꺼이 희생하지 않았더라면 국가는 존속하지 못했고 이 기념비를 세울 수도 없었으리라는 것을 지나가는 사람들에게 일깨워준다.

유럽 국가의 수도에 세워진 기념비들은 무명용사의 이타심을 기린다. 그리고 영웅들의 군 계급이나 평생의 삶 등은 그들을 좋게 기억하고 희생에 감사하는 데 중요하지 않다고 강조한다. 이러한 기념비는 전장에서 죽는 순간만이 중요하다고, 그 **죽음의 가치**는 비록 **가치 없는 삶**을 살았을지언정 기존의 삶을 더 고귀하고 숭고하게 다시 규정하는 힘을 지닌다고 살아 있는 사람들에게 알려준다.

해마다 열리는 국가 추모 행사는 여기에 또 다른 목적을 더한다. 이들 행사는 사후에 후손의 기억에 얼마나 오래 남느냐는 국가의 존속에 달려 있다는 점을 기념식 시청자와 참가자에게 일깨운다. 국가가 지속되는 한 희생은 기억될 것이다. 따라서 국가의 존속을 위해 개인의 목숨을 희생하는 것은 죽음을 초월하는 방법일 뿐만 아니라 죽음 이후에도 개인의 존재가 국가에 자리 잡고 번성하고 안전하게 유지되는 보편적인 조건이기도 하다.

신흥 국가를 대변하는 사람들이 처음 사용한 전략은 일종의 본보기가 되었고, 다른 대의를 주창한 수많은 사람이 따라 했으나 성공적으로 모방한 사례는 드물다. 죽음의 최종성에 대한 두려움 때문에 생긴 상처를 치유할 잠재력이 부족해서라기보다(이러한 잠재력은 언제나 논란의 여지가 있다), 그들이 추진하거나 보호하려는 목적을 위해 죽음 이후의 공허에 대한 꺼지지 않는 두려움을 활용할 수 있는 놀라운 기회가 생겼기 때문이다. '당신은 죽을 테지만 그 덕분에 대의는 영원히 살 것이며 그 위업은 돌에 새겨지거나 강철로 주조된 수많은 기념비보다 훨씬 더 확고히 불멸할 것이다'라는 전략은 특히 사회 질서의 철저하고 지속적인 개혁을 촉진한 혁명 운동에서도 적극적으로 활용되었다. 하지만 국가 건설 당시의 패턴을 따라 한 이 전략은 그때만큼 효과가 강력하지는 않았다.

둘 사이의 차이가 극명하기는 하나 개인적이든 비개인적이든 불멸을 얻는 수단들은 모두 죽음이 가져올 협상 불가능한 최종성이라는 문제의 심각성을 인정한다. 모든 인간이 언젠가 죽어야 한다는 사실을 인식하게 되면서 마주하는 문제다. 이 두 가지 수단이 널리 쓰이고 부분적으로 효과적이라는 점은, 인간의 관심사에서 영원한 삶에 대한 걱정이나 그에 대한 부정이 중요한 위치를 차지하고 있음을 간접적으로 증명한다.

말하자면 불멸을 얻는 수단은 삶이 짧다는 사실을 매우 잘 알고 있는 인간들이 경이롭고 숭고하며 분명 인간을 초월한, 그래서 두려운 힘을 지닌 영원성에 바치는 우회적인 공물(또는 몸값?)이라고 할 수 있다. 그리고 이 수단은 죽음에 대한 두려움이 지속되어 이를 달래기 위한 공물을 기꺼이 바치고 필요한 몸값을 얼마든지 지불할 의사가 있을 때만 '의미가 있다.'

죽음의 의미를 축소하는 시대

지금까지 알아본 일련의 방편과 평행선상에 놓인 문화적 전략이 하나 더 있다. 당시 역사적으로 형성된 조건 때문에 앞서 언급한 방안들이 효율적이고 매력적으로 보였겠으나 역사적 조건이 달라지면서 효율성과 매력 역시 사라지기 시작했다. 현대에 이르러서는 새로운 전략이 대안으로 등장하는데 이는 서서히, 그러나 꾸준히 힘과 인기를 얻으며 현대의 유동적인 소비 사회에서 중요한 위치를 차지해 가는 듯하다.

이 전략은 장기적인 모든 것을 평가절하함으로써 최종성에 대한 걱정을 **축소**한다. 즉 개인의 삶보다 오래 지속될 가능성이 있는 모든 것, 심지어 사람들이 삶의 주기별로 추구하는 목표까지 과소평가할 뿐만 아니라 영원성이라는 개념을 형성하는 삶의 경험까지 모두 축소해 영원성 안에 자신의 위치를 불안하게 만든다. 이러한 축소 전략에는 인간의 의식에서 영원성에 대한(실제로는 지속성에 대한) 걱정을 제거해 그 걱정이 개인 삶의 경로를 지배하고 형성하고 효율적으로 만드는 힘을 빼앗으려는 체계적인 노력이 포함된다.

이 전략은 지상에서의 삶과 영원성을 연결하는 다리를 놓아준다고 약속하는 대신, 지속되는 모든 것의 가치를 공공연히 폄하하고 부인해 불멸에 대한 걱정을 뿌리부터 잘라낸다. 그리하여 한때 '사후'에 부여했던 중요성을 현재로 옮겨온다. 다시 말해 영속적인 것에서 일시적인 것으로 전환한다. 그럼으로써 죽음에 대한 두려움을 기존의 원인에서 분리해 다른 용도로 활용하게 만들며, 사후의 삶에 대한 걱정보다 실질적이고 즉각적인 효과를 강조한다.

이를 달성하기 위해 매우 중요한 두 가지 방법이 있다. 하나는 죽음을 **해체**하는 것이고, 다른 하나는 죽음을 **진부**하게 만드는 것이다.

지크문트 프로이트Sigmund Freud는 "사람들이 죽음을 한쪽으로 제쳐두고 삶에서 죽음을 제거하려는 경향을 뚜렷하게 보인다"라는 것을 관찰하고 다음과 같이 설명한다.

"우리는 사고, 질병, 감염, 고령을 비롯해 우연한 것에서 죽음의 원인을 찾으려는 습성이 있다. 이런 식으로 죽음을 필연이 아닌 우연으로 축소하려고 애쓴다."[4]

이러한 죽음의 '축소'(프로이트 이후 새로 등장한, 좀 더 정확한 용어로 말하자면 '해체')는 근대 정신과 통하는 면이 있다(인용한 프로이트의 글은 근대 정신이 가장 뚜렷하게 드러난 시대, 그 한계를 아직 모르던 시절에 쓰였다는 사실에 유념하자). 이는 근대에 흔히 볼 수 있던 움직임으로, 실존적 과제를 여러 개의 개별적 문제로 분해해 각각 독립적으로 해결하려 했다. 그리고 이 개별적 문제는 노하우와 이를 활용하는 데 필요한 기술적 수단이 있고 활용 규칙을 제대로 지킨다면 **해결할 수 있다**고 보았다.

해체하고 싶은 충동의 배경 어딘가에는 모호하고 좀처럼 분명히 설명할 수 없는 가정이 숨어 있다. 이미 닥친 문제와 아직 드러나지 않은 문제의 양이 유한할 것이라는, 그렇기에 해야 할 일의 목록을 언젠가는 끝낼 수 있고 모든 문제가 해결될 것이라는 가정이다. 아무리 거대하고 압도적인 과제일지라도, 인간의 능력을 넘어선 것으로 보여서 한 덩어리로 다루거나 정면으로 부딪칠 수 없는 과제일지라도 구체적이고 개별적으로 해결 가능한 여러 개의 작은 과제로 해부해 목록에서 지울 수 있다는 희망을 품었다. 먼저 내용물을 모두 버린 다음에 빈 선반을 처분하는 것과 같다.

이러한 희망이 헛되다는 것을 증명하기는 쉽지 않다. 군사 작전이 성공을 거듭하면, 그 모든 작전을 개시하고 수행한 목적인 전쟁에서 이길 수 없음에도 그 사실을 효과적으로 숨길 수 있기 때문이다. 죽음이라는 문제에 해체를 적용할 때 숨겨지는 것은 생물학적으로 인간이 언젠가는 죽는다는, 확고하고 다루기 힘든 사실이다. 사람은 죽음을 피할 수 없기에 죽는다는 말은 거의 들어보지 못했을 것이다. '언젠가 죽어야 한다'라는 사실을 순화해 완곡하게 표현한 '자연사'라는 말조차 일상에서 더 이상 잘 사용하지 않는다. 의료진이 사망진단서를 작성할 때 '자연사'라고 기록하는 경우는 거의 없고 대안이 없거나 더 구체적으로 설명해야 할 경우 '진짜', 즉 바로 직전에 닥친 사망 원인을 밝히기 위해 틀림없이 부검을 권유할 것이다. 사망 원인을 정확히 찾지 못하는 의사들은 직업적 전문성이 부족하다고 비난받는다.

모든 죽음은 구체적인 원인이 반드시 밝혀져 명확히 설명되어야 하고 그 원인이 예방 가능하거나 충분한 노력, 즉의약품과 절차에 관한 추가 연구와 개발을 통해 예방할 수있을 때만 정당한 것으로 인정받는다. 실제 모든 사례에 적용되지는 않더라도 원칙적으로는 그렇다. 망자의 친척이나 친구들은 자연사를 사망 원인으로 받아들이지 않는다.

이러한 전략은 프랑스 철학자 롤랑 바르트Roland Barthes가자세히 설명한, 역사를 자연으로 표현하는 전략과 완전히 반대되는 신화 창조식 접근법이다. 죽음이라는 자연스러운 사건을 인간이 수없이 실패한 결과로, 그러므로 피할 수 있는 대상으로 보아야 한다고 해석해 죽음의 우발성이라는 신화를 이해하고 유지하는 것이다. 문화를 자연으로 가장해야 한다는 바르트의 주장과 반대로, 죽음의 자연스러움을 문화로 가장한다. 그러나 바르트가 분석한 신화의 기능은 불안정하고 우연에 기대는 문화라는 본체를 신화라는 '강력한' 피난처에 숨겨 보호하는 것인 반면, 죽음을 해체하는 목적은 정확히 그 반대다. 죽음이 언제나 지니는 강력한 오라aura를 벗겨내는 것이다.

잘게 쪼개져 서서히 스며드는 두려움

불멸의 가능성이 언제든 닥칠 수 있는 육체적 죽음을 인정하며 현생의 도구적 중요성과 힘을 강조한다면, 역설적으로 죽음의 해체는 표면적으로 죽음이 언제든 닥칠 수 있다는 사실에 의문을 제기하면서도 죽음에 대한 두려움을 강화하고 그 파괴력을 높인다. 해체는 죽음이 불가피하다는 인식과 그에 따른 영향을 억눌러 죽음의 압박에서 벗어나 자유롭게 살아가게 하는 대신, 삶의 어디에서나 죽음의 존재를 느끼고 그 어느 때보다 죽음을 중요한 것으로 만든다.

이제 죽음은 영속적이고 보이지 않지만 신경 쓰이고 무슨 일을 하든 1분도 쉬지 않고 마음 깊이 존재감을 느끼는 대상이 되었다. 죽음에 대한 기억은 삶의 모든 기능에 중요한 부분을 차지한다. 끊임없이 선택해야 하는 삶에서 죽음은 가장 중요한 기준점이 될 수 있다.

멀리 있는 죽음에 대한 궁극적인 두려움이 쪼개져 일상의 걱정이 되면서 이제 우리는 무수히 많고 어디에나 존재하며 유일하고 가까운 죽음의 원인에 맞서 싸울 수 있게 되었다(또는 더 잘 피할 수 있게 되었다). 새로 발견되었으나 지금까지는 알려지지 않았던 새로운 병원체나 체제에 대한 경고가 빠르게 이어지면서, 사람들이 이제껏 무해하다고 믿었거나 '죽음과 관련'되어 있다고 전혀 생각하지 않았던 것들이 돌이킬 수 없는 해를 끼치고 치명적인 결과를 초래할 수 있는 것으로 의심받게 되었다.

이제 죽음의 위협에서 한순간도 쉴 틈이 없다. 죽음에 저항하는 싸움은 태어날 때 시작해 평생 지속된다. 그 싸움이 계속되는 동안 가끔은 승리를 맛보기도 한다. 비록 마지막 싸움은 패배할 수밖에 없지만 말이다. 죽음은 마지막 싸움이 벌어지기 전부터 "훤히 드러난 빛 속에 숨어 있다." 어떤 싸움이 마지막이 될지 미리 알 수 있는 사람은 아무도 없다. 죽음에 대한 두려움은 수많은 위협에 대한 셀 수 없이 많은 걱정으로 쪼개져 독성이 다소 희석된 상태로 삶 전체에 스민다. 독성이 소량으로 널리 퍼져 있기에 죽음에 대한 두려움을 통째로 '받아들이며' 악몽 같은 무시무시한 일에 맞닥뜨릴 가능성은 낮다. 이때 죽음에 대한 두려움은 매우 흔한 것이 되기에 삶의 의지를 마비시킬 가능성은 낮다.

따라서 죽음의 해체는 필수적이고 피할 수 없는 동반자인 진부화와 밀접하게 연관된다. 해체를 통해 저항할 수 없는 단일 과제가 아닌 평범하고 본질적으로 해결 가능한 여러 개의 과제로 만들어 궁극적인 두려움을 온전하게 직면하는 것을 피하고자 한다. 진부화를 통해 두려움과의 직면 자체를 평범하고 거의 매일 일어나는 일로 바꾸어 '죽음과 함께 살아가는 것'을 조금 더 잘 견딜 수 있기를 희망한다. 본질적으로 진부화는 산 사람이 접근할 수 없는, 죽음이라는 단 한 번뿐인 경험을 인간의 일상으로 가져와 그들의 삶을 끝없는 죽음의 예행연습으로 바꾼다. 이를 통해 최종성을 경험하는 데 익숙해져서 '절대적 변화'인 죽음을 온전히 알 수 없다는 데서 흘러나오는 두려움이 완화되기를 바란다.

대체할 수 없는 존재의 상실

'최종성'이라는 개념에 명료한 의미를 부여하는 것은 바로 죽음이다. 일상에서 사용하는 최종성과 관련된 용어는 모두 직접적이거나 간접적으로 죽음을 언급한다. 죽음에 대한 표현은 최종성이 무엇인지 보여주는 역할을 한다. 그런 표현이 아니었다면, 독일 철학자 에른스트 블로흐Ernst Bloch의 말처럼 '희망하는 인간들'인 우리는 최종성의 진정한 의미를 이해하지 못했을 것이다.

프랑스 철학자 자크 데리다Jacques Derrida는 모든 죽음은 저마다 **한 세계**의 종말이며 **고유한** 그 세계가 끝나면 같은 세계가 다시 나타나거나 부활할 수 없다고 말한다.[5] 모든 죽음은 한 세계의 상실이다. **영원한** 상실이자 **돌이킬 수도, 회복할 수도 없는** 상실이다. 죽음은 세계의 **부재**이고, 그 부재는 영원히 끝나지 않는다. 다시 말해 이제부터 영원히, 죽음이 주는 충격과 그 뒤에 오는 부재를 통해 최종성, 영원성, 고유성, 개별성의 의미가 우리 인간에게 드러난다. 이때 개별성은 동일성과 자기성*이라는 두 가지 측면을 보인다.

하지만 프랑스 철학자 블라디미르 장켈레비치Vladimir Jankélévitch의 말처럼 모든 죽음이 같은 수준의 계시, 깨달음, 가르침을 전하는 것은 아니다.[6] 나 자신의 죽음을 통해 최종

---

* 다른 사람과 구분되는 개인의 특성.

성을 이해하거나 상상할 수는 없다. 내가 증인이자 촬영기사이자 기자로 존재하지 않는 세상을 상상할 수는 없다. 낯선 사람, 얼굴도 이름도 모르는 '타인'인 '삼인칭'의 죽음은 아무리 큰 수치로 표현되더라도 추상적인 인구통계학적·통계적 개념으로 남을 수밖에 없고, 이는 회복할 수 없는 상실로 다가오지 않을 것이다. 그러한 사망 소식을 들었을 때 우리는 그 소식을 우리가 잃을지 모를 어떤 것과 연관 짓지 않는다. 데리다의 용어를 빌리자면, 우리가 사라졌다는 소식을 들은 그 세계를 알지 못하기 때문이다.

인간은 모두 언젠가는 죽고, 우리는 살아 있는 생물 종이 저마다 자기 종의 죽음을 통해 새로워진다는 개념에 익숙하다. 그리고 시간이 지나면 죽음으로 인한 공백이 메꿔질 것이며 아무리 많은 숫자가 소멸하더라도 회복할 수 있다고 암묵적으로 가정한다.

그러므로 오직 한 종류의 죽음만이 삼인칭이 아니라 '이인칭'의, 가깝고 소중한 '당신'의, 나와 삶이 얽혀 있는 사람의 죽음만이 '특별한 철학적 경험'의 토대가 된다. 그것이 죽음, 모든 죽음, **오직** 죽음만이 지닌 **최종성**과 **취소 불가능성**에 관한 깨달음을 나에게 주기 때문이다. 돌이킬 수 없고 회복할 수 없는 일이 내게 일어난다는 점에서 나 자신의 죽음과 닮은 면이 있다. 물론 자신의 죽음과 타인의 죽음이 똑같지는 않겠지만. 프로이트는 다음과 같이 이에 동의한다.

부모, 배우자, 형제자매, 자녀, 친한 친구 등 사랑하는 사람이 죽음을 맞이했을 때 우리는 완전히 무너진다. 우리의 희망, 바람, 기쁨은 그 사람과 함께 묻힐 것이다. 그 무엇도 위로가 되지 않을 것이며 그 사람을 잃은 자리는 채워지지 않을 것이다.[7]

프로이트는 이 글의 마지막 두 단락에서 시대를 초월해 모든 인간이 보편적으로 겪는 어려움을 말한다. 시대와 문화를 초월해 사람은 대체로 친족, 이웃, 친한 친구를 비롯해 다른 사람과 얽혀서 산다. 우리 주변에는 '나와 너'의 관계를 엮는 공감과 친밀감이라는 끈으로 연결된 사람들이 있다. 그 선택된 사람들이 죽어서 우리의 세상에서 하나씩 사라질 때 그들의 세상도 함께 가져가 더 이상 존재하지 않게 된다. 많은 경우에 그 세계는 대체될 수 없으며, 완전한 대체는 아예 불가능하다.

완전히 대체할 수 없다는 불가능성 때문에 고유성과 최종성의 진정한 의미를 통찰할 수 있다. 그 덕분에 우리가 존재하지 않는 세상, 죽음 이후의 세상, 직접 볼 수 없는 세상을 상상할 수 없음에도 자신의 죽음이 어떤 의미일지는 예상할 수 있다. 이 사람들이 하나둘씩 떠나면 살아 있는 사람들의 세계도 조금씩 그 내용을 잃는다. 오래 살면서 가깝고 사랑하는 사람이 떠나는 것을 여러 차례 본 사람들은 외로움이 점점 커진다고 불평한다. 세상이 점점 비어버리는 듯한 그 섬뜩하고 묘한 경험을 통해 죽음의 의미를 또다시 간접적으로 통찰하게 된다.

인간관계의 노골적인 균열

이러한 모든 이유로, 삶의 동반자라고 할 수 있는 사람이 세상을 떠나 '나와 당신'으로 구성된 세계를 더 이상 공유할 수 없는 것은 약간 단순하게 말하자면 '한 걸음 떨어진' 죽음을 경험하는 행위다. 다시 한번 말하지만 이것은 산 사람이 죽음이라는 경험에 접근할 수 있는 유일한 방법이다.

가까운 동반자의 물리적 죽음 이외에 다른 원인으로 '나와 당신'이 공유하는 세계의 종말과 비슷한 일이 발생할 수도 있다. 저마다 이유는 다르지만 관계가 무너져 서로 간의 유대가 끊어지는 것 역시 최종성의 의미를 지닌다. 비록 실제 죽음과 다르지만 이 경우에는 최종성이라는 의미를 부여할 수 있다.

물론 이론적으로는 그 관계를 다시 잇고 되살릴 수 있다. 다만 심각하게 소원해진 상대방이 화해를 끈질기게 거부하며 있을 수 없는 일이라고 선언한다면 이런 일이 일어날 가능성은 급격히 감소하는 경향이 있다. 이 경우는 말하자면 **두 걸음 떨어진** 죽음을 경험하는 것으로 볼 수 있다.

죽음은 간접 경험을 통해 진부해진다. 한 걸음, 또는 두 걸음 떨어져 대리로 경험하는 죽음은 자주, 무한히 반복하는 사건이 된다. 이는 깨지기 쉬운 관계에서, 즉 한때의 인연이라 지속 가능성이 거의 없고 처음부터 사전 통지 없이 풀기가 매우 쉬운 유대 관계에서 발생한다.

유동적인 현대의 인간관계는 매우 깨지기 쉬우므로 하루하루가 죽음과 '사후의 삶'을, 부활이나 환생을 예행연습하는 나날이 될 수 있다. 이는 '추후에 통지가 있을 때까지' 지속되며 모두 간접 경험을 통해 진행되는데 리얼리티 쇼처럼 '진짜' 같다. 죽음이라는 경험을 다른 모든 삶의 경험과 구분 짓는 '절대적 변화'는 이제 친숙하고 일상적인 특징이 된다. 이로써 야수는 수수께끼 같은 면을 벗어던지고 길들여진 반려동물이 되고 만다.

이혼은 사별의 시뮬라크르simulacrum*일 수 있지만, 프랑스 사회학자이자 철학자 장 보드리야르Jean Baudrillard가 지적했듯이 시뮬라크르는 현실의 특징을 '가장'함으로써 의도치 않게 현실의 우월함을 되살리고 확인시켜 주는 시뮬라시옹 simulation**이 아니다.[8] 시뮬라시옹과 달리 시뮬라크르는 현실과 재현의 차이를 부정하므로 진실과 거짓 또는 유사성과 왜곡 사이의 대립을 무효로 한다.

보드리야르는 시뮬라크르를 신체 증상 장애에 비유한다. 신체 증상 장애 환자가 '실제로' 아픈지 아닌지를 묻는 것은 부질없으며, 환자가 거짓을 말하는지 증명하려는 시도는 더욱 쓸모없다. 질병의 증상이 모두 나타나고 '실제 그 병에 걸린 사람과' 정확히 똑같아 보이고 그렇게 느끼기 때문이다.

쉽게 깨지는 사람 사이의 유대는 유동적인 현대 사회에 두드러진, 사실상 이 사회를 규정하는 특징이다. 이러한 유대의 노골적인 균열과 관계가 깨지는 빈도는 인간이 언젠가 반드시 죽는다는 사실을 끊임없이 상기시킨다. 이별로 동반자를 잃는 것과 육체적 죽음으로 인한 '진정한 마지막' 상실을

---

* '가짜, 복제품'이라는 뜻으로, 존재하지 않지만 존재하는 것처럼 인식되고 때로는 더 생생하게 인식되는 것을 말한다.
** 시뮬라크르의 작용.

동일시하는 것이 타당한지에 의문을 제기하는 것은 의미가 없다. 중요한 것은 두 경우 **모두** '고유한 **한** 세계'가 사라졌고, 그 사라짐의 최종성을 돌이키는 것은 고사하고 그에 대항할 의지나 희망이 사라진다는 사실이다.

삶의 동반자가 사라지는 것은 장켈레비치가 말한 '당신의 죽음'을 나타내는 비유일 수 있다. 하지만 이 비유는 실제와 매우 비슷해서 구분이 어렵다. 그리고 이러한 이별 이후에 새로운 관계를 맺는 데 전념하지만 이 역시 지난 관계와 마찬가지로 끊어질 운명이다. 간접적인 죽음은 '새로운 시작'과 '다시 태어나기' 위한 노력이라는, 끊임없이 반복되는 구조를 하나로 묶어주는 필수적인 연결 고리가 된다. 또한 유동적인 현대 사회의 특징이자 '죽고 다시 태어나고 다시 죽는' 무한 반복 사이클의 각 단계에 필요한 요소다. 유동적인 현대 사회라는 현재 진행 중인 연극에서 죽음은 주요 등장인물로 모든 막에 등장한다.

끊임없이 의심하고 경계하는 삶

유동적인 현대 사회라는 연극의 배우로 등장하는 죽음은

비유적인 의미에서 기존 죽음의 개념과 크게 달라지지 않았지만 몇 가지 중요한 차이가 있다. 환경이 달라진 탓에 죽음을 생각하고 두려워하는 방식도 달라질 수밖에 없다.

그중 가장 중요한 차이는 죽음이라는 개념을 영원성과 분리하는 것이다. 죽음은 삶의 과정 중 일부로 통합되었다. 죽음을 돌이킬 수 없는 삶의 끝으로 여기기보다 삶의 필수적인 아마도 없어서는 안 될 요소로 여기게 되었다. 죽음을 영원성과 떼어놓거나 연결하는 접점은 없다. 죽음을 일시적인 것에서 영원한 것으로 가는 통로로 생각하지 않고, 불멸로 이어지는 관문이라고 생각하지도 않는다. '두 걸음 떨어진' 죽음을 경험하면, 그 전과 후의 시간이 조각나고 단절된 느낌을 받게 된다. 그리고 이렇게 고유한 세계를 상실하는 경험이 아무리 고통스러워도 삶의 흐름을 바꾸어놓기를 기대하거나 바라지 않는다. 이런 경험을 했다고 해서 삶이 멈추거나 중단되기는커녕 그 흐름이 느려지지도 않을 것이다. 유동적인 현대 사회에는 돌이킬 수 없는 전환점이 존재하지 않고, 사람들은 그런 지점이 생길 가능성을 회피하고 이에 적극적으로 저항한다. 그리고 대개 성공한다.

취약하고 분열하기 쉬운 유대 관계에서 오는 죽음은 신체적으로 타고난 유약함, 즉 노쇠에서 오는 죽음과 뚜렷하게 다르다. '정상적'이고 '평화로운' 시기에 신체적 죽음은 '정상의 범주를 벗어났거나 특이하거나 기이하거나 범죄로 인한' 상대적으로 드문 경우를 제외하면 몸이 더 이상 살아 있을 수 없어서 발생한다. 즉 몸이 '자연적 한계'에 도달했거나 아르투어 쇼펜하우어Arthur Schopenhauer가 규정한 '평온한 죽음 euthanasia'의 순간에 이르렀거나 암과 같은 질병 때문에 기능이 저하되었을 때다. 전염병, 오염, 자연재해, 기후 변화, 간접흡연을 비롯해 이미 알려졌거나 아직 밝혀지지 않은 외부 요인이 간섭한 결과일 수도 있다. 이 중 인간의 의도적인 행동으로 인한 죽음은 없다.

그러나 두 걸음 떨어진 죽음의 경험은 인간의 유대가 단절되면서 촉발되고 인간이 스스로 만들어내는, **고의적이고 의도적인** 행동의 산물이다. 때로 이런 경험은 약간 확대하자면 비유적 의미로 의도적인 살인에 포함될 수 있지만, 대부분은 역시 비유적 의미에서 의도치 않은 살해로 분류될 수 있다. 이 모든 비유적 죽음 뒤에는 법정에서 고의성을 입증할 수 있든 없든 인간이라는 행위자가 숨어 있다. '상호 동의로' 유대를 끊는 예도 있겠으나 관련된 모든 사람이 원하거나 동의한 결과인 경우는 거의 없다. 유대를 끊는 사건에서는 **가해자**와 **피해자**가 나뉜다. 유동적인 현대 사회를 규정하는 또 다른 특징인 '피해자 보상 문화'는 이러한 상황에서도 찾아볼 수 있다. 한쪽에서는 해방의 행위로 환영받는 것이 다른 쪽에서는 가증스러운 거부 또는 배제 행위로, 잔인한 행위이자 부당한 처벌로, 기껏해야 비정함의 증거로 여겨진다.

따라서 두 걸음 떨어진 비유적 죽음에 대한 두려움의 바탕에는 **배제되는** 것에 대한 두려움이 깔려 있다. 비유적 죽음으로 포화된 유동적인 현대 사회의 삶은 끊임없이 의심하고 경계하는 삶이다. 기존의 유대 관계를 깰 만한 충격이 어느 쪽에서 올지, 누가 먼저 깨자고 할지 알 수는 없다. 권태로운 약속과 관계에 충실하겠다는 맹세에 지쳤거나, 더 좋아 보이고 가볍게 관계를 맺을 만한 다른 무언가를 발견할 수도 있다. 눈앞에서 문을 쾅 닫아버리거나 전화를 일방적으로 끊어버리거나 아예 전화를 받지 않는, 냉정하고 과감하며 인정 없는 사람이 누가 될지 모른다.

이유는 저마다 다를지라도 비유적 죽음은 그 원형, 즉 원래의 죽음만큼이나 다루기 힘들고 어려우며 대부분은 피할 수 없다. 죽음을 면제받을 수는 없다. 자신의 권리를 입증하는 것은 고사하고 주장할 수 있는 효과적인 방법도 없다. 보편적으로 인정된 적용 규칙도 없고, 공통적인 믿음에 확고하게 기반을 두고 일반적인 관행에 따라 '꼭 해야 하는 것'과

'절대 하면 안 되는 것'이 없기 때문이다. 만약에 있다면 배제라는 판결, 즉 **자신의** '비유적 죽음'이 부당하며 그 판결이 취소되어야 함을 설득력 있게 증명할 수 있을 것이다. 아무리 열심히 간절하게 노력해도 이 소송에서 확실하게 이길 방법은 없다.

유동적인 현대 사회에서는 이와 정반대다. 소비 사회⁹이기도 한 이 사회에서는 이전까지 '내밀한 것'으로 알려진 개인 영역의 일들이 영국 사회학자 앤서니 기든스Anthony Giddens가 말한 '생활 정치life politics'라는 의미에서 '정치' 영역의 일이 된다. 그리고 개인에게 정치적, 사회적 책임감을 가지라고 유도하거나 강요하고 이에 따라 행동하도록 촉구한다. 사람들이 생활 정치라는 교향곡에 필요한 입법, 행정, 사법이라는 악기를 혼자서 각각 연주하도록 유도하는 것이다. 스스로 법정을 열어 피고인, 배심원, 판사 역할을 혼자 하며 자신만의 규칙을 임시로 정하는 동시에 판사 역할까지 하는 셈이다.

사회에 떠도는 '배제'라는 유령

이 개인의 법정에 적용되는 보편적인 규칙은 없다. 모든 사람이 반드시 참조해야 하거나 의지할 수 있는, 신뢰할 수 있고 권위 있는 규칙이 없다. 선고에 항의할 수는 있지만 또다시 스스로 법정을 열어 전혀 다른 규칙을 적용하고 다른 원칙에 따라 판결할 뿐이다. 어떤 개인 법정에서는 정의로 간주하는 것이 다른 개인 법정에서는 정의를 대단히 왜곡한다는 이유로 거부될 수 있다. 이런 불일치를 해결하고 양쪽 모두 만족할 수 있는 결정을 내리기에는 각 법정 간의 공통된 기초가 너무 불안정하고 변동성이 크며, 의사소통은 지나치게 형식적이고 우발적이다.

따라서 이들 개인 법정 간의 분쟁은 결국 힘과 고집의 대결로 바뀌는 경향이 있다. 분쟁은 어느 한쪽도 논쟁을 거부하지 않고, 문제가 시작되기도 전에 판단을 끝내지 않고, 괜찮은 해결책이 없을 것이라 예상하지 않고, '외부' 법정의 권위를 **아무런 경험 없이 미리** 거부하지 않을 때 발생한다. 대개 근력과 지구력은 강하지만 경청할 의지가 적은 쪽이 승자가 되고, 패자는 승자의 승리를 인정하기 싫어한다.

패자가 포기하고 무기를 내려놓는다 해도 잠시 동안만 그렇게 하면서 힘의 균형이 자신들에게 유리하게 돌아갈 때를 기다린다. 패자는 힘이 정의라는, 다시 말해 힘이 모든 것을 결정한다는 널리 퍼진 믿음이 사실이라는 것을, 승리는 힘이 더 세고 양심의 가책을 덜 느낀 결과일 뿐이지 더 지혜롭거나 정의롭다는 뜻은 아니라는 것을, 패배는 도덕적으로 바람직하지 않은 행동을 억제하고 양심의 가책을 느낀 데서 비롯된다는 것을 배운다.

현대 사회의 정신은 행복을, 더 큰 행복을, 계속 더 큰 행복을 추구한다는 태도 아래 탄생했다. 유동적인 현대 소비 사회에서 구성원은 각자 수단과 노력을 통해 저마다 행복을 추구하도록 교육받고 이를 위한 준비 태세를 갖춘다.

행복의 의미는 여러 가지겠지만 기본적으로 불편한 데서 벗어나는 것을 뜻한다. 옥스퍼드 영어 사전에서 정의하는 '불편한'이라는 개념의 현대적 의미 중에는 '의견이 일치하지 않는', '부적합한, 부적절한, 맞지 않는', '편안함에 도움이 안 되는', '형편이 마땅치 않은, 당황스러운, 불리한, 어색한' 등이 있다. 이 모든 수식어가 딱 들어맞는 사람을 쉽게 찾을 수 있을 것이다(못 찾는 사람이 과연 있을까?) **자신의** 개인적 행복을 추구하는 데 방해가 되는 사람이 떠올랐을 것이다. 그런데 명백히 '맞지 않는' 그 사람들을 지금 자리에서 쫓아내면 안 되는 이유를 하나라도 댈 수 있는가?

유동적인 현대 사회의 삶은 전쟁터에서 살아가는 것과 같다. 코끼리가 풀밭에서 전쟁을 벌인다면 풀이 불쌍해진다.

그 전쟁터는 마치 공격적인 합병으로 피해를 본 회사 직원들이나 이혼한 부모에게 지원받지 못해 '고아나 다름없게 된' 아이들처럼 '부수적 사상자'로 두껍게 덮인다. 하지만 모래늪에서 전쟁을 벌인다면 불쌍해지는 쪽은 코끼리다.

다시 한번 말하지만 유동적인 현대 사회에서 승리는 모두 일시적이다. 그 승리가 제공하는 안정은 기존 힘의 균형이 달라지는 순간 사라진다. 그리고 그 힘의 균형은 모든 균형이 그렇듯이 수명이 짧다. 움직이는 사물을 순간 포착한 사진과 같다. 위험은 지하에 묻힐 수 있지만 완전히 뿌리 뽑힌 것은 아니며 그럴 수도 없다. 그리고 달라지는 힘의 균형을, 변덕스러운 안정감이 발 디딜 수 있는 유일한 기반인 힘의 균형을 매일 확인해 아주 사소한 변화의 징후라도 제때 발견해야 하고, 이를 막을 수 있다면 더욱 좋다.

유동적인 현대 사회라는 전쟁터에서 위협과 기회의 목록을 갱신할 목적으로 정찰하다 보면 소규모 충돌이 끊임없이 발생한다. 잠시라도 경계를 늦추면 배제될 수 있다. 배제라는 유령이, **비유적 죽음**이라는 유령이 전쟁터를 떠돌고 있기 때문이다.

삶의 의미를 부여하고 빼앗다

지금까지 죽음이 곧 닥칠 것을 알면서도 삶을 살아갈 만하게 만드는 세 가지 필수 전략을 간략히 알아보았다. 첫 번째 전략은 언젠가는 반드시 죽는 삶과 영원을 잇는 것으로, 죽음을 끝이 아닌 새로운 시작(불멸의 삶)으로 재조명하는 것이다. 두 번째 전략은 누구나 겪어야 하고 피할 수 없는 사건인 죽음 자체에서 관심을, 그리고 걱정을 돌려 무력화하고 저항할 수 있는 죽음의 구체적인 '원인'에 집중하는 것이다. 세 번째 전략은 '절대적이고', '궁극적이며', '돌이킬 수 없고', '불가역적인' 종말이라는 끔찍한 진실 속에서 '비유적 죽음'을 매일 '예행연습'하는 것이다. 이렇게 함으로써 '종말'을 '복고풍'이 유행하듯이 절대적인 것이 아니라 취소할 수 있고 되돌릴 수 있는 사건으로, 여러 평범한 사건 중 하나로 바라볼 수 있다.

이런 전략을 구사해도, 심지어 모든 전략을 한꺼번에 구사해도 효과가 완전하리라고 말할 수는 없다. 사실 완전한 효과란 불가능하다. 이들 전략은 결국 미봉책이자 완화책일 뿐이다. 그리고 이런 전략에는 원치 않는, 때로 상당히 해로운 부작용이 있을 수 있다. 하지만 이런 전략을 통해 우리가 살아가는 존재의 세계에서 비존재의 '절대적 타자성'을 완화하고 길들임으로써, 독침에서 독을 빼고 견딜 수 없는 것을 견딜 수 있게 된다.

다시 말하지만 우리 인간은 죽음이 **다가온다는** 것을 인식하고 그로 인해 극심한 두려움을 느낀다는 점에서 동물과 같지만, 우리 인간만이 죽음이 닥치기 오래전부터, 의식적인 삶이 시작된 바로 그 시점부터 죽음은 **피할 수 없고** 우리 모두 **예외 없이** 언젠가는 반드시 죽는다는 것을 알고 있다. 감각이 있는 생명체 중 이 사실을 인식한 채 평생을 살아가는 존재는 인간뿐이다. 죽음에 이름을 붙인 존재도 인간뿐이다. 죽음을 규정함으로써 수많은 파급 효과가 연쇄적으로 발생했고 이는 예전에도, 지금도 예측하거나 피할 수 없다.

스위스 문학 비평가 장 스타로뱅스키Jean Starobinski는 "사랑에 관한 이야기를 듣지 않았다면 사람들이 사랑에 빠지는 일은 절대 없을 것이다"라는 프랑스 작가 라로슈푸코La Rochefoucauld의 말을 인용하며, 인류가 경험한 질병의 사회적 역사를 철저히 조사한 결과 "말함으로써 퍼지는 질병, 특히 신경성이거나 '도덕성'과 관련된 신경 질환과 정신 질환이 있고 이때 단어가 감염 매개체 역할을 한다"라는 사실을 발견했다. 그는 "언어화는 삶의 경험 구조를 구성하는 요소다"라고 결론 내린다.[10] 미국에서 '종교적 보수주의자'가 급부상한 현상을 논한 미국 사회학자 로버트 벨라Robert Bellah는 의미가 고정되지 않은 기호signifier에 그 기호가 불러일으키는 감정을 더해 '언어화'하면, 실제 해당 감정을 일으키는 대상과 물질적으로나 논리적으로 관련이 없더라도 특정한 의미를 의도적으로 부여해 정치적 편의를 위해 이용될 수 있다는 놀라운 특징을 다시 한번 확인해 주었다.

> 종교적 보수주의자의 부상은 미국 사회에 세계화의 물결이 처음으로 영향을 미친 때와 관련되어 있다. 임금이 높고 노동조합에 가입되어 의료보험과 퇴직금이 보장된 일자리를 잃고 저임금 일자리에 종사하게 된 수많은 미국인이 종교적 보수주의자가 되었다. 이제는 그들의 아내도 일을 하고 있으며 아내의 수입이 더 높은 경우도 있다. 이들의 삶의 의미가 완전히 무너져 내렸는데, 이는 동성애자나 페미니스트 때문이 아니라 세계화 때문이었다. 그런데도 공화당은 강력한 미디어 전략을 통해 미국 경제의 구조적 변화에 뿌리를 둔 이러한 소외감을 문화전쟁으로 바꾸어놓았다.[11]

이 전쟁은 동성애자, 페미니스트, 진보주의자를 상대로

하는 싸움이다. 진보주의자는 동성애자와 페미니스트를 옹호하고, 과거에 위풍당당하던 생계 부양자들이 기억하는 '가족의 가치'가 약화하는 것을 허용했다. 과거에 생계를 책임지던 사람들은 이제 어쩔 수 없이 아내의 수입에 의존하거나 빈곤에 직면하게 되었고, 안정적인 평생직장을 다니며 자신감을 가졌다가 노동조합이라는 보호막을 잃고 '유연한 노동 시장'이라는 리스크와 굴욕에 노출되었다. 공화당은 이 모든 문제의 근본적인 해결책을 제시하지 않고 이를 정치적으로 이용한다. 공화당은 이러한 종교적 보수주의자들과 복음주의자들이 가족의 도움을 받지 못하고 더 심하고 고통스러우며 가망이 없는 불행을 겪게 만드는 경제 정책을 장려한다.

일단 대중에게 이미지를 형성하고 나면 기호는 원래의 의미에서 분리되어 자유롭게 떠다니다가 비유적 또는 환유적으로 무한한 수의 의미와 다시 연결될 수 있다. 우리가 논하고 있는 '죽음'이라는 특정 기호는 이런 면에서 특출나고 초월적인 힘을 지닌다. 그 이유 중 일부는 죽음이 상반된 두 가지를 구현하기 때문이다.

죽음이 곧 닥친다는 사실은 삶을 원초적인 두려움으로 가득 채운다(이러한 두려움을 이해시키고자 아담과 이브의 원죄 신화가 만들어졌다고 주장할 수도 있다). 하지만 죽음은 적어도 **잠재적**

으로는 매우 강력한 자극제 작용을 할 수도 있다. 다시 말해 죽음은 삶에 엄청난 의미를 부여하고(독일 철학자 한스 요나스 Hans Jonas의 말을 빌리자면 죽음은 하루하루를 소중하게 만들고 우리가 남은 시간을 헤아리게 만든다) 이와 동시에 삶의 의미를 빼앗아 간다. 이처럼 놀라운 힘은 자신의 이익을 위해 남의 것을 훔치고 자원을 재배치하려는 모든 사람에게 유혹적이다. 그렇기에 다양한 목적을 위해 죽음을 적극적으로 조작하려는 경향이 있다.

결코 이길 수 없는 전쟁

신의 진짜 이름을 말하지 못하게 금지하는 것은, 그리고 잠든 개가 깨지 않도록 사탄의 이름을 부르지 말라는 조언은 '엄청난 것'과 관련된 기본 규칙이고 이 엄청난 것의 원형은 죽음이다. 죽음의 민낯을 마주하는 일은 참을 수 없이 고통스럽다(죽음을 운반하는 그리스 신화 속 고르곤은 그 고통을 신화적으로 재구성한 존재다). 그래서 죽음을 잘 조작하면 막대한 이익을 거둘 수 있고 리스크도 크지 않다. 고르곤의 얼굴을 보지 않으려고 필사적으로 애쓰는 수많은 사람 중 조작에 고마워하는 사람들을 고객으로 삼는 것이다.

이러한 조작은 어떤 형태로든 피할 수 없는 것이 분명하다. 모든 문화는 죽음의 얼굴에 가면을 씌우거나 얼굴을 치장하는 독창적인 장치로 볼 수 있다. 죽음을 '바라볼 만하고 함께 살아갈 만하게' 만들기 위해서다. 하지만 정치와 경제 모두 그 기회를 포착해 거머쥐는 데는 느리다. 조작을 통해 이익을 얻으려는 사람들에게는 조작이 상대적으로 쉽기에 조작의 유혹에 저항하기는 힘들다. 이들은 위험에 직면했을 때 가만히 서서 아무것도 하지 않는 것을 싫어하고 어떤 일을 했을 때 효과가 미미하더라도 아무것도 하지 않기보다 뭔가를 하려는 인간의 성향에, 멀리 있고 불투명하고 복잡한 일에 힘을 쏟기보다 가깝고 명확하고 단순한 일을 선호하는 인간의 성향에 기댄다.

이렇게 조작되고 금전적으로 이용되는 **죽음에 대한 두려움**은 무한한 공급과 완전한 재생을 자랑하는 '천연자원'이나 다름없다. 머릿속에서 죽음이라는 유령을 쫓아내려고 아무리 기발한 전략을 세워도 죽음에 대한 두려움은 그 형태가 축소되거나 변형되거나 재배치될지언정 인간의 삶에서 몰아낼 수는 없다. 아마도 죽음에 대한 원초적 두려움은 모든 두려움의 원형 또는 전형일 것이다. 다른 모든 두려움이 의미를 빌린 궁극의 두려움인 것이다.

위험은 '위협'으로 간주되고, 죽음이라는 메타 위험에서 사람들을 두렵게 하는 힘을 얻는다. 하지만 위험은 피할 수 있고 예방할 수 있으며 심지어 무기한 연기할 수도 있다는 면에서 죽음과 다르다. 물론 누군가의 이러한 희망이 현실이 되고 지지받는 일보다 좌절되는 일이 더 많지만 말이다. 다시 한번 프로이트의 말을 살펴보자.

우리는 세 가지 방향에서 오는 고통으로 위협받는다. 먼저 자신의 몸이다. 우리 몸은 썩어서 사라질 운명이며, 그 과정에서 경고 신호로 오는 통증과 불안을 피할 수 없다. 그다음은 외부 세계다. 외부 세계는 압도적이고 무자비한 파괴력으로 우리에게 분노를 쏟아낼 수 있다. 끝으로 다른 사람들과의 관계다. 이 마지막 방향에서 오는 고통은 다른 어떤 것보다 고통스러울 수 있다. 사람들은 이 고통을 쓸데없이 추가되는 고통으로 여기는 경향이 있지만, 다른 두 방향에서 오는 고통과 마찬가지로 운명적이고 피할 수 없다.[12]

위협은 세 방향에서 공격하지만 이 셋 모두 목적지는 같다. 죽을 운명인 육체에 고통을 가하고 괴롭히는 것이다. 이 경험은 그 자체로 고통스럽고 괴롭지만 동시에 굴욕적이기도 하다. 처음이지만 마지막이 될 수밖에 없는 최종 예행연습을 향해 가차 없이 다가가는 과정이기 때문이다. 그렇기에 세 전선에서 치명적인 위협에 대항하는 인간의 전쟁이 쉼 없이 벌어지고 있다. 그리고 세 방향 모두에서 두려움은 무한히 공급되며 이익을 얻는 방식으로 재활용된다.

이런 이유로, 두려움과 전쟁을 벌일 때 전투에서는 이길 수 있을지 몰라도 전쟁 자체에서 이길 수는 없다.

2

점점 더 모호해지는 악의 경계

무감각하고 냉담하고 잔혹하기까지 한 자연과

안전한 거리를 두려는 희망에서 시작한 긴 여정 끝에

인간은 뜻밖의 결과를 마주하게 되었다.

자연이 만들어낸 악만큼 무감각하고 냉담하고 잔혹하며

미리 막기는커녕 예측할 수도 없고 무작위적인,

인간이 만들어낸 악에 직면하게 된 것이다.

악과 두려움은 샴쌍둥이다. 하나를 만나면 나머지 하나도 만날 수밖에 없다. 아니면 하나의 경험을 부르는 두 개의 다른 이름일지도 모른다. 악은 우리가 보고 듣는 것이고 두려움은 느끼는 것이다. 악은 '저기 바깥' 세상이고 두려움은 '여기 안', 즉 우리 자신이다. 우리가 두려워하는 것은 악이고, 악은 두려운 것이다.

그런데 악이란 무엇인가. 지치지 않고 끈질기게 묻는 질문이지만 여기에는 바로잡을 수 없는 결함이 있다. 그렇기에 우리는 이 질문을 던지는 순간부터 답을 찾고자 헛된 노력을 기울이는 셈이다. "악이란 무엇인가"는 답할 수 **없는** 질문이다. 우리는 이해하거나 명확하게 표현할 수 없는 종류의 잘못을 '악'이라고 부르기 때문이다. 그러니 그 존재를 만족스럽게 설명하기는 힘들다. 우리는 이해할 수 없고 형언하거나 설명할 수 없는 종류의 잘못을 '악'이라고 한다.

모든 악의 기원

악은 세상을 살 만하게 만드는 이해 가능성을 거스르고 이를 파괴한다. 우리는 무엇이 '범죄'인지는 알 수 있다. 범죄 행위가 위반한 법규가 있기 때문이다. '죄'가 무엇인지도 알 수 있다. 죄를 저지른 사람이 어긴 일련의 규범이 있기 때문이다. 우리는 어떤 행위가 발생해 적당한 이름을 붙이려 할 때 그 행위가 어떤 규칙을 어겼거나 무시했는지 정확히 집어낼 수 없으면 악이라는 개념에 기댄다.

끔찍한 사건이나 이야기를 설명하거나 구상할 때 이를 이해 가능하게 만들기 위해, 그래서 이를 희석하고 해독하고 길들여 '함께 살아갈 만하게' 만들기 위해 특정 사고 체계를 적용한다. 그런데 이를 확장해 악이라고 부르는 잘못된 행동을 설명하려 하면, 기존의 사고 체계는 모두 무너지고 부서진다. 그런 잘못된 행동이 어떤 규칙을 어겼는지 구체적으로 설명하기 힘들기 때문이다.

이런 이유에서 수많은 철학자가 악의 존재를 설명하려는 가망 없는 프로젝트를 포기했다. 그리고 더 이상의 설명을 요구하지도 인정하지도 않는 사실 그 자체, 말하자면 악이 **그저 존재한다**는 '잔인한 사실'을 받아들인다. 그들은 여러 말로 악을 설명하는 대신 이마누엘 칸트Immanuel Kant가 말한 **누메나** noumena라는 어두운 곳으로 밀어 넣는다. 누메나란 지금도 모르고 **앞으로도 알 수 없는** 공간으로, 객관적으로 분석하거나 언어나 논리로 설명할 수 없다. 악은 이해할 수 있는 영역과 안전한 거리를 둔 채 설명할 수 없는 것을 설명하려고 고집할 때 주로 발동한다.

우리는 **설명항**explanans(설명하는 것)을 찾고자 필사적으로 노력한 끝에 마지막으로 악에 집착한다. 하지만 악을 **피설명항**explanandum(설명되는 대상)의 위치로 옮기는 일은 인간 이성의 범위를 넘어서는 일이다. 우리는 그저 캉디드Candide의 조언에 따라 **정원을 가꾸고*** 현상에, 우리 감각이 인식하고 이성이 생각할 수 있는 일에 집중할 뿐이다. 그러는 한편 누메나를 그 자리에, 즉 인간의 이해 능력을 넘어선 곳에 그냥 두어야 한다. 누메나는 그 자리에서 나오지 않을 것이며 우리에게는 그것을 끌어낼 힘이 없다.

이성은 인간의 영구적이고 보편적인 속성이지만, 이성이 무엇을 다룰 수 있는지는 어떤 도구를 사용해 어떤 식으로 생각하는지에 달려 있다. 그리고 그 도구와 사고방식은 대체로 시간이 지남에 따라 달라진다. 이 두 가지 모두 규모와 효과가 커졌다. 하지만 당혹스럽고 화나게도, 이성의 도구가 강력해질수록 악을 지적인 질서에 밀어 넣는 일에는 점점 무력해진다. 이뿐만 아니라 일상의 사고방식이 효율적일수록 악

---

* 볼테르Voltaire의 소설 『캉디드』에 나오는 유명한 구절로, 고통과 혼란을 겪은 캉디드가 현실을 돌보는 것이 중요하다는 깨달음을 얻고 한 말이다.

을 처리하는 데는 점점 부적절해진다.

　유럽 역사에서 악을 절대 이해할 수 없다는 개념은 거의 등장하지 않았다. 조상들에게 악은 죄짓는 행위에서 탄생하거나 깨어나는 것이었고, 형벌의 형태로 죄지은 사람에게 되돌아왔다. 인간이 신의 계명을 흔들림 없이 따르고 일상적으로 악보다 선을 선택했다면 악은 발붙일 곳이 없었을 것이다. 우주에 존재하는 모든 악의 기원을 추적하면 빠짐없이 인간이 나올 것이다. 인간의 잘못된 행동과 죄에 물든 생각이 악의 근원인 셈이다. 개인이 겪는 불행은 물론 홍수나 전염병처럼 모든 사람에게 영향을 미치는 악의 존재는 **도덕적** 문제였고, 악에 맞서 싸우고 악을 사라지게 하는 것은 **도덕적** 과제였다. 죄와 형벌이 이성적으로 사고할 때 주요 도구로 사용되는 것이라면, 참회와 속죄는 악에서 면제되고 인간 세계에서 악을 추방하기 위해 싸울 때 동원하는 자연스럽고 믿을 만한 일상 속 행동이었다.

'죄와 형벌'이라는 가짜 연결 고리

　정신분석가들은 모든 정신적 증상이 어린 시절의 끔찍한

경험에 뿌리를 두고 있다는 프로이트의 이론을 믿는다. 그래서 성인 콤플렉스의 원인을 어린 시절에서, 환자들이 어린 시절에 **틀림없이** 겪었으나 억압하고 잊어버린 경험에서 계속 찾는다. 그러면서 그 탐색이 아무리 성가시고 비효율적일지라도 무의미하다고 생각하지 않는다(환자들은 당장 효과가 나타나지 않더라도 계속 치료 약속을 잡는다).

이와 유사하게 고대 현인들은 모든 악은 고통받는 사람들이 저지른 죄에 대한 정당하고 공평한 형벌이라고 생각했다. 그들은 고통받는 사람들이 **틀림없이** 저질렀으나 나중에는 부인하고 인정하지 않는 그 죄를 고백하라고 신자들을 지속적으로 압박했다. 그렇게 악의 배후에 있는 죄를 정확히 찾아내려 했으나 효과가 없었고 그 노력은 계속 보상받지 못했다. 그런 헛수고가 길어졌음에도 도구와 사고방식이 이치에 맞는다고 생각하게 만든 믿음, 즉 악과 죄를 연결하는 믿음이 완전히 잘못되었다는 결론에 도달하기에는 충분치 않았다. 죄(원인)와 악(결과) 사이의 연관성이 그들이 믿는 것만큼 명백하지 않다는 결론에도 이르지 못했다.

오히려 믿음이 흔들릴 때를 대비해 위험을 최소화하고 믿음을 확고히 하기 위해, 반박 증거에 미리 대응하기 위해 '악은 죄에 대한 형벌'이라는 교리를 추가했다. 원죄가 모든 인류에게 세습된다는 성 아우구스티누스St Augustine의 교리나, 신이 내리는 은총이나 저주가 인간이 구원을 위해 노력하기 이전에 정해져 있고 이는 되돌리거나 협상할 수 없으며 개인이 나중에 무엇을 하든 영향을 끼칠 수 없다는 칼뱅의 교리가 그 예다.

이는 대중이 받아들이기에는 매우 단순하고 자명한 교리였을지 모르지만 현인들은 만족할 수 없었다. 구약성경의 「욥기」는 수 세기 동안 철학과 신학계에 날카로운 가시처럼 박혀 있었다. 「욥기」에는 죄와 형벌을 단순한 인과 관계로 만들어서 덮으려 한 악의 수수께끼가 드러나 있고 '부당한 악'이라는 장황하고 말로 표현하기 힘든 경험이 압축적으로 명료하게 그려져 있다('노력하지 않고 받은 은혜'에 대해서도 간접적으로 말한다). 이뿐만 아니라 몇 세대에 걸쳐 신학자들이 전개할 거의 모든 논쟁을 진작에 다루고 있다. 악의 뿌리는 오직 도덕적이지 않은 것뿐이고 악을 물리치거나 예방하는 방법은 본질적으로 도덕적이어야 한다는 교리를 옹호하기 위한 논쟁이다(매우 드물지만 그 교리에 반박하는 신학자도 있었다).

「욥기」 속 이야기는 기존 질서에 매우 은밀하게 도전하고 있기 때문에 반박하기 힘들다. 현재 이성이 활용할 수 있는 도구와 사고방식으로 생각할 때, 욥의 이야기는 이성을 부여받았기에 논리를 갈망하는 피조물이 세상에서 제자리를 찾아 편안함을 느끼는 것이 가능한지 도전적인 질문을 던진다. 지구 중심의 세계 질서를 옹호하고자 밤하늘에서 관측되는 반대 증거에 맞서 새로운 주전원epicycle *을 열심히 그린 고대 천문학자처럼, 「욥기」에 등장하는 박식한 신학자들은 '하느님을 두려워하는 신앙심 깊은 존재'이자 '선의 진정한 모범인 존재'에게 끊임없이 고통이 가해진 증거를 외면한 채 죄와 형벌, 선과 보상의 연결 고리는 깨지지 않는다고 무리하게 옹호한다. 신앙심 깊은 욥에게 닥친 불행을 악에 대한 기존의 사고방식으로 설명할 확실한 증거는 고사하고 설득력 있는 논거조차 제시하지 못했는데도, 사람들은 여전히 기존 사고방식으로 악을 이해할 수 있다고 생각한다. 이와 마찬가지로 행운과 불운이 인간에게 어떻게 분배되는지에 대한 불분명한 상태는 하느님이 직접 논쟁에 참여했음에도 여전히 해결되지 않았다.

욥은 "나를 가르쳐보게나, 내가 입을 다물겠네. 내가 무엇을 잘못하였는지 깨우쳐보게나. (…) 어찌하여 저를 당신의 과녁으로 삼으셨습니까? 어찌하여 제가 당신께 짐이 되었습

---

*　원둘레를 도는 작은 원.

니까?"(「욥기」 6장 24절, 7장 20절)라고 간청하며 기다리지만 하느님의 대답을 듣지 못했다. 욥은 답을 듣지 못하리라고 예상하고 있었다.

"물론 나도 그런 줄은 알고 있네. 사람이 하느님 앞에서 어찌 의롭다 하겠는가? 하느님과 논쟁을 벌인다 한들 천에 하나라도 그분께 대답하지 못할 것이네. (…) 내가 의롭다 해도 대답할 말이 없어 (…) 결국은 마찬가지! 그래서 내 말인즉 흠이 없건 탓이 있건 그분께서는 멸하신다네."(「욥기」 9장 2~3절, 15절, 22절)

욥은 자신의 불만에 대한 대답을 기대하지 않았고 적어도 이 점에서는 그가 분명 옳았다. 하느님은 욥의 질문을 무시하고 그의 질문할 권리에 의문을 제기했다.

"사내답게 허리를 동여매어라. 너에게 물을 터이니 대답하여라. 네가 나의 공의마저 깨뜨리려느냐? 너 자신을 정당화하려고 나를 단죄하려느냐? 네가 하느님 같은 팔을 지녔으며 하느님 같은 천둥소리를 낼 수 있느냐?"(「욥기」 40장 7~9절)

물론 하느님의 질문은 수사적 표현일 뿐이다. 욥은 하느님에게 필적할 만한 팔이나 소리가 자신에게 없음을 너무나 잘 알고 있었기에 하느님이 자신에게 설명하는 것이 아니라 자신이 하느님에게 사과해야 한다는 것을 암묵적으로 인식하고 있었다. 「욥기」에 따르면 '폭풍 속에서' 말한 존재는 욥이 아니라 하느님이라는 점에 주목하자.* 폭풍은 모든 희생에 귀를 막고 무작위로 고통을 가하는 것의 원형이다.

그 후 수 세기 동안 하느님과 같은 전능함을 가장한 속세의 모든 권력자는 하느님이 주는 고난의 예측 불가능성과 무작위성이 자신들의 강력하고 두려운 무기가 될 수 있다는 것을, 권력자로서 힘을 차지하려면 먼저 불확실성이라는 안개를 걷어내고 무작위성을 규칙성으로 바꾸어야 한다는 것을 깨닫게 되었다. 하지만 당시의 욥은 이를 예상할 수 없었다. 그는 현대 사회의 피조물이 아니기 때문이다.

자연재해는 악인가, 아닌가

미국 철학자 수전 니먼Susan Neiman[1]과 장피에르 뒤피[2]는 1755년 리스본에 잇따라 발생해 도시를 파괴한 지진, 화재, 해일이 악에 관한 근대 철학의 시초라고 주장한다. 근대 철학자들은 자연재해와 도덕적 악을 구분하는데, 자연재해는 **무**

* 「욥기」38장 1절 참고.

작위적이고(지금은 이를 맹목적인 것으로 다시 정의한다), 도덕적 악은 **의도적**이며 **목적**이 있다. 니먼은 "리스본 사건 이후로 자연적 악은 도덕적 악과 더 이상 아무런 관계가 없어 보인다. 자연적 악에는 아무런 의미가 없기 때문이다"라고 언급한다(후설에 따르면 **의미**는 **의도**에서 온다. 이후 여러 세대에 걸친 철학자들은 의도 없는 의미는 없다는 것을 당연하게 받아들였다). 당시 리스본은 욥의 이야기를 연극으로 재현한 것 같았고, 유럽 전역의 눈이 대서양 연안의 도시로 쏠렸다. 물론 이번에는 사건 이후에 벌어진 논쟁에 하느님에 관한 내용은 거의 없었다.

모든 논쟁이 그렇듯이 이 사건에 대한 입장은 저마다 달랐다. 장 자크 루소Jean-Jacques Rousseau는 '자연에서 온' 모든 것의 순수한 지혜를 찬양했다는 이유로 절망에 빠진 전근대 및 반근대 사상가로 오해받는 경우가 많은데, 뒤피에 따르면 역설적이게도 현대 사회에 가장 필요한 경종을 울린 사람은 루소였다. 볼테르에게 보낸 공개 서신에서 루소는 리스본 대참사는 자연재해일지 모르지만, 그 결과 벌어진 재앙과 그 끔찍한 규모는 자연의 잘못이 아니라 인간의 잘못 때문이라고 주장한다(여기에서 주목할 점은 루소가 **죄**가 아니라 **잘못**이라고 했다는 사실이다. 신과 달리 자연에는 인간 행위의 도덕성을 판단할 능력이 없다). 그는 맹목적인 자연이 아니라 근시안적인 인간이 생산해 낸 것들에서, 자연의 오만한 무심함이 아니라 인간이 일상적으로 부린 탐욕에서 참사가 빚어졌다고 했다.

"그 대도시의 주민들이 더 고르게 흩어져 살고 더 가벼운 집을 지었더라면 피해는 훨씬 적었을 테고, 어쩌면 전혀 없었을지도 모릅니다. (…) 그리고 이 재앙이 벌어지는 와중에 얼마나 많은 비참한 사람들이 (서류나 돈 같은) 자기 소지품을 되찾으려다가 목숨을 잃었습니까?"[3]

적어도 장기적인 관점에서는 루소와 같은 주장이 옳은 것으로 드러났다. 근대 철학은 리스본 대참사 당시 포르투갈 총리였던 폼발Pombal이 보여준 행동 양식을 따랐다. 당시 그의 고민과 행동은 "인간의 손이 닿을 수 있는 악을 근절하는 데 집중되어" 있었다.[4] 한 가지 덧붙이자면 근대 철학자들은 과학이 고안하고 기술이 제공하는 도구가 주어지면 사람의 손은 더 멀리 뻗칠 수 있다고 기대하고 희망하고 믿었다. 또한 인간이 손을 더 멀리 뻗칠수록 손에 닿지 않는 악의 수는 줄어들 것이며 시간과 의지가 충분하다면 그 수는 0이 될 수도 있다고 믿었다.

그러나 2세기 반이 지난 지금, 우리는 철학과 그 밖의 영역에서 근대를 선도한 사람들이 예상한 일이 실제로 일어나지 않았다고 말할 수 있다. 니먼은 두 세기 간격을 두고 현대의 야망을 촉발한 리스본 대지진과 그 야망을 무너뜨린 아우슈비츠에서 얻은 교훈을 다음과 같이 요약했다.

리스본 대지진으로 세상과 인간이 얼마나 멀리 떨어져 있는지 드러났고, 아우슈비츠를 통해 인간끼리 얼마나 멀리 떨어져 있는지 드러났다. 자연과 인간을 분리하는 것이 현대의 과제 중 일부라면, 리스본과 아우슈비츠는 시간의 거리를 넘어 자연과 인간을 분리하는 것이 얼마나 어려운 일인지 보여주었다. 리스본 대지진이 악의 존재를 신의 섭리로 보는 이론은 가망 없다는 것을 인식한 순간이었다면, 아우슈비츠는 그 이론이 바뀐다고 해서 결과가 더 낫다고 할 수만은 없다고 인식하게 된 계기였다.[5]

악의 수수께끼를 풀어내려는 노력에 있어 현대의 인식 체계는 「욥기」시대 신학자들이 악을 이해하는 데 도움과 제약을 동시에 준 인식 체계보다, 현대적 사고를 하는 사람들이 완강히 거부하고 완전히 지워버리려 한 그 인식 체계보다 더 나은 성과를 거두지 못했다.

악의 평범성 VS. 합리성

독일 역사학자이자 철학자 한나 아렌트Hannah Arendt는 아우슈비츠에 대해 처음 들었을 때 우리 대부분이 충격받고 당혹스러워하며 절망적인 반응을 보이는 이유에 대해, 그 사실을 진실로 받아들이고 그 세계관을 우리가 살아가는 세상에 받아들이는 일이 매우 힘들기 때문이라고 설명한다. 우리가 사는 세계에는 "범죄를 저지르기 위해서는 나쁜 짓을 하겠다는 의도가 있어야 한다는, 현대의 모든 법률 체계에서 통용되는 가정"이 깔려 있다.[6]

실제로 이러한 가정은 예루살렘에서 열린 나치 독일 장교 아이히만Eichmann의 재판 내내 피고인석에서 보이지 않는 존재로 자리 잡고 있었다. 아이히만은 노련한 변호사들의 도움을 받아 자신의 동기는 **일을 잘 해내려는 것**, 즉 **상관이 만족할 만한 일을 한 것**뿐이었다고 말한다. 나아가 그 동기는 행위 대상의 본질이나 운명과 관계가 없다고, 개인적으로 유대인에게 원한을 품었는지 아닌지는 중요하지 않다고 주장한다(변호인단은 원한이 중요하지 않다고 하면서도 아이히만이 원한이나 증오심은 절대 품지 않았다고 맹세한다). 그러면서 개인적으로는 집단학살은커녕 살인을 목격하는 것조차 견딜 수 없는 사람이라고 법정을 설득하려 했다.

다시 말해 아이히만과 변호인단은 600만 명에 달하는 사람들의 죽음이 업무에 충실하려는 동기에서 시작된 일이라며(이는 현대 관료제의 모든 영역에서 공들여 좋게 포장한 덕목으로, 표면적으로는 더 오래되고 매우 유서 깊고 더 신성시되는 자질인 동시에 현대 직장 윤리의 중심에 놓인 덕목인 '장인 본능'을 떠오르게 하는 말이다), 그에 따른 부작용이라는 생각을 드러냈다(이라크 전쟁 이후 '새롭게 개선된' 어휘인 '부수적 피해'라는 말이 이때도 있었더라면 아마 이 말을 쓰고 싶었을 것이다). 따라서 아이히만과 변호인단은 위계질서 상위에 있는 누군가의 의도에 따라 최선을 다해 의무를 행했으므로 '나쁜 짓을 하려는 의도'는 없었다고 주장했다. 그러면서 오히려 명령에 불복종하려는 의도가 '나쁜 것'이라고 했다.

아이히만의 변호를 통해 피해자를 세상에서 사라지게 하고 싶은 욕망과 증오는 살인의 필요조건이 아니라는 것을, 누군가가 의무를 이행하는 과정에서 다른 사람이 고통받는 경우에는 **부도덕**하다는 혐의가 적용되지 않는다는 것을 알 수 있다. 이러한 아이히만식 변호는 현대에서 특징적으로 드러나는 '특정 집단을 목표로 한 살인'을 저지른 수많은 가해자가 셀 수 없이 많이 변형해 사용했다.

현대 법률을 통해 이해하면 피해자를 고통스럽게 한 것은 더더욱 **범죄**가 아니다. 현대 법에서는 살인 동기가 발견되지 않는 한 범인은 범죄자가 아니라 정신병자, 사이코패스, 소시오패스로 분류되어야 하고, 교도소나 교수대로 보내는 것이 아니라 정신병 치료를 받아야 한다고 주장하기 때문이다. 그리고 이러한 이해는 아이히만이 재판받은 지 수년이 지난 지금도 현대 사회를 살아가는 사람 대부분이 공유하고 있다. 이러한 주장은 탐정 소설을 바탕으로 할리우드에서 제작한 영화와 경찰 드라마를 통해 전 세계의 수많은 화면에서 매일 반복되면서 높은 빈도로 강화되고 있다.

악의 존재를 신의 섭리로 보는 전통적인 신정론theodicy을 대체했으나 그보다 딱히 낫다고 볼 수 없었던 근대의 이론과 달리, 현대의 관행에서는 누구든 악한 의도가 없어도 악을 행할 수 있다고 본다. 그렇기에 두려움의 대상이 될 수 있다. 우리처럼 평범한 사람들도 말이다. 행위의 동기는 악과 무관하다는 데서 더 나아가, 좋은 동기를 불어넣고 북돋는 과정에서 비용이 과도하게 발생하기 때문에 동기는 불필요한 사치이며 피하는 것이 낫다고까지 생각한다.

하지만 행위자의 동기에 의존하지 말아야 할 더 중요한 이유는 특정한 의도나 신념에 따라 임무를 행할 경우, 동기가 충분하지 않아 고갈되면 일이 잘못될 수 있기 때문이다. 또는 적극적으로 격려받지 못한 동기가 다른 동기에 짓눌리는 경우에도 마찬가지다. 생각해 보자. 조립 공정의 흐름에 맞춰 흔들림 없이 일하는 노동자들의 동기가 자동차에 대한 애정이나 더 나아가 특정 상표나 차량 마크에 대한 흠모였다면 자동차 업계가 생산 목표를 달성할 확률은 얼마나 될 것이며, 조립 공정 동안 원활하게 가동될 수 있다고 얼마나 확신할 수 있겠는가? 감정은 수시로 변하고 불안정하며 금세 지쳐버리고 조금만 주의가 산만해져도 목표에서 멀어지는 경향이 있다. 간단히 말해 감정은 신뢰할 수 없다. 사비니Sabini와 실버Silver는 집단 학살의 논리를 현대 산업 사회의 대량 생산 산업을 대표하는 자동차 생산과 연결해 생각한다.

감정과 그 생물학적 기반은 자연스러운 시간의 흐름을 따른다. 성적 욕망이나 폭력에 대한 갈망마저도 결국에는 해소된다. 또한 감정은 변덕스럽기로 악명 높고 변할 수 있다. 집단으로 폭력을 행사하는 사람들은 믿을 수 없다. 때로 이들은 동정심 때문에 움직일 수도 있기 때문이다. 어린이가 고통받는 경우를 예로 들 수 있다. 한 '인종'을 말살하려면 어린이를 반드시 죽여야 했다. (…) 남김없이 철저하게 죽이려면 폭도가 아니라 관료제가, 다 함께 느끼는 분노가 아니라 권위에 대한 복종이 필요했다. 이때 필요한 관료제는 극단적 반유대주의자들로 채워지든, 온건한 반유대주의자들로 채워지든 효율적으로 작동했을 것이다. 따라서 잠재적 지원자의 범위가 상당히 넓어질 수 있다.[7]

한나 아렌트는 아이히만의 **무사유**thoughtlessness에서 현대 악의 평범성을 엿보았다. 하지만 사유할 수 없거나 사유를 회피했다는 것은 잘못된 행동이기는 해도 아이히만을 비난할 근거가 되지는 않는다. 그는 막스 베버Max Weber가 말한 깨끗하고 순수한 이상형을 그대로 구현한 듯한, 세속적인 불순물에 물들어 이성의 명료함을 잃지 않고 오직 목적에만 집중한 완벽한 관료였다.

제 몫을 하는 훌륭한 관료라면 **사유할 줄 알아야** 한다. 막스 베버의 말처럼 자신의 지적 능력과 판단력을 한계점까지 끌어올려야 한다. 또한 달성해야 하는 목적에 가장 적합한 수단을 신중히 선택해야 한다. 이성을 동원해 정해진 목적지에 이르는 가장 짧고 저렴하면서도 위험성이 적은 방법을 선택해야 한다. 목표와 관련된 행동이나 업무와 관련 없는 것을 구분하고, 목표에 더 가까이 갈 수 있는 쪽을 선택해야 한다. 그와 동시에 목표에 이르기 어렵게 만드는 모든 것을 제거해야 한다. 여러 가능성을 꼼꼼히 살펴 가장 적절한, 다시 말해 가장 효율적인 조합을 선택해야 한다. 측정하고 계산할 줄도 알아야 하는데 이성으로 푸는 미적분학의 최고 달인이 되어야 한다.

다시 말해 현대의 관료는 놀라운 업적을 달성하는 데 핵심 역할을 하는 것으로 정당하게 평가받는 모든 기술에서 뛰어나야 한다. 이때 핵심 역할을 하는 것은 현대의 이성이다. 우리는 이성의 소유자이자 사용자인 동시에 수혜자로서 이성이 거둔 성과를 당연히 자랑스럽게 여긴다. 관료는 업무에 집중하며 냉철하고 타협하지 않는 이성으로 곧은 길을 걸어야 한다. 대상에 대한 연민, 동정심, 수치심, 양심, 공감, 반감 때문에 그 길에서 벗어나서는 안 된다. 또는 업무나 업무 수행에 전념하는 동료 관료 이외의 대상에게 충성심을 갖거나 헌신해서는 안 되며, 전념해 일한 결과에 따른 책임을 피하려는 부하 직원을 보호하려고 해서도 안 된다.

감정은 다양하고 서로 다른 목소리를 내며 수시로 불협화음을 만들지만, 이성은 하나이며 하나의 목소리만 낸다. 관료제를 통해 관리하고 실행하는 악의 독특한 점은 **평범성**보다 **합리성**에 있다. 근대 관료제가 등장해 '노동을 과학적으로 관리'하기 전에 사회를 괴롭히던 악과 비교하면 더욱 그렇다.

인간이 만들어낸 악

돌이켜 보면 근대에 접어들어 인간의 이성에 의존하게 된 것이 긴 우회로의 시작점인 듯하다. 리스본 대참사로 자연의 예측 불가능성이 충격적일 정도로 명백해졌고 이성의 한계가 드러났음에도 '마지막 해결책'은 이성뿐인 것처럼 이에 더욱 의지하게 되었다. 그 우회로의 끝에 도달한 우리는 출발점으로 돌아간 듯이, 헤아리거나 예측할 수 없는 악의 무작위적인 공격을 두려워하고 있다.

긴 우회로를 지나는 동안 조상들보다 현명해졌을지 몰라도 자연재해 같은 재앙에서 벗어날 길을 찾았다고 확신할 수는 없다. 수전 니먼은 "확률적 관점에서 바라보는 현대의 사고방식 때문에 도덕적 악과 자연에서 발생하는 악을 구분하려던 근대 초기의 시도가 무의미해졌다"라고 말한다.[8] 무감각하고 냉담하고 잔혹하기까지 한 자연과 안전한 거리를 두려는 희망에서 시작한 긴 여정 끝에 인간은 뜻밖의 결과를 마주하게 되었다. 자연이 만들어낸 악만큼 무감각하고 냉담하고 잔혹하며 리스본에서 발생한 지진, 화재, 해일처럼 미리 막기는커녕 예측할 수도 없고 무작위적인, 인간이 만들어낸 악에 직면하게 된 것이다.

이제 **인간이 만들어낸** 악은 **자연이 만들어낸** 악처럼 예상치 못한 모습으로 등장한다. 이 두 가지 악은 전임자이자 동반자이자 후계자가 되었다. 스페인 작가 후안 고이티솔로Juan Goytisolo가 소설 『전투 후의 풍경Landscapes after the Battle』에서 말했듯이 인간이 만들어낸 악은 "과거를 돌아보고 분석할 때" 비로소 이해할 수 있다. 그 전까지는 눈에 띄지 않게 힘을 모아 "서서히, 조용히, 해롭지 않아 보이도록 단계를 거치며 잠입하는데…… 마치 땅 밑에서 흐르다가 팽창하고 확장한 다음 갑자기 지표면으로 격렬하게 터져 나오는 개울과 같다." 현대의 정신이 정복하겠다고 맹세한 자연재해와 똑같은 일이 일어났고, 일어나고 있으며, 앞으로도 일어날 것이다.

도덕적 신중함, 양심의 가책, 인간적 연민, 인간에게 고통을 가하는 것에 대한 혐오가 침식되고 물에 잠기고 쓸려 간다면, 보이지 않게 서서히 팽창하고 확장하는 악을 막을 방법은 없어 보인다. 한나 아렌트의 말을 다시 살펴보자.

"명망 있는 사회 전체가 어떤 식으로든 히틀러에게 굴복했기 때문에 인간의 행동을 결정하는 도덕적 격언과 양심을

인도하는 '**살인하지 말라**'라는 종교 계명은 사실상 사라진 것과 다름없다."⁹

이제 우리는 "사회 전체"가 히틀러에게 "어떤 식으로든" 굴복할 수 있다는 것을 안다. 그런데 이 사실은 오랜 시간이 지날 때까지 살아 있어야 알 수 있다. 다시 말해 그 굴복에서 살아남아야 알 수 있는 것이다. 우리는 파도가 차츰 불어난 것을 쓰나미가 일어날 때까지 알아차리지 못했듯이 '개울이 팽창하고 확장하는 것'도 알아차리지 못할 것이다. 눈을 돌리고 귀를 막도록 잘 훈련받았기 때문이다. 아니면 편안하고 온화하며 문명화되고 합리적인 현대 사회에서는 '이런 일'이 일어나지 않는다고 배웠기 때문인지도 모른다. 하지만 독일 역사학자 한스 몸젠Hans Mommsen은 다음과 같이 일깨운다.

서구 문명이 상상할 수 없는 대량 살상 수단을 개발하는 동안, 현대의 과학기술과 합리화 기법이 제공하는 훈련을 통해 기술을 중시하는 관료적인 사고방식이 만들어졌다. (…) 홀로코스트의 역사는 현대 국가에 대한 **메네 데겔**mene tekel*로 보일 정도다.¹⁰

---

* '심판'을 뜻하는 말. 구약성경 「다니엘서」 5장 25~27절 참고.

이마누엘 칸트는 움직이지 못하는 자연보다 인간이 악에 대항해 더 잘 싸울 수 있으리라는 희망과 확신을 품었고, 인간의 이성을 지나치게, 그리고 유일하게 믿었다. 그는 "자신의 행동이 보편적인 규범이 될 수 있는지를 판단해 그것을 기준으로 행동하라"라고 말하는 것이 바로 이성이라고 언급했다. 하지만 칸트가 정언 명령에서 가장 유명한 이 표현을 남긴 이후에 우리가 발견한 것은, 근대를 거치는 동안 이성이 인도한 길은 우리가 각자 나름의 방식으로 **스스로** 적용하려고 애쓴 **보편적** 규범 근처에도 이르지 못했다는 사실이다.

나름대로 애써보았으나 보편적 규범을 **적용**하는 것은 또는 보편적 규범을 **적용할 가능성**은 우리는 물론이고 다른 사람들의 관심사가 아니었음이 증명되었다. 누군가의 행동을 적합하다고 판단하는 기준도 마찬가지다. 보편성에 대한 칸트의 계명과 경쟁 관계인 **이중 잣대**는 더 쉽게 실행할 수 있는 선택지였다. 칸트의 정언 명령이 의미하는 바와 극명하게 대조되는 이 '실제로 성공한' 원칙은 분필과 치즈가 다른 것만큼이나 보편적 규범과 관계가 없다.

공교롭게도 현대의 이성은 **독점**을 형성하고 **배타적** 권리를 확립하는 데 특히 적합하고 명민한 것으로 드러났다. **이성에 따라 행동한 사람들**이 자신에게 바람직한 규범을 적용받는 특권을 확보하는 순간에 온전한 성취감을 느낀다는 것도 밝혀졌다. 그 특권을 안전하게 지키기 위해 **다른 사람들에게도** 동일한 규범을 적용하는 것을 거부해야 한다고 여겼고 실제로 거부했다. 다른 사람들이 무능하거나 자격이 없다는 이유나 기타 자신들이 편리한 이유를 들며, 그 이유가 이미 명백하고 너무 중요해서 논의조차 필요하지 않다고 단정 지었다. 그러나 현대 이성은 개의치 않는 듯했고 이의를 제기하려 하지도 않았다. 다만 일부 철학자들이 안전하게 동떨어져 있고 방음벽까지 설치된 연구실에서 반대 의견을 냈을 뿐이다.

또한 그 연구실 밖과 때로는 안에서도, 일부 사람의 고통을 덜어주기 위해서라면 다른 사람이 고통을 감수하는 것이 정당하다는 목소리가 들려왔지만 이성은 이에 반박하지 않았다. 하지만 '우리'가 다른 사람의 고통을 대가로 자신의 고통을 덜어내는 상황에 처한다면 **우리의** 이성은 다른 사람이 치러야 할 대가에 반대할 수 있어야 하고 그래야만 한다. 히틀러가 전쟁에서 지기 전에, 그의 부하들이 법정에 서기 전에 영국이나 미국에 원자폭탄을 몇 개 투하했다고 상상해 보자. 그렇다면 그 일을 나치의 반인륜적 범죄 목록에 추가하지 않았을까? 관타나모나 바그람 기지의 지휘관들이 카스트로의 쿠바나 밀로셰비치의 세르비아나 후세인의 이라크를 위해 포로에게 가혹행위를 했다면 우리가 그들을 법정에 세우지 않았을까?

칸트의 정언 명령이 암시하는 전략에 노골적으로 반기를 든 현대의 이성은 스스로 고안한 자유, 안전, 행복의 형태가 사람들에게 보편적으로 적용될 수 있는지 고민하지 않은 채 이 가치들을 위해 나아갔다. 지금까지 현대의 이성은 **보편성**이 아니라 **특권**에 기여했다. 보편성에 대한 꿈이 아니라 우월성에 대한 열망과 이를 위한 기반을 확보하려는 열망이 현대 이성의 원동력이자 그 이성이 가장 눈부신 업적을 이룰 수 있게 한 명분이었다.

우리는 잠재적 괴물이다

아우슈비츠 또는 구소련의 굴라크나 히로시마 이전까지는 현대 과학기술이 제공하는 새로운 도구와 무기를 사용할 수 있게 된 인간이 얼마나 놀랍고 끔찍한 악을 다양하게 만들어낼 수 있는지 알지 못했다. 이제는 오랜 시간이 지나 상상하기도 어려운 먼 '과거'에 대해 우리가 몰랐던 또 다른 사실은(또는 활용할 지식이 넘쳐나는데도 여전히 마지못해 인정하거나 아예 인정하지 않는 사실은), 현대 사회의 논리 때문에 잠재적으로 악을 저지를 가능성이 있는 사람들이 생겨나는 영역이 전례 없는 규모로 급격히 확장되었다는 것이다.

편파적으로 받아들이는 사람은 언제나 있었지만 아우슈비츠, 굴라크, 히로시마의 가장 무서운 교훈은 일반적인 생각과 달리 괴물만 끔찍한 범죄를 저지르는 것이 아니라는 점이다. 괴물만 끔찍한 범죄를 저지른다면 우리가 아는 끔찍하고 무서운 범죄는 일어나지 않았을 것이다. 적절한 장비가 부족해서 그런 계획을 세우지 못했을 테고 적절한 '인적 자원'이 부족해서 틀림없이 실패했을 것이다.

아우슈비츠, 굴라크, 히로시마가 주는 도덕적으로 가장 충격적인 교훈은 우리가 철조망에 갇히거나 가스실로 끌려갈 수 있다는 것이 아니라, 적당한 조건이 주어지면 우리가 보초를 서고 굴뚝에 독가스를 뿌릴 수 있다는 것이다. 그리고 **우리** 머리 위로 원자폭탄이 떨어질 수 있다는 것이 아니라, 적당한 조건이 주어지면 **우리가** 다른 사람의 머리에 원자폭탄을 떨어뜨릴 수 있다는 것이다. 하지만 더 큰 두려움이자 진정한 메타 두려움이며 다른 모든 두려움을 길러내는 인큐베이터 역할을 하는 것은, 이 글을 쓰는 나나 읽는 여러분 모두 마음 깊은 곳에 자리 잡은 두려움이 사라지기를 바라고 있을 텐데,

그런 생각이 사라지지 않을 때 악이 안전하게 모습을 숨기고 '팽창하고 확대되도록' 허락한다는 사실이다. 우리는 악의 존재를 부인하려 애쓰고 믿을 수 없다고 의문을 제기하고 그저 과장된 경고라고 일축함으로써 오히려 악을 허용한다. 아이히만의 재판에서 증언을 요청받은 저명한 심리학자들이 제출한 보고서에서 한나 아렌트가 발견한 것을 기억하고 깊이 생각해야 할 의무는 망각한 채로 말이다.

> 정신과 의사 여섯 명이 아이히만을 '정상'이라고 판정했다. 그중 한 사람은 "적어도 그 사람을 검사하고 난 뒤의 나보다는 정상이다"라고 외쳤다고 한다. 또 다른 사람은 그의 전반적인 심리 상태와 아내, 자녀, 어머니, 아버지, 형제, 자매, 친구를 대하는 태도가 "정상일 뿐만 아니라 매우 바람직하다"라고 했다. 끝으로 대법원 항소심이 끝나고 감옥에 있던 아이히만을 정기적으로 면회한 목사는 "그가 매우 긍정적으로 생각한다"라고 하면서 모두의 의혹을 잠재웠다.[11]

아이히만에게 희생된 사람들은 '우리와 같은 사람들'이었다. 상상조차 하기 싫지만 아이히만의 명령에 따라 처형을 집행한 수많은 살육자도 마찬가지였다. 그리고 아이히만도 우리와 같은 사람이라면? 둘 다 생각만 해도 두려움이 생긴다. 하지만 희생자들이 우리와 같은 사람들이라는 사실은 행동을 촉구하는 반면, 살육자들도 우리와 같은 사람들이라는 사실은 악에 저항해 봤자 소용없다고 속삭이며 무력감을 준다. 우리가 두 번째 생각에 그토록 강하게 저항하는 것은 이런 이유에서일 것이다. 진짜 절망적이고 견딜 수 없는 두려움은 그 무엇도 악을 꺾을 수 없다는 데서 오는 두려움이다.

하지만 이탈리아의 유대인 작가이자 화학자로, 홀로코스트에서 생존한 프리모 레비Primo Levi가 한 권 분량의 유언에서 말했듯이 우리 모두 잠재적으로 괴물이 될 수 있다는 데는 의심의 여지가 없다.[12] 악은 악마에서 한 글자가 빠진 것뿐이라고 단순하게 이해할 수 있다고 생각한다면 악을 더 편안하게 받아들일 수 있겠지만, 그렇다고 더 안전해지는 것은 아니다(수배자 명단에 등록된 범죄자가 잡히지 않으려고 턱수염이나 콧수염을 면도하는 것과 같다). 하지만 끔찍한 소식은 아이히만이 악마가 아니었다는 것이다.

그는 특별할 것 없는, 지루하리만치 '평범한' 존재였다. 길에서 마주치면 무심코 지나칠 만한 사람이었다. 남편, 아버지, 이웃으로서 무리에서 거의 눈에 띄지 않았다. 인구통계학표의 평균이자 중앙값이고, 계산할 수만 있다면 심리학과 **도**

덕 통계표에서도 분명 마찬가지일 것이다. 아이히만은 우리 모두 그렇듯이 다른 사람보다 자신의 편안함을 추구했을 뿐이다. 평범하지 **않은** 시기에 평범하지 **않은** 결과를 낳은 것은 바로 그런 흔하고 **평범한** 잘못이나 실수였다.

이 사실을 알게 된 이상 악마는 더 이상 필요 없어진다. 더 나쁜 점은 '악마 가설'이 제기되더라도 이를 진지하게 받아들일 수 없게 되었다는 것이다. 무엇보다 최악은 이 가설의 악마는 예루살렘 법정의 피고인석에 앉아 있던 평범하고 이성적인 사람과 비교할 때 웃음이 날 정도로 서투르고 어설퍼 보일 것이라는 점이다.

인간관계가 불안을 증폭한다

이러한 깨달음이 낳은 가장 중요하면서도 해로울지 모를 결과는 오늘날 닥친 신뢰의 위기다. 악이 **도처에** 숨어 있다는 것을, 군중 속에서 눈에 띄지 않으며 구분할 수 있는 표식도 없고 신분증을 가지고 있는 것도 아니라는 것을, **모든 사람**이 현재 악을 행하고 있거나 잠시 쉬고 있거나 잠재적으로 악을 행할 수 있다는 것을 아는 순간 신뢰는 위기에 처한다.

물론 이러한 견해가 지나친 과장일 수도 있다. 당연히 **모든 사람**이 악의 종노릇에 적합하고 기꺼이 그렇게 하고자 하는 것은 아니다. 악에 영향받지 않고 악을 혐오해서 그 유혹이나 위협을 견딜 수 있는 사람도, 눈을 크게 뜨고 악의 소행을 인식할 수 있는 사람도 셀 수 없이 많다. 하지만 핵심은 이런 사람들이 누구인지, 이들과 악의 계략에 취약한 사람들을 어떻게 구별할지 모른다는 것이다.

아이히만 같은 사람을 아파트 단지 계단에서 이웃으로만 만났거나 학교 학부모 위원회나 동네 사진 동호회에서만 만났다면 그가 집단 학살을 저지를 것이라고 알아볼 수 있었을까? 알아볼 수 있다고 생각한다면 보스니아의 세르비아인, 크로아티아인, 무슬림에게 물어보라.* 과거 이들은 함께 어울려 와인과 보스니아 전통주를 마셨고, 친구나 이웃이나 동료가 무슨 요일에 어느 종교의식에 참례하는지 전혀 신경 쓰지 않고 즐겁게 지냈다. 그러던 어느 날, 아무런 예고도 없이 '조건이 맞아떨어지자' 가장 고통스럽고 두려운 방식으로 상대의 종교를 알게 되었다. 이런 일이 실제로 벌어졌는데 '조건이 맞아떨어졌을' 때 주변 사람 중 누가 악에 저항할지 예측

---

* 보스니아 전쟁(1992~1995년)에 대한 언급으로, 당시 무차별 포격과 인종 청소, 집단 강간 등이 일어났다.

할 수 없다면, 아무리 사실일지라도 모든 사람이 똑같이 악의 먹잇감이 되는 것은 아니라는 사실을 안다고 해서 어떤 실질적인 이득을 얻을 수 있을까?

주변 사람들의 도덕성에 대해 어떻게 생각하든 현실적인 관점에서 안전에 대한 위협은 여전히 그대로다. 우리는 어둠 속에서 씨름할 수밖에 없다. 시험의 순간이 닥쳤을 때 누가 악의 유혹에 굴복하고 누가 굴복하지 않을지 추측만 할 뿐이다. 그리고 그 추측은 매우 위험하다. 따라서 리스크 계산 전문가들이 말하듯이 모든 사람이 예외 없이 악의 세력에 쉽게 포섭된다고 가정하는 것이 가장 안전할 듯하다. 눈을 크게 뜨고 경계를 늦추면 안 된다. 다시 말해 미국의 어느 리얼리티 쇼 시리즈 부제가 프로그램을 통해 '깨달음'을 얻고 고마워하는 수많은 열혈 시청자에게 경고하는 의미로 말했듯 **아무도 믿으면 안 된다.**

유독 끔찍한 재난이 발생했을 때 일시적으로 가능한 '단기적 연대', 대중의 사랑을 받는 대상이 갑작스레 사망했을 때의 '단기적 추모', 월드컵이나 크리켓 대회 같은 행사에서 감정을 집중적으로 발산해 짧지만 유독 폭발적이고 시끌시끌하게 분출하는 '단기적 애국심'을 제외한 대부분의 경우 '타인'(**낯선 사람**, 매일 마주치는 정체불명의 타인, 인구 밀도가 높은 도시를 돌아다니는 타인)은 위험에서 안전하고 든든하다는 느낌을 주는 것이 아니라 도리어 막연하게 퍼지는 위협의 원인이 된다. 사람들은 서로에게 연대를 기대하지 않으며, 서로 만났을 때도 그런 감정이 생기지 않는다. 오히려 미국 사회학자 어빙 고프먼Erving Goffman이 말한 '예의 바른 무관심'이라는 얇은 보호막이 일상적으로 뚫리면 어쩌나 하는 두려움이 생긴다. 그렇기에 거리를 유지하는 것이 유일하게 합리적인 방법처럼 보인다.

콜롬비아 철학자 에두아르도 멘디에타Eduardo Mendietta의 말처럼 "역사적으로나 개념적으로 보안과 안전의 대명사였던 도시가 이제 위협과 폭력의 근원이 되었다."[13] 여유 있는 도시 거주민들이 선호하는 다양한 '벙커식 건축물'은 도시에서 발생할 수 있는 위협과 두려움을 상징하는 기념비.

현대의 벙커식 건축물에는 입구가 보이지 않고 발코니나 테라스가 없다. 이들 건물은 거리를 향해 개방되어 있지 않고 사람이 모이는 광장을 면하고 있지 않으며 도시의 정치, 경제적 힘을 기념하지도 않는다. 대신 이 건물들은 거리 위쪽에 달린 지붕 있는 다리로 다른 비슷한 건물과 연결되어 있다. 도심을 바라보지도 않고 어두운 유리로 가려진 경우가 많은데, 그 유리에는 도시 풍경이 아닌 하늘이나 산 같은 자연경관이 비친다. 이 웅장한 건물들은 도시를 경멸하는 듯 보인다.

사람 사이의 유대에서 신뢰의 위기는 나쁜 소식이다. '인간관계'는 잘 보호되고 한적한 공간, 즉 치열한 경쟁이 펼쳐지는 냉혹한 세상에서 입어야 했던 무거운 갑옷과 딱딱한 가면을 마침내 벗을 수 있기를 기대하는 곳이 아니라 매일 정찰과 작은 충돌이 끝없이 벌어지는 국경 지대 같은 곳이 되어버렸다. 신뢰가 사라졌거나 마지못해 신뢰하는 상황에서는 어제 휴전했다고 해서 내일의 평화가 확실히 보장되지 않는다. 서로 지켜야 할 의무와 책임을 조정하는 규범이 용광로에 던져져 뒤섞이는 바람에 안정적으로 지속될 수 없는 상황에서, 매일 풀어내려고 애쓰는 방정식에는 상수가 거의 없다. 이런 상황에서의 계산은 모호하고 신뢰할 수 없는 단서 몇 개만 흩어져 있는 수수께끼를 푸는 것과 마찬가지다.

대부분의 인간관계는 더 이상 확신, 평온, 정신적 위안을 주지 못하고 오히려 불안을 증폭하는 원인이 된다. 그토록 원하는 휴식을 제공하는 대신 끊임없이 경계하는 불안한 삶을 준다. 위험 신호가 쉴 새 없이 깜빡이고 경보가 끊이지 않고 울린다.

안전지대를 찾아 도망치는 사람들

유동적인 현대 사회를 사는 우리에게는 그 어느 때보다 확고하고 신뢰할 수 있는 유대가 필요하다. 그런데 그런 유대를 원하는 마음이 사실은 불안을 악화할 뿐이다. 우리는 의심의 끈을 놓지 못하고 계속해서 배신을 탐지하고 좌절을 두려워하는 한편, 친구들과의 폭넓은 '연결망'과 우정을 강박적으로 보일 정도로 열심히 추구한다. 실제로 우리는 휴대전화 연락처가 허용하는 한 드넓은 연결망을 맺을 수 있으며, 친절하게도 휴대전화 모델이 새로 나올 때마다 연락처 용량은 점점 더 커진다. 그런데 이런 식으로 배신에 대비해 리스크를 줄이려고 노력하는 것은 오히려 더 많은 위험과 배신의 발판이 된다. 완벽하게 안전한 바구니는 없기에 우리는 최대한 여러 바구니에 달걀을 나누어 담으려 하는 것이다.

우리는 상호 협력보다 연결망에 더 희망을 건다. 연결망에는 메시지를 주고받으며 서로 신뢰를 확인할 수 있는 휴대전화 번호가 항상 있다고 기대하기 때문이다. 우리는 질적으로 부족한 부분을 양으로 보완하고자 한다. 복권에 당첨될 확률은 매우 낮지만, 아무리 낮은 확률이라도 자꾸 쌓이다 보면 조금은 더 나아지지 않겠는가. 리스크를 분산해 실패 위험을 줄이는 것, 이것이야말로 가장 현명한 방법처럼 보인다.

　그러나 그렇게 안전을 좇으며 달려온 길을 되돌아보면 내동댕이쳐진 희망과 좌절된 기대의 무덤처럼 보이고, 앞에 놓인 길에는 얕고 깨지기 쉬운 관계가 흩뿌려져 있다. 계속 밟아보지만 땅은 더 단단해지지 않고 오히려 더 미끄러워져 발을 딛고 서기에 부적합한 느낌이다. 그래서 조급한 마음에 걷던 사람은 달리고, 달리던 사람은 더 빨리 달리게 만든다.

　상호 협력 관계는 더 돈독해지지 않고 두려움은 사라지지 않는다. 악이 끈질기게 기회를 엿보고 있다는 의심도 사라지지 않는다. 서두르다 보면 숨은 악이 모습을 드러내는 것을 막기는커녕 악이 숨어 있다는 의심이 타당한지 판단할 시간조차 없다. 유동적인 현대 사회의 삶의 방식에 젖은 채 살아가는 시민들은 대부분 문제와 싸우기보다 도망치는 쪽이 더 낫다고 생각한다. 악의 징후를 포착하기가 무섭게, 사람들은 걸어 잠글 수 있는 튼튼하고 무거운 문이 달린 도주로를 찾는다.

　과거에는 평생 친구와 영원한 적을 구분하는 선이 또렷해 유심히 관찰할 수 있었지만 이제 그 선은 지워졌다. 선은 차츰 흐릿해져 '회색 지대'를 만들고, 그 안에서 주어진 친구와 적의 역할은 그때그때 쉽게 바뀐다. 경계는 걸음을 옮길 때마다 모양이 바뀌고 자리를 옮긴다. 그리고 평생 달려야 하는 사람의 삶에는 아직 내디뎌야 할 걸음이 많다. 그렇지 않아도 무척 혼란스러운 상황에서 이는 미래에 더욱 짙은 안개를 드리운다. 앞이 보이지 않는 불투명한 안개는 악이 가장 좋아하는 은신처다. 두려움이라는 증기가 만들어낸 안개는 악의 냄새를 풍긴다.

3

통제 불가능한 것을
통제하려는 욕망

현대인에게 '한계'는 해결 가능한 '과제'다.

그래서 눈앞의 '장애물'을 계속 뛰어넘는 순환 고리에 갇힌다.

문제 해결 과정에서 더 많은 문제가 발생하고,

그럴수록 점점 더 빠르게 움직이게 된다.

과제의 거대함에 비해 한없이 빈약한 현대인은

바다처럼 끝없이 펼쳐진 미지의 세계에서

통제 불가능하다는 두려움에 짓눌린다.

장피에르 뒤피가 언급했듯이[1] 인류는 지난 세기를 거치며 자기 파괴 능력을 갖게 되었다. 지금 지구를 위협하는 것은 인간이 자초한 피해(인류 역사에서 꾸준히 발생했다)나 연속해서 발생하는 재난(현재 상태에 이르기까지 인류는 수없는 재난을 겪었다)이 아니라 모든 재난을 끝내는 재앙급 재난, 그러니까 그 사건을 기록하고 깊이 생각해 교훈을 얻는 것은 고사하고, 그 교훈을 배우고 적용할 인간을 남겨두지 않는 그런 재난이다.

이제 인류는 계획적으로 그렇게 됐든 어쩌다 보니 그렇게 됐든, 집단 자살도 할 수 있을 정도의 무기를 확보했다. 인간은 물론 지구상의 나머지 생명체도 모두 멸망시킬 수 있다. 중요한 결정을 내리도록 스스로 권한을 부여했거나 선출된 대리인들은 어느 시점에 이르러 인간이 자멸할 가능성을 현실로 받아들였고, 그 자멸이 생존의 필요조건이자 가장 좋은 기회라는 결론에 이르렀다. 또한 사실상 자기 멸망인 상호 멸망의 위협을 계속 유지하는 것이, 즉 더욱 정교하고 조직적인 대량 살상 무기를 개발·생산·비축해 상호확증파괴Mutually Assured Destruction, MAD* 전략에 더 힘을 실어주는 것이 실제 인

---

* 핵무기 보유국이 선제적으로 핵 공격을 감행하면 상대국도 핵무기를 동원해서 보복하는 것.

간의 멸종을 늦추기 위해 반드시 필요하다고 결론 내렸다.

이제는 다소 시대에 뒤떨어진 상호확증파괴 '이론'은 많은 논란을 일으켰고, 비록 마지못해서이기는 하지만 해당 국가에서 정치적으로 부적절하다고 선언하기도 했다. 그래서 이 이론을 포장하지 않고 노골적으로 전하는 일은 거의 없다. 그러나 상호확증파괴의 관점에서 탄생했거나 영감을 얻은 전략은 여전히 매우 중요하게 작용하고 있으며, 이 전략을 실행할 수 있는 사람들이 이미 충실히 따르고 있다. 이뿐만 아니라 아직 이 전략을 실행할 수 없는 사람들에게도 영감을 주어 이상적 목표로 삼게 한다.

모두를 위한 지구는 없다

핵탄두와 이를 지구 구석구석에 실어 나를 준비가 된 미사일로 가득 찬 무기고는 현실이 되기를 기다리는 궁극의 재앙 중 하나에 불과하다. 자기 파괴는 여러 형태로 곧 닥칠 수 있다. 명백히 생명 파괴를 목적으로 하는 무기 사용은 그중 하나다. 의도적으로 변형한 자기 파괴가 아니라서 더 해롭다. 후안 고이티솔로의 말처럼 "보이지 않게 팽창하고 확장해"

은밀하고 우회적인 방식으로 진행되는 자기 파괴 행위는 이 지구를 인간은 물론이고 어떤 생명체도 살 수 없는 곳으로 만들 수도 있다. 이런 종류의 궁극적 재앙이 특히 기만적이고 그 진행을 막기는커녕 감시하기조차 어려운 이유는 역설적으로 인간이 **더** 살기 좋고 편안한 지구를 만들기 위해 '노력'한 직접적인 결과로서 눈앞에 닥친 재앙이기 때문이며, 그런데도 이에 대해 깊이 생각하거나 계획하지 않았기 때문이다.

이러한 노력은 선택된 사람들을 위한 것이었고, 공식적으로 명시되지는 않았지만 사실상 특정 집단에 혜택을 주는 방식으로 설계되고 실행되었다. 물론 입에 발린 말을 하기도 했으나 인류 전체에 보편적으로 적용할 수 있는 타당성을 진지하게 고려하지는 않았고, 그렇기에 실질적인 결론은 도출되지 않았다. 선택적 노력의 결과, 당연하게도 처음부터 혜택은 고르게 분배되지 않았고 그 혜택이 집중된 지역은 오늘날까지 상대적으로 매우 적다.

자크 아탈리가 『인간적인 길La Voie humaine』에서 언급했듯이 세계 인구의 14퍼센트에 불과한 22개 국가가 세계 무역과 투자의 절반이 넘는 혜택을 누리는 반면, 세계 인구의 11퍼센트가 거주하는 빈곤한 49개 국가는 세계 생산의 0.5퍼센트를 겨우 차지할 뿐이다. 이 0.5퍼센트는 세계적인 부자

1~3위의 소득을 합친 것과 비슷하다. 예시를 더 살펴보자면 빈국에 속하는 탄자니아는 연간 22억 달러를 벌어 주민 2500만 명에게 분배하는 반면, 투자은행 골드만삭스는 연간 26억 달러를 벌어 주주 161명에게 분배한다. 내가 이 글을 쓰고 있는 시점을 기준으로 전체적인 상황을 살펴볼 때, 세계적인 소득 양극화라는 파도를 막을 수 있는 방파제는 보이지 않는다.

불평등 심화는 불필요한 일을 무모하게 시작해 제대로 감시하지 않은 결과로 우연히 발생한, 또는 무시할 수 있거나 원칙적으로 바로잡을 수 있는 부작용이 아니다. 그렇다고 본질적으로 굳건해 부작용을 바로잡을 수 있는 체계인데 유감스럽게도 오작동해 나타난 결과도 아니다. 오히려 불평등은 인간이 행복하고 편안한 삶을 구상하고 그 구상에 따라 전략을 세우는 데 필수적인 요소다. 이 구상과 전략은 특권으로 고려되고 받아들여지며, 인류 전체가 공유하는 것은 고사하고 기존 특권층에서 확장하는 것조차 부적합하다.

이를 인류 전체로 확장하려면 행성 하나가 아니라 최소한 세 개만큼의 자원이 필요할 것이다. 중국, 인도, 브라질이 미국, 캐나다, 서유럽, 오스트레일리아에서 추구해 왔고 지금도 누리고 있는 안락한 삶을 똑같거나 비슷하게 따라 하기에는 지구 하나의 자원만으로는 충분하지 않다. 중국, 인도, 브라질보다 뒤처진 국가들도 곧 같은 목표를 추구하리라는 것은 말할 것도 없다. 안락한 삶이라는 동기와 자극을 맨 처음 만든 이들 선진국에서는 지금도 여전히 같은 목표와 자극을 만들어내고 있으며 더욱 열심히 추구하고 있다.

새롭게 고안된 더 안락해 보이는 삶의 형태가 '보편화될 가능성'은 그 삶의 형태를 채택하고 구축하는 과정에서 기준이 된 적이 없다. 이처럼 지구의 선택된 일부 지역에서는 **자신들만의** 야망을 충족하고자 **세계가 함께 사는** 공간에서 힘을 끌어모았고, **자신들만의** 만족을 유지하고자 **세계가 함께 쓰는** 자원을 동원해 현대적 발전을 이루었다. 이들의 논리는 근대론자들이 주장한 의도를 명백히 위반한 것으로, 그러한 야망이 전 세계에 퍼지면 매우 파괴적인 결과를 초래할 수 있었다. 따라서 실용적인 의도와 목적 때문에 **자신들의 목표가 보편화될 가능성을 배제했다.**

현대식 발전이 '태생적' 한계와 침범할 수 없는 공간의 한계를 무시하거나 적극적으로 억제하지 않았다면, 이러한 한계를 '수단 중심의 합리적 계산'에서 제외해 보이지 않게 만들지 않았다면, 분명 그 발전은 가능하지 않았거나 빠른 속도로 진행될 수 없었을 것이다. 지구의 내구력에 한계가 있다는 것을 인식하고 인정하며 진지하게 고려하고 존중했다면, 보편성과 인간 평등이라는 원칙을 이따금 형식적인 말로만 하는 것이 아니라 실천했다면, 현대식 발전은 시작되지도 않았을 테고, 시작되었더라도 즉시 중단되었을 것이다. 요컨대 현대적 개념의 발전을 촉진하고 실행한 사람들이, 점진적인 발전 전략이 '실제 적용되었을' 때 수반될 수밖에 없는 과잉과 낭비를 삼가야 한다는 의무감을 느꼈다면, 결과는 달랐을 것이다.

문제 해결에 중독된 사람들

오스트리아 철학자 이반 일리치Ivan Illich의 분석에서 영감을 얻은 뒤피는 본질적으로 낭비하고 궁극적으로 자기 파괴적인 현대식 발전의 특성을 '우회' 전략에서 찾았다. 이러한 우회는 목표를 점점 더 멀리 떨어지게 하고, 의도했든 아니든 결국 손이 닿지 않는 곳으로 목표를 내던지게 만든다.

우회 전략에서는 인간이 자율적으로 수행해 훨씬 더 빠른 주기로 일하는 대신, 주로 기계 같은 인공물이 외부의 지시나 규제에 따라 긴 시간 동안 일하게 만든다. 뒤피와 동료들의 계산에 따르면 일반적인 자동차 소유자가 실제로 주행한 거리를, 자동차를 운전하고 정비하고 구매 비용을 벌기 위해 들인 시간으로 나누면 사실상 인간의 공간 이동을 획기적으로 개선하고자 만들어져 내연기관에 혁명을 일으킨 자동차는 인간을 시속 6킬로미터가 조금 넘는 속도로 이동하게 해준 셈이다. 이는 일반적인 사람이 걷는 속도와 비슷하고 자전거를 타고 이동하는 속도보다 훨씬 느리다.

일리치는 자신의 경험을 통해 현대 의학의 주요 원동력 역시 우회 전략이라는 사실을 밝혀낸 것으로 유명하다. 건강한 생활 방식을 유지하는 대신 의료와 약물을 개입시켜 지속적으로 생명을 연장하는 것이다.[2] 또한 일리치의 연구는 모든 우회 전략에 스스로 확장하고 완성을 불가능하게 하는 특유의 경향성이 있다는 것을 예리하게 밝혀낸다. 그의 연구 결과에 따르면 이전에 적용한 우회 전략의 예상치 못한 부작용을 복구하거나 보완하는 데 필요한 의료 행위의 비중이 점점 높아지고 있다.

현대 사회에 내재한 이러한 논리 때문에 '궁극적 재앙'이 점점 가까워지고 있다는 사실은 거듭 강조할 필요가 있다. 이 궁극적 재앙을 피하기가 특히 어려운 이유는 현대 문명이 보여주는 웅장함과 화려함의 근원이기도 한 특성 때문에 병적인 상태에 빠지거나 자멸할 수도 있기 때문이다. 그 특성은 스스로 한계를 두지 않으려는 본능, 모든 경계와 한계에 대한, 특히 최종적이고 궁극적인 한계에 대한 반감과 경시다.

'현대성modernity'은 집착과 강박에 가까울 정도의 끊임없는 현대화를 통해서만 실현 가능하다. 현대성은 계속해서 더 긴 우회로를 만들고 이를 지름길로 보이도록 가장한다. 장애물도 오래 놔두지 않는다. 일시적 제약만 허용하고 용인할 뿐 곧 과학(기술을 사려 깊게 반영하는 두뇌 역할)과 기술(과학을 실행하는 팔 역할)의 발전을 통해 장애물을 폐기하거나 우회하거나 밀어낸다. 한계로 의심되는 것을 포함한 모든 장애물은 '문제'이고, 우리 현대인은 너무도 잘 알다시피 이를 '과제'로 받아들여 본질적으로 해결할 수 있는 일이라고 규정한다.

잇따라 발생하는 문제를 해결하느라, 특히 바로 이전에 발생한 문제나 그 문제를 해결하려고 노력하는 과정에서 생긴 문제를 해결하는 데 급급한 탓에 현대 문명에는 시간도, 터널 끝에 자리 잡은 어둠에 대해 깊이 생각하려는 내적 욕구도 없다. 현대 문명은 재난에 취약하고, 재난이 주기적으로 발생하는 탓에 기존 문제를 해결하고자 애쓰는 사람들과 닥쳐올 문제를 해결하려는 사람들 모두 당황하고 만다. 그러다 재난이 닥치면 소 잃고 외양간 고치는 식으로 대처하는데

소가 너무 멀리 달아나 잡을 수 없는 경우가 대부분이다. 그리고 지칠 줄 모르고 현대화를 추구하는 정신 때문에 고쳐야 할 외양간의 수는 자가증식 한다.

우리가 사는 이 시대에 일상적으로 일어나는 '발전'이란 주로 과거와 현재에 발전 속도를 높이려고 애쓰는 과정에서 발생한 직접적이거나 '부수적인' 피해를 복구하는 것을 말한다. 이런 식으로 위기관리 연습을 했음에도 앞으로 주기적으로 다가올 과제들은 이전보다 더 통제하기 어려워 보인다. 낙타 등에 열심히 실어 올린 짚이 어느 순간에 낙타 등을 부러뜨릴지, 연이은 과제를 해결하고자 통제하는 과정에서 어떤 대처가 더 이상 돌이킬 수 없거나 통제할 수 없는 상황을 만들지는 알 수 없다.

현대를 사는 우리는 문제를 꼬집어 내 따로 떼어놓고 규정하고 해결하는 순환 고리에 갇히게 된다. 이 순환 고리 때문에 문제 해결 과정에서 더 많은 문제가 발생하고, 그래서 문제 해결을 위해 점점 더 빠르게 움직이게 된다. 이런 고리에 갇혀 있기에 우리는 빠르게 연속해서 발생하는 어려움에 대처하는 방법을 생각할 수 없다. 2차원 공간에 존재하는 가상의 벌레가 3차원으로 이동한 모습을 상상할 수 없는 것과 마찬가지다. 우리는 우회로의 병적인 영향을 무슨 약으로 치료해야 하는지 모른다. 다만 다른 우회로를 만들어낼 뿐이다.

재난 피해조차 불공평해진 시대

근시안적으로 목표를 설정하는 통제 방식의 해로운 부작
용을 치료할 방법도 모른다. 또 다른 근시안적 목표를 설정해
통제할 뿐이다. 인간이 하는 일의 한계 문제는 오랫동안 논의
되거나 고려되지 않았고, 그 결과 이제 그 문제는 이해할 수
없고 설명하기 힘든 것이 되었다.

심지어 인간의 계산 착오나 통제 소홀 때문이라고 할 수
없는 완전한 '자연'의 재해조차 통제할 수 있는 문제로 여기
려는 경향이 있다. 뒤피는 쓰나미의 여파에서 이러한 경향을
발견했는데 "아시아에 닥친 쓰나미의 순수성은 며칠밖에 지
속되지 못했다"라고 말한다.[3] 그는 프랑스 지질학자 폴 타포
니에Paul Taponnier[4]를 인용해 다음과 같이 언급한다.

태국 정부가 지진과 쓰나미 가능성에 대한 정보를 신속하게
받았다는 사실이 알려지자 안도감이 최고조에 이르렀으나, 그
들은 관광 산업에 피해를 우려해 경보를 발령하지 않기로 결

정했다. 그다음으로 참사의 원인으로 지목된 대상은 과학자들이었다. 그들의 무지와 과학 지식의 부족이 원인으로 꼽혔고, 연구 자금을 충분히 지원하지 않은 정부도 원인으로 지목되었다. 자연이 저지른 악으로 남아 있어야 할 영역을 도덕적 책임이 뒤덮었다. 사람들은 물리적 장애물이 있었다면 파도가 멈췄을 것이라는 확신에 차 있었다.

타포니에의 보고서를 읽고 어깨를 으쓱하며 웃어넘기기 전에, 다음 사항을 생각해 보자.

타포니에와 뒤피의 보고서에는 한 가지가 빠졌다. 아시아처럼 '외국의' 먼 곳에서 발생한 쓰나미에서 놓쳤던 사실이 카트리나를 통해, 가장 강력하고 자원이 풍부한 국가이자 문명화 과정의 선두에 있는 국가의 심장부를 강타한 자연재해를 통해 드러났다.

뉴올리언스와 주변 피해 지역에서는 조기 경보 체계가 작동하지 않고 과학 연구 자금이 부족하다고 아무도 불평하지 않았다. 카트리나가 다가온다는 것을 모두 알았고, 모든 사람이 대피소로 갈 시간이 충분했다. 하지만 모든 사람이 알고 있는 내용을 행동으로 옮기거나 대피할 시간을 잘 활용하지는 않았다. 일부는, 아니 상당수는 비행기표를 구매할 돈이 충분치 않았다. 그래서 트럭에 가족을 태울 수밖에 없었다. 그러나 그들을 데리고 어디로 간단 말인가? 모텔 역시 돈이 들고 그들에게는 돈이 없었다.

역설적으로 부유한 이웃들은 집을 떠나 재산을 버리고 도망쳐 생명을 구하라는 조언에 따르기가 더 쉬웠다. 그들의 물건은 보험에 가입되어 있었다. 카트리나는 그들의 생명에는 치명적인 위협이었을지 몰라도 재산에는 아니었다. 반면 비행깃값이나 모텔비를 지불할 돈이 없는 사람들이 가진 것은 부자들에 비하면 안타까울 정도로 초라했지만, 그들에게는 그게 전부였다. 아무도 그들의 손실을 보상해 주지 않았고 한번 잃은 물건은 영원히 잃은 것이었다. 그렇게 평생을 모은 전 재산을 잃었다.

카트리나는 까다롭게 가리지 않고 죄 있는 사람과 없는 사람, 부자와 가난한 사람을 냉정하게 똑같이 대했을 것이다. 하지만 자연재해가 틀림없는 그 재난을 모든 희생자가 똑같이 '자연'의 재해로 받아들인 건 아니었다. 허리케인 자체는 인간이 만들어내지 않았으나 허리케인이 **인간에게 미친 결과**는 분명 인간이 만들어낸 것이었다. 할렘 아비시니안 침례 교회의 목사 캘빈 버츠 3세Calvin O. Butts III와 여러 사람은 이러한 현실을 "카트리나로 피해를 본 사람들은 대부분 가난한 사람

들, 가난한 흑인들이었다"라고 요약한다.[5] 《뉴욕 타임스》특
파원 데이비드 곤잘레스David Gonzales는 다음과 같이 말한다.

멕시코만 연안의 동네와 마을이 바람과 파도에 씻겨 간 뒤로,
말로 표현하지는 않지만 대피한 사람들과 갇힌 사람들을 구분
하는 중요한 기준이 인종과 계급이라는 인식이 커지고 있다.
홍수나 가뭄 같은 자연재해가 발생했을 때 농촌 개발 정책의
실패가 극명하게 드러나는 개발도상국과 마찬가지로, 여러 국
가 지도자는 미국의 대표적인 가난한 도시 몇 곳이 연방 정책
의 실패로 취약한 상태에 놓여 있다고 말한다.
미시시피주 윈스턴빌의 시장 밀턴 터트와일러Milton D. Tutwiler
는 다음과 같이 말한다.
"해가 비치는 동안 이 교구의 수많은 흑인을 확인한 사람은 아
무도 없었을 겁니다. 그러니 아무도 우리를 도우러 오지 않는
다고 해서 놀라겠습니까? 당연히 아니겠지요."

매사추세츠대학교 영문학과의 마틴 에스파다Martin Espada
교수는 다음과 같이 말한다.
"우리는 대부분 왜 그런지 몰라도 자연재해가 공평하게
무작위로 발생한다고 생각합니다. 하지만 늘 그렇듯 가난한

사람만 위험해집니다. 흑인들이, 라틴계가 위험해집니다."

그의 말이 암시하듯이 위험에 특히 노출되었다고 나열한 범주는 대개 서로 겹친다. 흑인과 라틴계 중 가난한 사람이 많다. 뉴올리언스 주민 3분의 2는 흑인이며, 4분의 1이 넘는 주민이 빈곤층이다. 홍수가 휩쓴 로어 나인스 워드 지역의 경우 98퍼센트가 넘는 주민이 흑인이고 3분의 1 이상의 주민이 빈곤에 시달린다.

놀라우리만치 부족한 홍수 방지 시설을 정비하는 데 배정된 예산을 삭감하기 바빴던 연방 정부가 이러한 지역 상황에 어느 정도까지 영향을 받았는지는 알 수 없다. 그리고 이러한 피해 지역의 인구 구조가 주 방위군에게 하달된 지시에서 어떤 역할을 했는지도 알 수 없다. 당시 주 방위군은 납득할 수 없을 정도로 출동을 미루다가 마침내 피해 지역에 가서는, 굶주린 사람들에게 식량을 주고 집 잃은 사람들을 위해 대피소를 마련하고 사망자를 매장하는 일보다 약탈자를 잡고 '살상으로 이어질 수 있는 총기 사용'에 집중했다(전자 제품을 훔치는 사람과 음식과 생수를 훔치는 사람을 구분하지 않았다). **자연** 재해의 피해자를 구하기 위해서가 아니라 **인간이 만든** 법과 질서에 대한 위협을 막기 위해서 피해 지역에 군을 파견한 것으로 보였다.

계급별로 재분배된 불안

이 자연재해로 가장 심각한 피해를 입은 사람들은 카트리나가 닥치기 훨씬 전부터 이미 사회 질서와 현대화에서 거부당했다. 이들은 사회 질서 유지와 경제 발전이라는 인류의 두 가지 두드러진 활동의 희생자였다.[6] 시민의 안전을 책임지는 정부의 관심사 목록 맨 아래에 자리 잡기 훨씬 전에, 이들은 행복 추구를 보편적 인권으로 선언하고 이를 실현하기 위한 주요 수단으로 적자생존을 외치던 정부의 관심과 정치적 의제에서 변방으로 쫓겨났다.

끔찍한 생각이 떠오른다. 의도하지는 않았겠지만 카트리나가 인간 폐기물의 처분을 도운 건 아닐까? 복잡한, 폐기물 처리 업계의 관점에서는 **과밀한** 지구의 부정적 세계화가 사회에 미친 영향에 제대로 대처하지 못한 사람들을 처분한 건 아닐까? **사회** 질서가 무너지고 **사회** 불안이 예상되기 전까지 군을 파견할 필요성을 절실히 느끼지 못한 이유 중 하나가 이것 때문은 아니었을까? 두 가지 '조기 경보 체계' 중 주 방위군을 파견해야 한다고 최종 신호를 보낸 경보는 무엇이었을까? 정말이지 모욕적이고 소름 끼치는 생각이다. 근거 없고 전혀 현실적이지 않은 생각이라고 일축하고 싶을 테고, 이런 내용을 구체적으로 기록하기는 더욱 싫을 것이다. 실제로 사고가 수습되는 과정에서 이런 생각이 근거 없다고 드러났다면 좋았을 텐데…….

이러한 의문을 품는 것이 불쾌할 수 있지만, 실제 전개되는 상황을 보면 마음속과 양심에 그런 의문이 떠오를 수밖에 없다. 영국 역사학자 사이먼 샤마Simon Shama가 알아냈듯이 "9.11 테러와 카트리나의 가장 충격적인 차이는 재난이 발생한 뒤에 펼쳐지리라 예상한 상황이었다."[7] 그리고 재난 후의 상황은 모두 그 이전에 일어난 일로, 즉 이전에 인간이 내린 의사결정으로 결정되었다. 연방 정부는 "홍수 방지 시설 유지에 필요한 예산을 50퍼센트 삭감했고 그 때문에 루이지애나는 37년 만에 처음으로 재난 발생 시 필요하다는 것을 알면서도 방지 체계를 갖추지 못했다."

갑자기 자연재해는 인간이 만들어낸 문제로, **도덕적** 악행처럼 사회적이고 도덕적인 문제로 취급되었다. 자연재해는 노골적일 정도로 선별적이다. '까다롭다'라고 하면 너무 인간 중심적인 표현이라고 비난받을지도 모르겠다. 그럼에도 그렇게 표현할 수밖에 없는데, 인간 행동의 도덕성이 자연재해의 뚜렷한 차별에 **직접적인 동기를 부여한** 것까지는 아니더라도 **어느 정도 원인을 제공한** 것은 명백하기 때문이다.

자연의 맹목적인 변덕에서 인간을 보호하는 것은 현대가 제시한 아주 중요한 약속이었다. 그러나 현대에 이 약속을 이행하는 과정에서 자연의 맹목성과 변덕은 줄어들지 않았고, 사람들은 그 영향에서 특정 집단을 면제시키는 데 집중했다. 자연재해의 힘을 약화하려는 현대의 노력은 사회 질서 구축과 경제 발전의 양식을 따른다. 그리하여 의도했든 아니든, 인류를 보살필 가치가 있는 삶과 **살 가치가 없는 삶**unwertes Leben[*]으로 나눈다. 그 결과 두려움의 구체적인 원인이 무엇이든 그 두려움조차 고르지 않게 분배되었다.

허리케인, 지진, 홍수는 특별한 사건이 아니다. 우리는 가장 선택적이지 않으며 매우 보편적인 자연의 고통마저, 즉 인간 생명의 생물학적 한계마저 선택적으로 만들었다. 영국 언론인 맥스 헤이스팅스Max Hastings는 다음과 같이 말한다.

부를 소유한 현대인은 그 부 덕분에 장수할 온갖 기회를 얻는다. 20세기까지만 해도 질병은 지갑을 차별하지 않았다. 빅토리아 시대 거물 금융가의 아내가 출산하다가 위험해질 가능성은 하녀가 위험해질 가능성과 크게 다르지 않았다. 유명인들의

---

[*]   나치 독일 이데올로기에서 유래한 말.

묘비를 보면 얼마나 많은 사람이 수명이 다해 자연사하기 전에 죽었는지 알 수 있다.

오늘날 의학은 돈을 지불할 수 있는 사람들에게 놀라운 일을 할 수 있다. 부자들이 받을 수 있는 치료와 가난한 사람들이 받을 수 있는 치료의 격차가 지금처럼 컸던 적은 없다. 선진 의료 체계를 갖춘 나라에서조차 그렇다.[8]

자연재해든 인간이 만들어낸 재해든, 현대 사회가 인간의 두려움을 줄이기 위해 전쟁을 벌인 결과 두려움의 **양이 줄어들기보다** 두려움이 **사회적으로 재분배되었다.**

자연 지배라는 인간의 욕망

쓰나미나 카트리나를 비롯한 자연재해를 말할 때, 인간의 계산 착오나 부주의였다는 식으로 논의하며 피할 수 있었던 재난이라는 관점에서 말하는 습관이 새로 생겼는데, 이는 그 자체로 매우 흥미로운 현상이며 현대사에서 그 중요성을 깊이 생각할 가치가 있는 전환점을 나타낸다. 이 현상은 자연재해와 사회적 또는 도덕적 재해라는, 즉 인간이 만들어냈거나 저지른 재해라는 개념의 놀라운 만남을 나타낸다. 현대사에서 계속 멀리 떨어져 있던 두 종류의 재앙이 만난 것이다.

앞서 인용한 수전 니먼은 현대사에서 악의 경쟁적 이미지와 해석의 변화를 연구한 중요한 저서를 집필했다.[9] 또한 과거에는 신의 뜻이라는 개념에 구분되지 않고 뒤섞여 있던 자연재해와 사회적 재해의 개념이 엄격하게 분리된 시점이 진정한 '현대적 사고방식'의 **시작점**이라고까지 주장했다(이러한 분리는 1755년 리스본 대지진과 화재로 촉발된 격렬한 논쟁 과정에서 발생했다).

다름 아니라 책임을 명확하게 구분하기 위해서다. (⋯) 계몽주의는 스스로 생각하는 용기인 동시에 자신이 처한 세계에서 져야 할 책임을 지는 용기라고 할 수 있다. 과거에는 자연에서 온 악이라고 부르던 것을 도덕적 악과 철저히 구분하는 것은 현대성이 갖는 의미 중 일부다.

그러나 현대의 도전 과제에 관한 이야기를 마무리할 때 니먼의 태도는 활기차고 대담했던 처음과 전혀 다르다.

현대적 악의 개념은 세상의 현재 상태를 신의 탓으로 돌리지 않고 인간 스스로 책임지게 하려는 시도에서 발전했다. 악에 대한 책임을 인간에게 더 많이 떠넘길수록 인간은 그 책임을 감당하기에 부족해 보인다. 우리는 방향을 잃었다. 과거의 지식이나 권위에 의존하는 것은 많은 사람에게 선택지가 아니다. 하지만 우리가 성장하리라는 희망도 이제 공허해 보인다.

자연에서 온 악과 **사회에서 온** 악은, 즉 **도덕적** 결함으로 평가될 수 있는 악은 2세기 반 동안 분리되어 있었다. 이러한 두 악이 다시 만나 결합하는 지점에 이르기 위해서 둘 중 어느 쪽이 더 먼 거리를 이동했는지 궁금할 수 있다.

'자연에서 온' 악은 '자연성'을 포기해야 했다. 이 자연성은 '문화'와 반대되는 것이자 '자연'을 인간이 창조하지 **않은** 영역에 속하게 하는 특징이다. 이러한 특징 때문에 자연은 인간의 능력 밖에 놓인 것으로, 인간이 도전하거나 어설프게 손대거나 재배치하거나 개혁할 수 없는 대상으로 여겨졌다. 하지만 자연과 대립하는 문화는 자연이 연달아 그려놓은 경계를 일시적인 휴전선 정도로만 취급해 당연히 협상 가능하고 깰 수 있다고 여겼다. 그 경계는 문화가 스스로 한계를 설정한 결과물이자 이 한계를 결정짓는 요인이기도 했다.

문화는 근대가 시작될 때부터 "예술의 비결은 자연을 교정하는 것이다"라는 볼테르의 공식을 열심히 따랐다. 자연과 문화의 대립이 선포되자 인간이 마지못해 자연의 지배 영역이라고 인정한 부분이 한없이 줄어들어 차츰 문화의 '부정적 파생물'로 변해갔다. 즉 자연은 '예술의 비결'을 발견하는 일이 유감스럽게도 지연됨에 따라 생겨난 인위적 산물이 되었다. 이 먼 길의 끝 어딘가에, 자연에 잠시 양도한 영역을 완전히 정복해 문화의 영역으로 흡수하고, 모든 것을 인간이 온전히 통제할 때가, 그리하여 인간이 모든 책임을 떠안을 때가 어렴풋이 보였다. 이렇게 되면 인간이 설계하고 의도에 따라 '교정'할 수 있는 영역(잘못된 동기나 부주의에서 비롯된 인간의 실수에 취약한 영역이라는 사실이 나중에 분명해진다)과 자연의 지배 영역을 더 이상 구분할 수 없게 된다.

　사회적·도덕적 악은 자연재해와 만나 융합되는 지점으로 빠른 시일 내에 돌아가기 위해서 오히려 자연재해의 모든 특성을 획득해야 했다. 사회적·도덕적 악이라는 개념이 탄생했을 때 철저하고 단호하게 제거되었던 바로 그 특성은, 무작위로 닥쳐 죄 있는 사람과 없는 사람 모두에게 영향을 미치고, 예측할 수 없거나 예측하기가 매우 어렵고, 인간의 힘으로는 발생하지 못하게 막기는커녕 일어났을 때 제대로 대처하기도 힘들다는 것이다. 다시 말해 사회적·도덕적 악은 반대되는 특성을 취해 '자연재해 같은' 성격을 떠어야 했다. 이는 곧 연속성이 갑작스럽게 근본적으로 파열되고, 비정상이 일상에 예고 없이 찾아드는 것을 말한다. 다만 이때 파열은 눈에 띄지 않고 알아차릴 수 없었을 뿐 일상에서 생겨나 발달한 것이다.

자연재해가 도덕적 악행과 만나는 지점까지 가는 여정은 현대를 살아가는 우리가 이해하기 쉽다. 그 여정은 우리 모두 사용법을 잘 알고 있는 펜으로 그려졌기 때문이다. 또한 우리에게 너무도 익숙한, 경계를 허물고 침략과 정복과 합병과 식민지화를 말하는 언어로 되어 있기 때문이다. 이 여정은 처음부터 예상되고 의도되었다. 적어도 프랜시스 베이컨Francis Bacon 이후로는 인간의 완전한 자연 지배라는 목적지가 정해져 있었다. 운명의 변덕 때문에 그 시점이 어쩔 수 없이 인질로 남겨졌을 뿐이다. 우리는 자연 지배가 진행됨에 따라 지불해야 할 몸값이 0에 가까워지기를, '예측할 수 없는 운명' 때문에 남아 있는 위험이 근본적으로 줄어들기를 바라고 있다.

이와 반대로 도덕적 죄책감이 지나온 여정은 현대를 살아가는 우리에게 분명 놀라움을 안긴다. 도덕적 죄책감은 현대 정신이 지향하는 모든 것에 반하는 것이었다. 사람들이 일반적으로 기대하고 바라고 의도하는 바와도 정반대이고, 인간이 처한 상황을 혼란스럽게 하는 무작위성, 우발성, 이해 불가능성을 없애기는커녕 무계획적이고 목적 없으며 예측할 수 없는 요인을 다시 가져와 확고히 했다. 그래서 그것들이 인간의 세계에, 자신감 넘치는 정복자이자 곧 자연의 지배자가 될 자들이 강력한 부대와 믿을 만한 무기를 배치한 그곳에 자리 잡게 했다. 현대성이 자연의 비인간적인 변덕에 맞서 전쟁을 벌이는 동안 인간 활동의 '취약한 부분'이 자연의 특징인 혼란스러운 자의성에 노출되는 두려운 일이 벌어졌다. 즉 인간의 이성과 노하우와 산업의 영역이 당연하게 받아들였던 인간 사회의 통제가 혼란에 빠졌다.

근대의 문턱에서 신으로 위장한 자연과 그 자연에서 난 인간이라는 창조물 사이에 수천 년 동안 이어온 휴전과 불편한 공존이 깨졌고, 자연과 인간 사이에 대립 구도가 형성되었다. 이 두 가지는 양립할 수 없는 것으로 여겨졌다. 그 어느 때보다 거침없고 야심만만하며 확고한 목적을 갖고 세계에 자기 욕망을 섬기라고 강요하는 인류에게 자연은 르네 데카르트René Descartes 철학에서 객체가 생각하는 주체와 대립하듯이 무력하고 목적 없으며 다루기 힘든, 무감각하고 인간의 염원에 무관심한 존재로 맞섰다.

무엇이든 할 수 있다는 오만함

자비롭고 전능한 신의 모습으로 위장하고 인간과 대면하는 한 자연은 인간의 이해를 뛰어넘는 신비스러운 대상이었다. 사실 자비하고 전능한 신이 직접 설계하고 시작한 세상에 악이 넘치는 이유를 이해하기 힘들었다. 이 난제의 가장 일반적인 해답은, 인류에게 닥친 자연재해는 도덕적으로 죄 지은 사람에게 내리는 형벌일 뿐이라는 것이었다. 그러나 볼테르는 1755년 리스본 대지진과 화재 사건을 기리고자 쓴 시에서 이 답이 틀렸다는 명백한 증거를 압축해서 보여준다.

"죄 없는 사람과 죄 지은 사람 모두 똑같이 피할 수 없는 타격을 입었다."

이 어지러울 정도로 어려운 문제는 여러 세대 동안 신학자들을 괴롭혔듯이 근대 초기의 **계몽주의 철학자들을** 괴롭혔다. 다시 말하지만 이 문제는 약 2000년 전 「욥기」에 생생하고 구체적으로 표현되었다. 당대의 저명한 현인들은 「욥기」에서 하느님에게 순종하는 창조물이자 도구인 자연이 미덕과 신앙심이 있고 하느님의 명령에 충실한 욥에게 악이 가장 절묘하게 종합된 듯한 고통을 안긴 이유를 설명하려고 머리를 쥐어짰지만 마땅한 답을 찾지 못했다. 세상에 넘쳐나는 악은 바로 그 세상을 창조하고 다스리는 최고의 통치자인 하느님의 자비나 권능과 조화될 수 없었다.

이러한 모순은 해결되지 않았고 막스 베버가 설명한 자연의 **탈주술화**Entzäuberung*를 통해서만 해결할 수 있었는데 여기에서 진정한 '현대 정신'이 탄생했다. 즉 '우리는 할 수 있고 해낼 것이다'라는 자신감 있는 태도를 바탕으로 한 오만함으로 문제를 해결한 것이다. 자비롭고 전능한 신적 대상에게서 원하는 반응을 얻기 위해 권장하고 바란 세 가지 수단인 '순종', '기도', '미덕'의 실천이 효과를 발휘하지 못해서 받는 일종의 벌로서, 자연은 주체성을 빼앗겨 의사결정을 할 수 없게 되었다. 따라서 선의와 악의 중 하나를 선택할 **능력**도 상실하게 되었다. 인간은 비록 무력할지라도 신의 눈에 좋게 비치기를 희망할 수 있었고 신의 판결에 항의하며 자기 입장을 주장하고 협상할 수 있었다. 그래서 자연의 은총을 얻기를 바라며 '탈주술화된' 자연과 논쟁하고 거래를 시도했지만 아무 의미가 없었다.

거슬리고 논리적으로 해결할 수 없는 아포리아aporia**를 없애는 것 외에 자연의 탈주술화로 인해(더 정확히 말하자면 '탈

* 신비하거나 초자연적인 요소를 제거하고 합리적이고 과학적으로 접근하는 방식.
** 근본적으로 해결될 수 없는 어려운 문제.

신성화' 또는 '신성 훼손'으로 인해) 놀랍도록 강력한 또 다른 효과가 나타났다. 가장 끔찍한 두려움에서, 즉 마주한 악을 물리치고 안전한 거리로 밀어내는 데 필요한 도구와 기술이 부족해 느끼는 절망에 대한 두려움에서 해방된 것이다.

물론 그렇다고 해서 위협이 사라진 건 아니다. 탈주술화되어 신이라는 가면을 벗은 자연은 전보다 훨씬 거대하고 위협적인 모습으로 나타났다. 그러나 과학 원칙과 기술을 바탕으로 한 **테크네**techne*가 자연을 다루는 데 필요한 기술과 지식을 축적하고 나면 기도가 이루지 못한 일을 확실하게 해낼 수 있었다.

테크네는 전지전능하게 명령하는 신은 아니었지만, 맹목적이고 무감각한 자연에 대처하는 것을 목표로 했다. 사람들은 이제 자연의 무작위성과 예측 불가능성은 일시적인 문제가 되었고, 자연이 인간의 의지에 복종하도록 만드는 것은 시간문제일 뿐이라고 생각했다. **자연**재해는 **사회적** 해악과 같은 운명에 처하게 되었고(아니, 그래야 했고!) 적절한 기술을 동원해 노력하면 인간 세계에서 확실하게 추방되어 다시는 돌아오지 못할 것으로 생각했다.

---

* 예술과 기술의 공통 어원으로, 이 두 가지를 사용하는 능력을 말한다.

자연의 장난 때문에 생긴 불편은 결국 인간의 악의와 무자비함 때문에 생긴 재난과 마찬가지로 효과적으로 처리되리라고 기대했다. 머지않아 자연의 위협이든 도덕적 위협이든 **모두** 예측 가능하고 예방 가능하며 이성의 힘에 굴복하게 되리라 생각했다. 그러면서 이 일이 얼마나 빨리 가능해질지는 오로지 인간이 이성의 힘을 어떻게 활용할지 결정하는 데 달려 있다고 보았다. 곧 자연은 인간이 만들어낸 다른 창조물과 비슷해져 원칙적으로 관리되고 '교정될 수' 있으리라 생각했다. 이마누엘 칸트가 정언 명령을 통해 시사했듯이 인간의 양도할 수 없는 자질인 이성을 활용해 **자연법칙과** 같은 수준으로 보편성을 띨 수 있기를 바랐다.

근대가 시작될 무렵과 근대사를 거쳐오는 대부분의 기간 동안 인간은 이런 식의 발전을 바랐다. 하지만 현재 우리가 경험한 데서 알 수 있듯이 실제로는 정반대 방향으로 발전하고 있었다. 이성이 이끄는 행동을 자연법칙과 같은 수준으로 끌어올리기보다 결과적으로 비이성적인 자연과 같은 수준으로 떨어뜨렸다.

자연재해는 도덕적 악행처럼 '원칙적으로 통제할 수 있는' 것이 되지 못했다. 그와 반대로 부도덕함이 '전형적인' 자연재해가 되거나 자연재해와 비슷해졌다. 즉 위험하고 예측 불가능하고 막을 수 없고 이해할 수 없으며, 인간의 이성과 소망에 영향을 받지 않게 되었다. 인간의 행동으로 인한 재난은 불투명한 세계에서 무작위로 발생하고 장소를 예측할 수 없으며, 인간의 행동을 다른 모든 사건과 구분 짓는 **동기**나 **목적**으로 설명할 수 없거나 이를 무시한다. 무엇보다 인간의 부도덕한 행동 때문에 발생한 악은 **원칙적으로** 통제할 수 없어 보인다.

현대 관료제의 등장

이 문제를 좀 더 자세히 살펴보자. 역설적으로 전혀 예측할 수 없고 불길한 사회적·도덕적 재앙이 통제할 수 없는 자연재해와 닮아가는 현상은, 현대 사회가 세상을 투명하고 예측 가능하고 규칙적이고 연속적이며 통제 가능하게 만들려고 한 노력이 낳은, 의도하지는 않았지만 피할 수 없는 결과였다.

우리 시대의 도덕적 재난을 동기와 목적 측면에서 설명할 수 없다면 그 이유는 현대 정신, 노하우, 실행 능력, 풍부한 자원이 힘을 합쳐 인간의 의도에 맞선 전쟁에서 승리를 거둔 덕분이다. 변덕스럽기로 악명 높은 인간의 의도는 불균형을 만드는 모든 압력에서 벗어나 이성이 지배하는 질서 있는 세계를 만들고자 하는 원대한 계획에 간섭하려 한다. 그 전쟁은 명시적으로든 암묵적으로든, 현대의 변화를 통해 강화된 것처럼 보이는 인간이라는 자율적인 조직과의 싸움이다.

그 전쟁의 전략은 두 가지로 구성되어 있고, 이 두 가지 수칙은 서로 의존하며 활기를 불어넣는다.

첫 번째는 '탈도덕화adiaphorization' 경향이다. 인간의 행동이 바람직한지 또는 허용 가능한지 평가할 때 도덕과 관련된 기준을 낮추거나 아예 없애려는 경향으로, 이를 통해 인간이라는 개별 주체에게서 도덕적 감수성을 빼앗고 그들의 도덕적 충동을 억압한다.

두 번째는 개별 행위자인 인간에게서 자기 행동의 결과에 대한 도덕적 책임을 박탈하는 것이다. 이는 "기독교인은 옳은 일을 하고 그 결과를 하나님의 손에 맡긴다"라는 마르틴 루터Martin Luther의 격언을 세속적으로 적용한 것과 같다. 이 말은 막스 베버가 현대의 본질을 고찰할 때 반복해서 인용한다.[10]

탈도덕화와 책임에서의 해방이라는 두 가지 경향의 주요 수단은 현대의 관료제였다(관료제를 수단으로 삼으려 했으나 완전히 성공하지는 못했다). 현대 관료제는 인간적 감정, 사무실 벽 너머로 확장되는 정신적 유대, 공식적으로 승인된 목적 외의 것에 대한 충성, 권위자가 권장하는 공식 직무 규정에서 벗어나는 행동을 업무에서 배제하려고 애썼다. **집단정신**에 대한 충성은 관료제의 절차를 규제하는 윤리 규범의 바탕이 되기에 충분했다.

다른 모든 윤리 규범이 상부의 승인을 요구하듯이 관료제의 윤리 규범 또한 경쟁을 용납하지도, 재협상을 허용하지도 않는다. 관료제는 **도덕적 판단**이 아닌 **규칙 순응**을 요구한다. 실제로 공직자의 도덕성은 명령에 대한 복종과 임무를 잘 수행하기 위한 준비성으로 다시 규정되었다. 명령받은 업무의 본질이 무엇이든, 관료적 행동의 결과가 어떤 영향을 미치든 상관없다. 관료제는 **윤리적 탈숙련**deskilling을 수행하기 위한 장치였다.

이상적인 관료제 유형에 가까운 조직은 그 구성원의 도덕적 양심과 무관하게 성과를 낸다. 그리고 관료제는 최고로 구현된 합리성과 질서를 상징하기에 질서라는 개념, 이성이라는 수칙과 반대되거나 심지어 양립할 수 없는 도덕적 행동을 공격 대상으로 삼는다.

관료제는 업무를 수행하는 사람들이 업무 수행의 결과와

파급 효과를 책임지지 않도록 하는 데에도 뛰어나다. 또한 '**결과에 대한 책임**'을 '**상급자에 대한 책임**'으로 효과적으로 대체한다. 다시 말해 행동이 미치는 대상에 대한 책임이 아니라 상급자의 명령을 따르는 것에 대한 책임이 강조된다. 그런데 최상위 상급자 한 사람을 제외하고는 모두 명령을 내리거나 전달하고 그 실행을 감시하는 상급자의 대리인이었기에 현직에 있는 모든 공직자는 아니더라도 대부분 공직자에게, 모든 직급은 아니더라도 대부분 직급의 공직자에게 최초로 명령을 내리는 사람이자 복종해야 할 임무를 승인하는 권위는 '저 위 어딘가에' 멀고 흐릿하게 존재하는 것으로 느껴진다.

이로 인해 두 가지 효과가 발생하는데, 첫 번째는 한나 아렌트의 멋진 문구를 인용하자면 책임의 '부동floating'이다. 따라서 정확한 책임 소재를 파악해 책임을 지울 수 없으며 사실상 '누구의 책임도 아닌' 것으로 바뀐다. 두 번째는 따라야 할 명령에 절대적이고 저항할 수 없는, 신의 명령이 지닌 힘에 뒤지지 않는 권한을 부여한 것이다.

관료제는 도구적 합리성의 관점에서 무조건적인 명령 복종이 필요하다고 주장한다. 그러나 공식적으로 주장하는 도구적 합리성과 다른 방식이자 공개적으로 드러나는 일이 거의 없는 합리성도 있다. 그런 이유로 이 합리성은 권위자들이 복종 요구를 정당화하기 위해 사용하는 막스 베버의 적법한 세 가지 권위*에도 포함되지 않은 듯하다. 이 다른 방식의 합리성이 현대의 발전을 이루었고, 그 과정에서 중요한 결정을 내리는 데 큰 역할을 했다.

이 '잠재적' 합리성은 먼저 목표를 설정하고 도구를 찾기보다 도구에 따라 목표를 설정하며, 설정된 목표를 달성하기 위해 가장 효율적이고 가능성 높은 수단을 찾아 선택하기보다 사용 가능한 수단이 성취할 수 있는 가장 수익성 있는 목표를 설정한다. 이 방정식에서는 **목표**가 아닌 **수단**이 불변의 항목이자 유일하게 '확실한 사실'이 된다. 행동의 **도구**가 아닌 **목표**가 매우 가변적이고 유연해지는 것이다.

도덕적 판단이 약해지는 이유

현대식 사고에서 가치 판단을 중요하지 않게 여기는 이유는 '사실'이 '당위성'을 결정하지 않고 '가치 판단을 배제한' 탐구와 '가치 중립적' 지식이 확고하게 자리 잡았기 때문

---

*　전통적 권위, 법적·합리적 권위, 카리스마적 권위를 가리킨다.

인데, 실제로는 이와 매우 다른 일이 벌어지고 있다. 실제로는 사용 가능한 수단의 파생물로서 목표를 탐색하고 선택하는 것이다. 사람들은 현재 사용 가능한 수단이라는 '사실'을 바탕으로 목표 설정의 '당위성'을 결정한다. 이는 가치의 자율적인 지위와 권위를 부정하고, 행동 목표를 판단하고 선택하는 데 필요한 별도의 기준을 부인하고, 이성에 따른 탐구 영역에서 **사실상** 가치를 배제한 덕분에 훨씬 더 효과적이다.

도덕적 판단을 폄하하고 의사 결정 과정에서 이를 무관한 것으로 보고 배제하려고 노력한 탓에, 도덕적 판단의 힘은 상당히 약해졌다. 이 때문에 의사 결정권자는 어떤 수단을 사용할지 선택하는 데 자유로워진 동시에 무력해졌다. 가치에 관한 관심과 고려가 줄어듦에 따라, 선택이라는 과제 자체가 중요하지 않게 취급됨에 따라 가치 선택에 필요한 기술이 점점 힘을 못 쓰게 되자, 현재 사용 가능한 효과적인 도구를 어떤 목적으로 어떻게 활용해야 하는지를 자의적으로 결정할 수밖에 없어졌다.

뒤피는 자동화와 컴퓨터 연구의 선구적 이론가인 존 폰 노이만John von Neumann이 1948년에 남긴 암울한 예측을 떠올린다.[11]

"자동화 기계를 만드는 우리는 머지않아 복잡한 자연 현상에 맞닥뜨렸을 때처럼 스스로 만들어낸 물건 앞에서 무방비 상태가 될 것이다."

그 후 시간이 흘러 노이만의 예견이 전적으로 옳았음이 확인되었다. 지난 반세기 동안 등장한 새로운 기술은 자연과 마찬가지로 '성장'하고 '발전'하는 방식으로 작동했다. 동기, 의도, 계획, 목적지, 방향 같은 것들은 '오로지 맹목적으로 움직이는 시스템'의 무작위적 작동에 따라 설정되었다. 그리고 이러한 작동이 우리를 '좋은 방향'으로 이끈다고 확신할 수 없으며, 막다른 골목이나 깊은 바다로 이끌지 않는다고 확신할 수도 없다. 뒤피의 결론에 따르면 **인간이 만든** 기술은 한 단계 발전할 때마다 점점 독립적인 존재가 되어 스스로 발전하고 움직일 힘을 갖게 되고, 그에 따라 기술을 만든 인간이 짊어진 자유와 자율성이라는 짐을 덜어주는 **비인간적인** 힘으로 변하고 있다.

고정적인 근대 사회의 관료제가 도덕적 동기에서 비롯된 인간의 행동이 초래한 결과에서 도덕성을 적극적으로 배제했다면, 오늘날 유동적인 현대 사회의 해방된 기술은 '윤리적 진정ethical tranquillization'을 통해 비슷한 효과를 얻는다. 이는 겉으로는 도덕적 충동을 해결하는 빠른 탈출구이자 윤리적 난제를 빠르게 해결할 방법처럼 보인다. 그와 동시에 두 가지에 대한 도덕적 책임을 기술적 도구로 떠넘겨 그에 대한 사람들의 책임을 덜어준다. 이를 통해 사람들의 도덕적 양심을 잠재우고 도덕적 과제가 미치는 영향에 무감각하게 만들어, 장기적인 관점에서 사람들의 '원리적 탈숙련'을 초래한다.

그 결과 사람들은 자기 부정이나 자기희생이 필요한 어려운 선택에 맞닥뜨렸을 때 도덕적 판단을 할 수 있는 능력이 약해진다. 특히 소비자 시장을 매개로 한 **소위** '기술 숭배주의'는 도덕적 선택을 올바른 상품을 선택하는 행위로 축소한다. 이를테면 생명 기술, 생명 공학, 제약 산업 제품의 도움을 받으면 도덕적 충동을 모두 해소하고 윤리적 문제를 모두 해결하거나 적어도 단순하고 쉬워 보이게 할 수 있다는 듯이 말이다. 윤리적 진정은 거리낌 없는 양심과 도덕적 무지와 함께 딸려 온다.

도덕적 상황의 모호함과 도덕적 선택의 양면성이 불러오는 두려움은 그렇게 해서 해결되지 않는다. 직접 대면하는 대신 도덕적 행위자가 잘 이해하지 못하고 역학 관계를 꿰뚫어볼 수 없는 기술적 절차에 초점을 맞춘 결과, 그 두려움은 통제되기는커녕 오히려 확대되는 경향이 있다. 윤리적 진정을 위해 지불해야 할 대가는 인간의 힘으로 예측하고 대응할 수 없는 재앙이 발생할 수 있는 '위대한 미지의 영역'으로 윤리적 명령을 넘기는 것이다.

미국 정치 이론가 조디 딘Jodi Dean의 분석에 따르면 전자
통신과 전자 매개 '네트워크'의 출현과 확산으로 기술 숭배
주의에 새로운 특징이 추가되었다.[12] 딘은 이제 "시스템으로
연결된 혁명가들은 실제로는 아무것도 달라지지 않았는데도
(기껏해야 음반 판매사가 CD 가격을 낮추게 할 수는 있을 것이다) 자
신들이 세상을 안락하게 바꾼다고 생각할 수 있게 되었다"라
고 했다.

> 우리에게 기술 숭배는 '정치적'이다. 덕분에 우리가 제 몫을 못
> 하고 있을지도 모른다는 죄책감에서 벗어나 정보를 바탕으로
> 참여하는 시민이라고 믿고 안심하며 남은 생을 살 수 있게 되
> 었다. 기술 숭배의 역설은 기술이 우리를 대신해 일을 처리하
> 기에 실제로 우리가 정치적으로 수동적인 사람이 될 수 있다
> 는 점이다. 이번에도 역시 기술이 우리를 대신하기 때문에 우
> 리가 정치적으로 책임질 필요는 없다. (…) 기술적 '해결책' 때
> 문에 우리는 특정 기술을 보편화하면 사회 갈등이 해결되고
> 민주주의 질서가 생길 것으로 생각하게 된다.

한 가지 덧붙이자면, 우리의 기대가 깨지고 기대했던 일

이 일어나지 않는다는 사실을 잔인하게 알게 되었을 때의 충격이 자연재해가 주는 충격만큼이나 큰 것은 당연하다. 그리고 우리가 희망을 건 기술 때문에 그 희망이 좌절되거나 깨질지 모른다는 의심을 억누르는 것은 두려움의 또 다른 강력한 원천이다.

저지른 뒤에 이유를 찾다

나는 현대 사회의 발전 과정이 무계획적이고 무작위적이며 위험한 가장 근본적인 원인이 여기 있다고 생각한다. 아마도 이런 이유에서 프랑스 사회학자 자크 엘륄Jacques Ellul은 기술(행동에 필요한 기술과 도구)은 그 자체로 발전할 뿐 그 발전에 특별한 원인이나 동기가 필요하지 않다고 주장했을 것이다.

엘륄보다 몇 년 앞선 1958년 한나 아렌트는 전쟁이 끝난 직후에 집필한 『인간의 조건』을 출간해 땅에 살면서 우주적 의미를 추구하는 우리는 머지않아 우리가 할 수 있는 일을 이해할 수도, 표현할 수도 없게 될 것이라고 경고했다. 그리고 몇 년 뒤 한스 요나스는 지금 우리의 행동은 알 수도, 이해할 수도 없을 만큼 먼 시공간까지 영향을 미칠 수 있는 반면 우리의 도덕적 감수성은 아담과 이브 시대 이후로 거의 발전하지 않았다고 불평한다.

이 세 명의 훌륭한 사상가는 모두 비슷한 메시지를 전한다. 우리가 **도덕적 지체**에 시달리고 있다는 것이다. 행동의 동기는 대개 그 행동을 하고 난 뒤에야 명확하게 시각화되거나 인식되므로, 주로 그때를 돌이켜 보고 나서 사과하거나 당시 상황을 변명하는 형태로 나타난다. 한편 우리가 취하는 행동은 때로 도덕적 통찰이나 충동의 영향을 받지만 대개 우리가 어떤 자원을 쓸 수 있느냐에 따라 촉발된다. 우리 행동의 **원동력**으로 의도가 아닌 원인이 작용하게 되었다.

인간을 목적 지향적 존재로 보는 현대 인간관에 뿌리를 둔 베버의 '이해사회학understanding sociology'을 열렬히 추종한 오스트리아 철학자 알프레트 쉬츠Alfred Schütz는 50년 전 매우 흔하게 사용되는 "나는 …… **때문에** 그렇게 했다"라는 표현에 담긴 자기기만을 밝혀냈다. 그리고 집요하게 목표를 좇는 인간의 행동은 "나는 ……**하기 위해** 그렇게 했다"라는 관점에서 설명하는 것이 더 정확하다고 주장한다. 하지만 오늘날에는 그와 반대되는 주장이 맞을 것이다. 목표, 특히 윤리적으로 의미 있는 목표가 어떤 행동을 **하고 난 뒤에** 부여되는 경향이 있기 때문이다.

이렇게 **사후에** 목표를 부여하는 방식으로 1945년 8월 6일 히로시마에, 그리고 3일 뒤 나가사키에 살인적 위력을 지닌 원자폭탄을 투하하기로 한 결정이 정당화되었다. 이때 부여한 사후 목표는 일본을 즉시 항복하게 해야 향후 일본 열도를 침략하려다가 죽을지 모를 수많은 군인의 생명을 구할 수 있다는 것이었다. 역사의 법정은 아직 진행 중이지만 미국 정부가 내놓은 공식적인 사후 해명에 미국의 여러 비판적인 역사학자는 당시의 사실과 맞지 않는다고 이의를 제기한다. 이들은 1945년 7월 무렵 일본이 이미 항복하기 직전이었다고 주장한다.

일본의 즉각적인 항복을 이끌어내기 위해 두 가지 조건만 남아 있었는데, 하나는 소련이 즉시 일본을 상대로 참전하는 데 트루먼 미국 대통령이 동의하는 것이었고, 다른 하나는 포츠담 회담에 참석한 동맹국들이 일본의 항복 이후에도 당시 왕이 지위를 유지하도록 약속하는 것이었다. 하지만 트루먼은 포츠담에 도착한 직후인 7월 17일 뉴멕시코 앨라모고도에서 원자폭탄 실험에 성공했고 결과가 '예상보다 인상적'이라는 보고를 받자 시간을 끌며 동의를 거부했다. 터무니없이 큰 비용을 투자한 신기술 장치가 쓸모없어지는 것을 경계하느라 시간을 끌었던 것이 분명했다. 1945년 8월 7일《뉴욕 타임스》에 보도된 트루먼의 승전 선언을 보면 이 미루기 게임에 걸린 판돈이 얼마인지 알 수 있다.

"우리는 인류 역사상 가장 대담한, 판돈이 20억 달러가 넘는 과학 내기에서 이겼습니다."

20억 달러를 낭비할 수는 없는 노릇이었다……. 그래서 그들은 낭비하지 않았다.

1945년 3월 16일 독일이 이미 무릎 꿇어 사실상 전쟁에서 승리한 상황에서 '폭격기'라는 별명의 영국 공군 사령관 아서 해리스Arthur Harris는 랭커스터 중폭격기 225대와 모스키토 경폭격기 11대를 독일 뷔르츠부르크로 보내 고성능 폭탄 280톤과 소이탄 573톤을 투하했다. 뷔르츠부르크는 인구 10만 7000명의 소도시로, 풍부한 예술과 역사를 자랑했지만 산업 면에서는 빈곤했다. 밤 9시 20분에서 37분 사이에 5000명에 달하는 주민이 사망했고(이 중 66퍼센트는 여성이고 14퍼센트는 어린이였다) 주택 2만 1000채가 파괴되었다. 폭격 이후 도시에 남은 생존자는 6000여 명에 불과했다.

이와 관련된 기록 보관소를 조사하고 관련 자료를 모두 수집한 독일 작가 헤르만 넬Hermann Knell[13]은 전략적으로 전혀 중요하지 않은 도시가 왜 공격 대상이 되었는지 의문이 들었다(영국 왕립 공군의 독일 공습 작전사를 공식적으로 기록한 문서에서도 이 작전을 간접적으로 인정했다. 다만 뷔르츠부르크가 직접 언급되지는 않았기 때문에 뷔르츠부르크는 전쟁의 또 다른 '부수적 피해 지역'으로 축소되었다). 넬은 이 의문에 답이 될 만한 대안을 하나하나 살펴본 뒤 유일하게 합리적이라고 판단한 설명으로 결론 내렸다.

"1945년 초 영국 왕립 공군 폭격기 부대의 총사령관 아서 해리스와 영국과 이탈리아에서 주둔한 미국 공군 사령관 칼 스파츠Carl Spaatz는 가치 있는 공격 대상을 더 이상 찾지 못했다."

공습은 달라진 군사적 상황을 고려하지 않고 계획대로 진행되었다. 독일 도시 폭격은 4월 말까지 계속되었다. 군용 기계는 한번 움직이면 멈출 수 없다는 듯이 움직였다. 스스로 생명을 지닌 것 같았다. 모든 장비와 군인이 준비 태세를 갖추었다. 해리스가 뷔르츠부르크 공격을 결심하게 된 것도 틀림없이 이런 이유 때문이다.

그런데 왜 하필 뷔르츠부르크였을까? 오로지 편의성 문제였다. 공습 이전의 정찰 비행에서 밝혀진 바에 따르면 "뷔르츠부르크는 당시 사용할 수 있었던 전기 장비로 위치를 파악하기 쉬웠다." 그리고 진격하는 연합군과 충분히 멀리 떨어져 있었기 때문에 또다시 "아군을 폭격할", 즉 자기편에게 폭탄을 쏟아부을 위험을 피할 수 있었다. 다시 말해 뷔르츠부르크는 "쉽고 위험 부담 없는 공격 대상"이었다.[14] 이것은 의도하지 않은 잘못으로 "군용 기계가 한번 움직이면" 어떤 곳도 공격 대상에서 제외될 수 없었기 때문에 생긴 일이었다.

무엇을 해야 할지 모르는 시대

'현대'라는 이름으로 역사에 기록된, 자유를 향한 엄청난 도약의 끝자락에 와 있지만 우리는 그 도약의 시작점에 있을 때와 마찬가지로, 아니 그때보다 더 많은 '결정을 내려야 하는 존재'가 되었다. 물론 지금의 이 결과는 우회로 때문이다. 모든 우회로 중 가장 긴, 진정한 '우회로의 근원'이자 원인과 패턴이 끝없이 반복되는 진정한 메타 우회로라고 할 수 있다.

지금 돌이켜 보니 이 우회로는 이미 무언가가 결정된 우리 삶에서 최고 결정자 역할을 하던 자연의 힘과 무지를, 기술적 능력과 지식으로 대체하려는 시도라고 설명할 수 있다. 우리는 마법사의 제자가 스승을 대하듯이 자연을 대했다. 열정이 넘치고 대담하지만 신중하지 못한 젊은 제자처럼 억눌린 힘을 자유롭게 하는 비밀을 파악했고, 그 힘을 막는 법을 배우기도 **전에** 먼저 사용하기로 했다. 그리고 그 힘이 작동하기 시작해 스스로 추진력을 키우는 상황이 벌어지자 그 힘을 다시 길들일 마법의 주문을 찾기에는 너무 늦었다는 생각에 두려워한다.

이 모든 것의 아이러니는 거대한 우회로의 출발점이든 끝이든, 우리가 놀랍도록 비슷한 곤경에 처해 있다는 것이다. 혼란스럽고 당황스러우며 **무엇을 어떻게** 해야 할지 모르고, 무엇을 해야 할지 알더라도 그걸 **누가** 할 수 있을지 확신하지 못한다. 우리는 조상들과 마찬가지로 해결해야 할 과제의 거대함에 비해 빈약하고 부족한 도구와 자원 때문에 두려움에 짓눌려 있다. 차이점이 있다면 우리 시대에는 이 둘의 틈을 메울 수 있다고 진심으로 믿지는 않는다는 것이다.

우리는 러시아 철학자 미하일 바흐친Mikhail Backtin이 말한 '우주적 두려움'에 압도당했을 때 느끼는 감정을 경험한다. 거대한 산이나 끝없이 펼쳐진 바다처럼 인간이 넘어서려 시도해도 전혀 영향을 받지 않고, 자비를 구하는 인간의 울부짖음에 아랑곳하지 않는 숭고하고 거대한 무언가로 인한 경이로움과 떨림이다. 물론 지금은 산과 바다가 아니라 인간이 만들어낸 인공물과 그로 인한 이해하기 힘든 부산물과 부작용이 최악의 두려움을 자아낸다.

이 지경에 이르기 전 또는 우리가 이 지경에 이르렀다고 깨닫기 전 우리 조상들은 당면한 과제의 규모와, 이에 대응하거나 이를 저지할 수 있는 능력 사이의 불일치는 일시적인 문제일 뿐이기를, 그들이 걷는 길이 앞으로 나아가는 길이기를, 그 길을 꾸준히 따라가면 그들과 후손인 우리가 능력이 부족하다는 두려움에서 벗어날 수 있기를 바랐다. 조상들은 그 길이 우회로일 뿐임을, 그 길을 따라가면 결국 벗어나려 했던 상황으로 되돌아갈 뿐임을 알지 못했다.

그 거대한 우회로의 출발점과 종착점의 유일하지만 엄청난 차이점은, 우리가 **두려움**이 아닌 **환상**을 잃은 채 여정에서 돌아오고 있다는 사실이다. 우리는 두려움을 쫓으려 했지만 실패했고, 그렇게 노력하는 과정에서 직면하고 쫓아버려야 할 두려움의 총합은 커지기만 했다. **이렇게 추가된 두려움 중 가장 끔찍한 것은, 두려움에 빠지는 상황을 피하거나 벗어날 수 없다는 두려움이다.** 초기의 낙관론이 사라진 지금, 우리는 조상들을 두려움에 빠뜨렸던 재앙이 반복될 뿐만 아니라 그것을 피할 수 없을지도 모른다는 두려움을 느끼고 있다.

우리는 통제할 수 없는 것을 두려워한다. 통제할 수 없는 대상을 '이해하지 못한다'라고 하며, 대처할 노하우가 있는 대상을 '이해한다'라고 한다. 대상을 다루는 방법에 대한 지식, 즉 **이해력**은 대상을 다루는 도구에 따라오는 또는 도구에 내장된 '공짜 선물'이다. 그리고 대개 이러한 지식은 사건이 벌어지고 난 뒤에 얻을 수 있다. 이러한 지식은 처음에는 도구에 존재했다가 나중에 그 도구를 사용한 효과를 되짚어 볼 때에야 비로소 머릿속에 자리 잡는다. 도구와 그 도구의 사용법이 없다면 그러한 지식, 즉 '이해'는 출현하기 힘들었을 것이다. **이해는 통제 능력에서 생긴다.** 우리가 통제할 수 **없는** 것은 '미지의' 대상이고 '미지'는 두려움을 낳는다. **두려움은 우리가 무방비 상태에 붙인 또 다른 이름이다.**

앞서 설명한 요인 외에 최근 몇 년 사이 우리가 이해하거나 통제할 수 없는 미지의 영역이라고 부를 만한 영역에 강력하게 영향력을 행사한 변화가 있었다. 지금까지는 이 중대한 변화를 '세계화'라는 이름으로 부르고 있다.

4

세계화, 개인의 안전을 빼앗다

전 세계의 텔레비전과 인터넷을 통해 테러가 주목받자

대부분의 사람은 불안하고 취약한 상태에 두려워하며

모든 곳에 위험이 있다고 느끼게 되었다.

테러의 가장 중요한 무기는 두려움을 심는 것이다.

그리고 현재 지구의 상황을 고려할 때

그 씨앗의 품질이 아무리 좋지 않더라도 풍작이 보장된다.

지금까지의 세계화는 **부정적**
측면만 있었다. '긍정적' 측면이 확인되거나 보완되지 않았
고 이를 통해 보상받지도 않았다. 세계화의 긍정적 측면은 아
직 아주 먼 미래의 가능성에 불과하며 일부에서는 아예 가능
성이 없다고 예측한다. 아무런 제약 없이 자유롭게 흘러가도
록 허용된 부정적 세계화는 경계를 약하게 만들어 압력을 견
디지 못하고 깨지게 만들거나, 깨려는 힘에 맞서 성공적으로
저항하는 경계에 거대하고 막을 수 없는 구멍을 수없이 뚫는
데 특화되어 있다.

오늘날 우리가 사는 열린 사회의 '개방성openness'은 오스
트리아 철학자 카를 포퍼Karl Popper가 이 표현을 만들었을 때
는 상상하지 못한 새로운 의미를 얻었다. 이제 개방성은 스
트레스를 받으면서도 용감하게 자기주장을 펼치는 노력에서
나온 소중하지만 연약한 결과물이 아니라, 강력한 외부 세력
의 압박이 가져온 거부할 수 없는 운명이 되었다. 그 결과 부
정적 세계화라는 부작용이 생겼다. 즉 무역과 자본, 감시와
정보, 억압과 무기, 범죄와 테러에서 고도로 선별된 세계화가
이뤄졌고, 그에 따라 세계화는 이제 영토 주권을 거부하고 국
가 경계를 존중하지 않는다.

도망칠 곳이 없다

기존의 '열린 사회'라는 개념이 개방성을 중시하며 스스로 결정을 내리는 자유로운 사회를 의미했다면, 이제는 외부 영향에 지배당한 채 위험에 노출된 사람들이 통제할 수도, 제대로 이해할 수도 없는 힘에 압도되어 스스로 방어할 수 없는 상황에 두려움을 느끼고 국경을 보호하며 그 안에 사는 사람들을 지키는 데 집착하는 끔찍한 경험을 떠오르게 한다. 이렇게 집착하는 이유는 국경 **내부**와 국경 **자체**의 안전이 그들의 손에서 벗어나 손이 닿지 않는 곳에 영원히 또는 적어도 지구가 **부정적**이기만 한 세계화의 영향을 받는 동안 머물 수밖에 없는 듯 보이기 때문이다. 세계화를 통해 강제로 '열린' 사회가 된 지구에서는 어느 한 국가나 일부 국가가 모인 집단이 다른 국가의 상황과 무관하게 자신들만의 수단으로 안보를 확실하게 보장하거나 확보할 수 없다.

평화가 지속되는 전제 조건인 정의도 마찬가지다. 부정적 세계화가 강요한 사회의 왜곡된 개방성은 그 자체로 불공정의 주요 원인이며, 간접적으로 갈등과 폭력을 유발한다. 인도 작가 아룬다티 로이Arundhati Roy는 다음과 같이 표현한다.

"특권층이 세계 정상에 있는 상상의 목적지로 항해하는

동안 빈곤층은 범죄와 혼란의 소용돌이에 휘말려 있다."[1]

민족주의, 종교적 광신주의, 파시즘, 테러리즘 같은 위험한 부산물을 발전시킨 것은 미국이 신자유주의 세계화 프로젝트에 발맞춰 세계은행, 국제통화기금, 세계무역기구를 비롯한 다양한 위성 기구들과 함께 펼친 정책이었다. '경계 없는 시장'은 불공정을 낳고 궁극적으로 세계에 새로운 무질서를 가져온다. 이런 상황에서는 다른 수단에 의해 정치라는 전쟁이 지속된다(이는 전쟁이 정치적 목적 달성을 위한 수단이라는 프로이센 왕국의 군인 클라우제비츠Clausewitz의 주장과 반대된다). **전 세계에서 활개 치는 무법 상태와 무장 폭력은 서로 도움을 주며** 강화하고 활력을 불어넣는다. 옛 격언이 경고했듯이 **"무기가 말을 하면 법은 침묵한다**Inter arma silent leges." 피해와 손상의 세계화는 분노와 복수의 세계화로 되돌아온다.

부정적 세계화는 제 역할을 해냈고 이제 모든 사회는 물질적으로나 지적으로나 완전하게 개방되었기에 결핍과 나태로 인한 상처는 어디에서 발생하든 불공정이라는 모욕을 동반하게 되었다. 사람들은 잘못된 일이 벌어졌고 그 잘못을 바로잡아야 한다고 생각하지만, 무엇보다 복수를 원한다. 그리고 밀란 쿤데라가 간결히 요약했듯이 세계화가 가져온 '인류 단일화'의 중요한 의미는 "도망칠 곳이 없다"라는 것이다.[2]

이제 인간이 숨을 수 있는 안전한 대피소는 없다. 유동적인 현대 세계에서는 위험과 두려움도 액체처럼 유동적이다. 아니, 기체에 가깝다고 할까. 위험과 두려움은 흐르고 배고 새고 스며 나온다. 이를 막으려고 많은 사람이 벽을 세우려 했지만 아직 성공하지 못했다.

취약성vulnerability이라는 망령이 '부정적으로 세계화된' 지구를 떠돈다. 우리는 모두 위험에 처했고 서로에게 위험하다. 주어진 역할은 가해자, 피해자, '부수적 사상자' 이렇게 세 가지뿐이다. 첫 번째 역할은 지원자가 부족하지 않고, 두 번째와 세 번째 역할에 캐스팅되는 사람의 수는 걷잡을 수 없이 증가하고 있다. 우리 중 이미 부정적 세계화의 영향을 받는 사람들은 미친 듯이 탈출구를 찾으며 복수를 꿈꾼다. 아직 겪지 않은 사람들도 같은 일을 당할 차례가 올 수 있고 올 것이라는 두려움에 사로잡혀 있다.

인간이 서로 의존하는 촘촘한 그물망에 단단히 둘러싸인 지구에서, **다른** 사람들이 하거나 할 수 있는 일 중 **우리**의 전망, 기회, 꿈에 영향을 미치지 않는다고 확신할 만한 것은 아무것도 없다. **우리**가 하거나 그만두는 일 중 우리가 모르거나 심지어 알고 있는 **다른** 사람들의 전망, 기회, 꿈에 영향을 미치지 않는다고 자신 있게 말할 수 있는 것도 아무것도 없다.

이제 보편적이고 포괄적인 연결성과 상호의존성을 특징으로 하는 새로운 상황의 리스크와 예상치 못한 결과를 논의하는 것이 흔한 일이 되었다. 하지만 리스크라는 개념이 일방적이고 부정적인 세계화 때문에 인간의 상황에 끼어든 새로운 요인을 잘 파악하고 전달하는지 의문이 남는다.

리스크라는 개념은 세상이 일정한 규칙성에 따라 돌아간다는 가정을 간접적으로 언급하며 암묵적으로 재확인한다. 이러한 가정이 전제되어야만 리스크의 정의에 맞게 **계산할** 수 있다. 그리고 가정이 유지되는 동안에만 어떤 행동을 하거나 하지 않음으로써 리스크를 최소화하는 데 어느 정도 성공할 수 있다. 그러나 문제는 패배, 피해, 기타 재난의 발생 확률을 계산하려면, 그래서 이로 인한 고통을 피하거나 최소화하려면 위험이 발생하는 빈도가 아주 높아야 한다는 것이다. 빈도가 높을수록 더 정확하고 믿을 만한 확률 계산이 가능해진다. 다시 말해 리스크라는 개념은 **규칙적이고** 단조롭고 반복되는 세계에서만 의미가 통한다. 그 세계에서는 의도된 행동의 비용과 이익, 그 행동의 성공과 실패 확률을 통계 처리할 수 있고, 선례를 참고해 판단할 수 있을 정도로 인과적 순서가 자주 일반적으로 반복된다. 그리고 원인과 결과가 비슷한 사건들이 꾸준히 기록되어 예측 가능한 확률 분포를 보이기에 존

스튜어트 밀John Stuart Mill의 귀납법 규칙을 적용할 수 있다.

그러나 '부정적으로 세계화된' 세상은 이런 모습이 아니다. 우리가 사는 세상에서는 행동의 효과가 일상적으로 통제가 미치는 영향의 범위를 훨씬 넘어서서 확산하고, 그 행동을 설계하는 데 필요한 지식의 범위도 훌쩍 넘어선다. 우리가 사는 세상을 취약하게 만드는 것은 대개 확률을 계산할 수 없는 위험인데, 이는 일반적으로 리스크라는 개념이 지칭하는 것과 완전히 다른 현상이다. 원칙적으로 계산할 수 없는 위험은 원칙적으로 불규칙한 환경에서 발생한다. 연속성이 끊어지거나 반복되지 않는 것이 규칙이 되고, 규칙 없음이 규칙이 되는 환경을 말한다. 이들은 **불확실성의 다른 이름**이다.

역사상 가장 큰 무력감에 시달리는 세대

아마도 현재 지구 전체가 처한 불확실성은 부정적 세계화가 긍정적 세계화로 보완되고 길들어 확률을 다시 계산할 수 있을 때까지 치유하지 못할 것이다. 우리의 취약성은 **정치적, 윤리적** 본질에 뿌리를 두고 있다.

한스 요나스가 『책임의 명령The Imperative of Responsibility』에

서 제시한, 이제는 정설로 받아들여지는 고전적 표현에 따르면 윤리적 상상력은 빠르게 확장되는 윤리적 책임의 영역을 따라잡는 데 실패했고 지금도 실패하는 중이다. 이 표현에서 장 폴 사르트르Jean-Paul Charles의 철학 전반에 나타난 것과 같은 우려를 엿볼 수 있다('우리는 무엇을 하든 뭔가에 대한 책임을 진다. 하지만 그 뭔가가 무엇인지는 모른다'). 상호의존이라는 촘촘한 연결망 때문에 우리는 모두 서로의 불행에 **객관적으로** 책임이 있다. 즉 알든 모르든, 좋든 싫든 책임이 있고 윤리적으로 중요한 점은 의도했든 하지 않았든 책임이 있다는 뜻이다.

그러나 역사적으로 우리의 도덕적 상상력은 공간적·시간적으로 근접한 원 안의 타인만을 대상으로 형성되었다. 그리고 아직까지 이 전통적인(고질적인?) 한계 너머로 눈에 띄게 나아가지 못했다. 한 가지 덧붙이자면 '정보 고속도로'가 등장하고 전자 매체의 중개를 통해 물리적 거리가 멀어도 근접성을 유지할 수 있게 됨에 따라 앞서 말한 한계를 훌쩍 뛰어넘을 수 있을지도 모르겠다. 하지만 이미 도달한 객관적 책임의 범위를 따라잡기 위해서는 여전히 '제도적 확장'을 설계하고 정비하고 관리해야 한다. 이러한 계획은 아직 설계 단계에 머물러 있으며, 더 큰 문제는 부정적 세계화가 지배하는 상황이 지속되는 한 건설 작업이 시작될 가능성이 낮다는 것이다.

오히려 현재 우리의 객관적 책임 범위와 우리가 수용하고 맡고 실행해야 할 책임 사이의 틈은 좁혀지기보다는 넓어지고 있다. 후자가 전자를 모두 포용하지 못하는 주된 이유는, 장피에르 뒤피가 말했듯이[3] 규범적 책임을 규정하는 정통 공식이 '의도'와 '동기'라는 개념에 심하게 의존하고 원래 자기 제한적 성향을 띠기 때문이다. 이러한 특성 때문에 현재 지구 전체에 나타난 상호의존 문제에 대처하기에는 매우 부적절하다. 지구 전체에 적용되는 법과 이를 실행할 수 있는 법적 권한과 실행 기구가 없기에 이러한 문제에 대처할 수 있으리라는 전망은 더욱 불확실해진다.

뒤피의 말에 따르면 '개인의 고의적인 행동에 따른 살인'과 '부유한 국가의 이기적인 국민이 다른 사람들이 굶주림으로 죽어가는 동안 자신의 안녕에만 관심을 쏟은 결과'에 따른 살인을 구분하기가 점점 어려워지고 있다. 용의자를 특정하고 범인을 찾으려는 형사와 경찰처럼 '동기'를 찾고자 필사적으로 노력하는 것은, 현재 지구가 처한 곤경에 책임이 있는 나쁜 행동을 정확히 찾아내는 데 도움이 되지 않을 것이다.

이미 논의한 것 이외에도 '리스크'와 현재의 '불확실성' 사이에는 실질적 차이가 하나 더 있다. 리스크는 행위자와 그 행위자의 행동에 공간적·시간적으로 가까울수록 위험해진다. 따라서 더 중요하고 신중하게 다루어야 한다. 하지만 불확실성은 정반대의 방식으로 퍼져 나간다. 행위자와 그 행위자의 행동에서 멀어질수록 점점 커지고 심각해진다. **공간적** 거리가 커질수록 영향과 상호작용이 얽힌 그물망의 복잡함과 밀도도 증가한다. **시간적** 거리가 커질수록 미지의 대상이자 '절대적' 타자인 미래는 더욱 불투명해진다.

 따라서 요나스가 주목한 역설은, 해결하려 고군분투했지만 소용없었던 역설은 다음과 같다. 아직 태어나지 않은 세대의 삶의 조건에까지 영향을 미치는 우리 행동의 결과는 전례 없는 신중함과 엄청난 예지력을 요구하지만, 이런 능력은 얻기가 매우 어렵다는 것이다. 이는 우리 인지 능력과 노력에 생긴 오류가 수정 가능하고 일시적이기 때문이 아니라 '아직 오지 않은' 미래의 본질적이고 고칠 수 **없는** 우연성 때문이다. 그로 인한 예기치 않은 결과는 우리의 상상력이 한 걸음씩 나아갈 때마다 기하급수적인 속도로 확장된다. 우리가 내린 결정의 직접적 결과와 부수적 영향이 점점 더 긴 시간 동안 지속되기 때문에 이를 따라잡기 위해서다. 초기 조건이 조금이라도 달라지거나 예상했던 전개 방식에서 조금이라도 벗어난다면, 우리가 예상하거나 바랐던 결과가 완전히 뒤바뀔 수 있다.

이 상황은 리스크 관리에 특별히 문제 되지 않을 수도 있다. 결국 실용적인 면에서 리스크 자체가 아니라 그것을 계산할 수 있다는 사실과 비용–편익 분석에 활용할 수 있다는 사실이 중요하기 때문이다. 따라서 행동을 계획하는 사람에게 유의미한 리스크는 상대적으로 짧은 시간과 좁은 공간에서 결과에 영향을 미칠 가능성이 있는 리스크뿐인 경우가 많다.

그러나 현재 상황에서 과거처럼 윤리가 행동과 결정을 이끄는 역할을 하려면 정확히 그 반대 방향으로 나아가야 한다. 즉 비교적 친숙하고 단기적으로는 규칙적이라서 편안하고 친밀하게 느껴지는 영역 **너머에** 도달해야 한다. 오늘날 불확실성의 본질에서 비롯된, 궁극적으로는 일방적이고 부정적인 세계화에서 비롯된, 앞서 언급한 아포리아가 주된 장애물이자 근본적인 걱정거리이기 때문이다.

이로써 유동적인 현대 사회에 존재하는, 모자이크나 만화경처럼 얽힌 역설에 한 가지가 추가된다. 우리가 행동에 동원하는 도구와 자원의 능력이 확장되면서 점점 더 먼 곳의 시간과 공간까지 도달할 수 있게 되었다. 그러나 보이는 악과 아직 보이지 않지만 잠재된 악을 뿌리 뽑기에는 이 확장된 도구와 자원도 부족하다는 두려움도 커지고 있다.

인류 역사상 기술적으로 가장 발달한 세대는 불안감과

무력감에 가장 심하게 시달리는 세대가 되었다. 또는 프랑스 사회학자 로베르 카스텔Robert Castel이 안전하지 못한 상태에서 오는 현재의 불안을 예리하게 분석했듯이[4] 적어도 선진국에 사는 우리는 "의심할 여지 없이 가장 **안전한** 사회에서 살고 있다." 하지만 '객관적 증거'와 달리 애지중지 보호받는 우리는 기록에 남은 다른 어떤 사회의 사람들보다 더 위협을 느끼고 불안해하고 두려워하며, 쉽게 겁에 질리고 안전과 관련된 모든 것에 열광한다.

허울뿐인 테러와의 전쟁

부정적으로 세계화된 지구에 사는 우리가 얼마나 불안한지, 고질적인 불확실성과 그로 인해 유발되는 상상하기 힘든 불안과 두려움에서 벗어나는 데 '도덕적 지체'(행동의 결과가 나오기까지 시간이 오래 걸리는데 사람들은 단기적 문제에만 신경 쓰는 모순의 원인)가 어떤 식으로 방해가 되는지는 세계적 테러 증가라는 매우 극적인 방식으로 명백히 드러났다. 버클리대학교에서 정치학과 언론학을 가르치는 마크 대너Mark Danner 교수는 이 놀랍고 충격적인 발견의 의미를 "생각할 수도, 상상

할 수도 없는 일이 잔인한 현실이 되었다"라고 요약한다.[5]

당시 미국 국방부 장관 도널드 럼즈펠드Donald Rumsfeld는 이라크 파병을 앞두고 "미국인들이 다시 안전하다고 느낄 때가 전쟁에서 승리하는 날이다"라고 선언했다.[6] 하지만 이라크 파병으로 미국은 물론 다른 나라에서도 불안감이 최고조에 달했다. 전 세계적으로 테러리즘을 양산하는 무법의 공간은 줄어들기는커녕 전례 없는 규모로 확장되었다.

럼즈펠드가 파병을 결정하고 4년이 지났지만(2005년 기준), 테러리즘은 해를 거듭할수록 범위와 강도를 높이며 힘을 모으고 있다. 튀니지, 발리, 몸바사, 리야드, 이스탄불, 카사블랑카, 자카르타, 마드리드, 샤름 엘 셰이크, 런던에서 테러가 발생했다. 미 국무부에 따르면 2004년 한 해 동안 발생한 '심각한 테러'는 총 651건이었다. 그중 198건은 이라크에서 발생했는데, 테러 위협 종식 임무를 띠고 파견된 부대를 대상으로 했다. 이는 미군을 상대로 매일 펼친 공격을 제외하고도 전년도보다 9배나 증가한 수치다. 2005년 5월에는 바그다드에서만 자살 폭탄 테러가 90건 발생했다. 마크 대너에 따르면 이라크가 "테러의 힘과 효력을 알리는 기이한 광고판이 되어버렸다."

이러한 경험이 보여주듯이 현대적인 형태의 테러에 군사

적으로 대응하는 것의 비효율성과 뚜렷한 역효과는 예나 지금이나 여전하다. 영국 정치인 마이클 미처Michael Meacher의 말에 따르면 "'테러와의 전쟁'을 벌였음에도 지난 2년 동안 (…) 알카에다의 활동은 9.11 테러가 발생하기 2년 전보다 더욱 효과적이었던 것 같다." 영국 다큐멘터리 감독 애덤 커티스Adam Curtis는 한 걸음 더 나아가 '종교의 이름으로 폭력을 행사해 부패한 세상을 정화한다'라는 막연한 개념이 널리 퍼지기 전까지, 그리고 변호사들이 활동을 펼치기 전까지 알카에다는 존재하지 않는 조직이었을 가능성이 높다는 의혹을 제기한다. 이뿐만 아니라 "2001년 초, 미국 정부가 소재를 파악하지 못한 빈 라덴을 기소하기로 결정하고 반마피아 법을 적용해 범죄 조직의 이름이 필요해지기 전까지, 알카에다는 이름조차 없었다"라고 말한다.[7]

이러한 의혹이 더욱 설득력 있게 들리는 이유는 알카에다가 어떤 조직이든, 응집력 있고 조직적이고 구조화된 일반적 조직의 특성에 부합하지 않는다는 사실이 더욱 분명해졌기 때문이다. 2005년 8월 5일, 부시 대통령은 잔혹한 테러의 주범들과 그 추종자들을 "어둠에 가려져 있고 흐릿하며 뒤떨어진 자"라고 표현하며 이 점을 어느 정도 인정한 듯했다. 그리고 이는 알카에다에 펜타곤에 해당하는 기관이 없다는 사실을, 그래서 그들의 음모와 살해를 완전히 끝내거나 잠시라도 중단시키기 위해 어디에 폭탄과 미사일을 쏟아부어야 하는지 모른다는 사실을 무의식중에 말한 것인지도 모른다. 그 조직에는 끊어버릴 지휘 체계도 없었다. 일반 대원들이 무력감을 느끼도록 제거 대상으로 삼을 만한 고위직도 없었다.

마크 대너의 견해에 따르면 "알카에다는 이제 알카에다주의가 되었다." 즉 세계적인 정치 운동이 되었다. 그러나 '서방 선진국'이 기억하는 과거 고정적인 근대 사회의 촘촘하게 짜인 조직 같다기보다 '수십 개 집단을 이루어 진화하는 느슨한 연합체'에 가까웠다. 이 연합체는 알카에다가 아니라 대부분 '자생한' 테러리스트들로 구성되었으며 중앙 조직 리더십과 거의 관련이 없는, 인터넷을 통해 모인 '자발적인 동료들의 모임'일 뿐이다.

그리고 나중에 발표된 보고서[8]에 따르면 테러 집단의 본거지로 알려진 팔루자와 탈아파르에 감행한 대규모 공격은 도움이 되지 않았다. 이라크 테러리스트들은 "병력을 투입하기 전에 흩어져 다른 은신처에서 계획을 세우고 폭탄을 제조하는 것으로" 유명했다. "느슨하게 짜인 애매한 조직망이지만 (…) 계속 조직원을 모집할 수 있었고" 점령군이 대규모 군사 작전을 벌인 뒤로 불만에 가득 찬 지원자의 수는 계속 증가했다. 이라크 국방부의 무함마드 알아스카리Muhammad al-Askari 준장에 따르면 "또 다른 테러 공격을 막기 위해 보안군이 할 수 있는 일은 거의 없었다. (…) 세계 어디에서든 무기를 가진 미친 사람이 재앙을 일으킬 수 있다."《뉴욕 타임스》의 또 다른 보도[9]에 따르면 2005년 5월 18일까지 80일 동안 바그다드에서만 차량 폭탄 테러가 126건 발생했는데, 2004년 한 해 동안 발생한 건수는 25건에 불과했다.

반군 진압이 어려운 이유

이라크에 주둔하는 어느 미군 '고위 장교'는 언론을 통해 이라크에서 진행 중인 테러리스트 반란 진압 작전이 "몇 년, 몇십 년이 걸리더라도 장기적으로는 성공할 것"이라고 믿고 있지만 그 무엇도 확실하게 약속할 수는 없다고 밝혔다. 이쯤에서 의문이 들 수 있다. 한때 정보기관과 경찰이 제한적으로 수행한 '테러와의 전쟁'을 이제 최고의 무기를 갖춘, 세계에서 가장 강력한 군대가 맡았는데 승리가 불가능해 보이다니 어떻게 된 것일까.

이 문제의 군사 작전은 지금까지 공표된 의도와 대체로

정반대되는 결과를 가져왔다. 아프가니스탄과 이라크에서 두 차례 진행된 '대테러 작전'의 가장 분명한 효과는 이 두 곳이 전 세계 테러리스트의 새로운 집결지이자 온상이자 발전소이자 훈련장이 되었다는 것이다. 이곳에서 테러리스트들과 전 세계에서 지원한 조직원들은 대테러 부대의 전술과 그들의 약점을 연구한다. 영국 언론인 게리 영Gary Younge은 다음과 같이 언급한다.

토니 블레어는 2005년 7월 5일 목요일에 발생한 50명 이상의 사망자와 700명이 넘는 부상자에 대한 책임이 없다. 십중팔구 '이슬람 근본주의 무장 단체'의 소행일 것이다. 하지만 이라크에서 살해된 10만 명의 죽음에는 부분적으로 책임이 있다. 그리고 테러가 발생한 지 얼마 안 되기는 했지만 이 두 사건을 연결하는 아주 명확한 논리가 존재한다. 사담 후세인과 9.11 테러 또는 대량 살상 무기를 연결하는 것보다 더 뚜렷하다.[10]

아프가니스탄에서 대테러 작전이 시작된 지 3년이 지난 2005년 6월 30일에는 다음과 같은 보고가 등장한다.

최근 몇 달 사이에 폭력 사태가 급증했다. 아프가니스탄 남부에서 탈레반이 다시 움직이기 시작해 매일 공격이 발생하고, 범죄 조직이 외국인을 납치하며, 급진적 무슬림은 정부와 외국 자원의 지원을 받는 단체를 상대로 폭력 시위를 조직한다. 꾸준히 이어지는 폭력 사태 때문에 아직 내전의 충격에 빠져 있는 2500만 국민이 또 다른 고통을 겪고 있다. 최근 몇 주 동안 아프가니스탄 전역에서 실시한 인터뷰에서, 아프간 국민은 상황이 여전히 개선되지 않고 있으며 탈레반을 비롯한 위험 세력들이 힘을 얻고 있다는 우려를 표명했다.[11]

이라크에서도 이와 유사한 일이 벌어졌다. 무작위로 선택한 아래와 같은 뉴스가 매일 보도되었는데, 희생자 숫자만 다를 뿐 내용은 비슷하다.

사담 후세인이 몰락한 이후 이라크가 주도한 최대 규모의 반군 진압 작전은 일요일 바그다드 전역에서 격렬한 저항에 부딪혔다. 바그다드에서 최소 스무 명이 사망했는데 그중 열네 명은 반군이 몇몇 경찰서와 군부대를 공격한 단 몇 시간의 전투에서 숨졌다. (…) 새 정부의 이러한 작전에 온건파인 수니파 아랍인들조차 흔들리고 있다.[12]
이라크에서 2년 동안 지속된 대테러 작전 이후 미군 최고 사령관의 생각과 국민 여론은 다음과 같다.

이제 [부시 대통령이] 인내심을 갖고 결의를 다지자는 똑같은
메시지를 몇 년이나 더, 몇 번이나 더 전할 것인지, 그리고 증가
하는 사망자 수, 무기한 군사 개입, 동맹국 지원 부족, 비용 증
가에 직면한 미국 국민이 이를 수용할지 의문이다.
[부시 대통령의] 연설은 새로운 정책이나 방향 수정을 제시하
지 않고 대부분 지난 2년 반 동안 전쟁을 설명하기 위해 사용
한 개념과 언어를 반복했다.[13]

무장 테러리스트를 잡거나 죽이고 그들의 본거지와 훈련
소를 파괴하려고 2년 넘게 엄청나게 노력한 결과, 이라크의
'대테러 연합'은 작전 초기보다 목표에서 더 멀어졌다. 원정
부대 지휘관들도 인정하듯[14] 하루 평균 65회에 달하는 "반군
의 공격은 점점 정교해졌고" "조직원이 사망하기가 무섭게
다시 채워 넣는 능력"도 마찬가지였다.

공개적으로 의견을 밝힐 권한이 없다는 이유로 익명을 요구한
어느 육군 고위직 정보 장교는 다음과 같이 말했다.
"우리는 많은 반군을 잡거나 죽이고 있습니다. 그러나 작전을

막을 수 없을 정도로 빈자리가 빠르게 채워지고 있습니다. 나서서 싸울 다른 반군이 언제나 준비되어 있어요."

이와 동시에 미국인들은 그들이 반란군의 내부 작동 원리를 이해하지도 못했고 외국 전투원들의 유입을 막지도 못했다는 사실을 인정한다. (…) 사담 후세인 정권이 무너진 뒤로 [반군은] 미국 정보기관의 이해 범위를 크게 벗어났다.

지금 위험한 것은 폭력 때문에 지역사회가 그 어느 때보다 분열되고 더 많은 폭력과 내전까지도 발생할 수 있다는 점이다.

그리고 미국의 공격이 점점 더 가혹해짐에 따라 그 위험은 점점 더 가까워지고 있다. 또 다른 보도를 살펴보자.

폭탄 테러와 자살 테러의 위협이 커지자 2003년 말부터 미 국방부는 소형 전술 장갑차 2만 4000대를 급히 이라크에 배치했다. 하지만 반군은 장갑차의 강철판을 뚫을 수 있을 정도로 강력한 폭탄을 만들어서 대응했다. (…)

3인조 폭발물 기술자 팀을 이끌고 바그다드에서 수제 폭발물을 찾아내 해체하는 임무를 맡은 대니얼 맥도널 중사는 다음과 같이 말했다.

"우리가 이걸 막을 수 있다는 생각은 비현실적입니다. 우리의 적은 밤에 집으로 돌아가고 군복도 입지 않습니다. 하지만 테러의 위협을 수용 가능한 수준까지 줄일 수는 있을 겁니다."[15]

문제는 테러리스트들이 독창성과 끝없는 수완을 발휘함에 따라 이들을 상대하는 군이 '수용 가능한 수준'을 거의 매일 높일 수밖에 없다는 것이다.

손쉽게 퍼지는 두려움

미국 군사 전문가들에 따르면 "반군을 진압하기가 왜 그렇게 어려웠는지에 대한 가장 설득력 있는 해명"은 뚜렷하게 확인된 무장 단체의 급증이다. 무려 100여 개가 증가한 것으로 추정된다.[16] 반군은 "상부에서 내려오는 명령을 충실히 이행하는 조직"이 아니라 "독립적으로 움직이거나 특정한 공격을 위해 모이는, 광범위하게 퍼진 작은 집단의 집합체"다. 반군에게 이 용어를 쓰는 게 적합한지 모르겠지만 이들의 '구조'는 "계층적이지 않고 수평적이며 하나로 통합되었다기보다 임의적이고 즉흥적이다."

군사 전문가들은 테러리스트들의 전략적 발전에도 주목

하는데, 이러한 발전 덕분에 반군이 "아랍 세계 전역에서 신규 조직원을 모집"할 수 있다고 보았다. 즉 "[반군의] 홍보 범위와 정교함"에 주목한 것이다. 대부분의 테러 집단은 자신들의 눈에 띄는 활동을 방송사에서 무시할까 봐 주의하며 '정보 고속도로' 망이 제공하는 기회를 활용해 이익을 얻으려 하고 "테러 행위를 웹사이트에 정기적으로 올린다. 이들 중 어느 한 집단이 영상이나 인쇄물을 통해 또 다른 테러를 공지하지 않고 지나가는 날이 거의 없다."

전 세계가 세계화의 압박을 강하게 받은 덕분에 이용할 수 있게 된 각종 기기를 활용하는 것은 테러리스트 전략의 필수적인 부분이다. 마크 대너의 말에 따르면 일반 칼과 커터 칼을 사용해 맨해튼 쌍둥이 빌딩을 폭파한 테러리스트 19명에게 가장 강력한 무기는 "미국의 기술적 진보를 가장 잘 보여주는 것, 즉 텔레비전"이었다.

규모가 작거나 비교적 중요성이 떨어지는 테러 행위일지라도 잔혹한 장면이 전 세계에 빠르게 전파되면 훨씬 더 많은 사람에게 두려움을 불러일으킬 수 있다. 또 테러리스트들이 사용하는 상대적으로 부족하고 대체로 원시적인 자가 제작 무기(이들이 적으로 선언한 상대의 고급 기술을 탑재한 다량의 무기와는 비교가 안 된다)가 피해를 주는 것은 고사하고 도달할 수조차 없는 부분에까지 도달할 수 있다. 전 세계의 방송 네트워크와 인터넷을 통해 테러가 주목받게 되자, 대부분의 사람은 불안하고 취약한 상태에 두려워하며 모든 곳에 위험이 있다고 느끼게 되었는데, 이러한 감정의 강도는 테러리스트들이 실제로 불러일으킬 수 있는 범위를 훌쩍 넘어선다.

테러라는 이름처럼 테러의 가장 중요한 무기는 두려움을 심는 것이다. 그리고 현재 지구의 상황을 고려할 때 그 씨앗의 품질이 아무리 좋지 않더라도 풍작이 보장된다.

오늘날 테러의 성격과 특히 그 테러가 발생하는 부정적으로 세계화된 세상을 생각하면 테러와의 전쟁은 개념 자체가 모순이다. 영토 침략과 정복의 시대에 고안되고 개발된 현대식 무기는 국경을 넘나들며 교묘히 피해 다니는 기동성 좋은 목표물이나, 매우 규모가 작은 무장 단체나, 쉽게 숨길 수 있는 무기로 무장한 개인의 위치를 파악해 타격하고 파괴하는 데 부적합하다. 이들은 또 다른 테러를 저지르러 갈 때 좀처럼 발각되지 않고, 테러 장소에서 죽거나 눈에 띄지 않게 빠르게 사라져서 자신의 정체가 알려질 만한 단서를 거의 남기지 않는다.

프랑스 이론가 폴 비릴리오Paul Virilio가 적절하게 표현했듯이 이제 우리는 '포위전siege warfare'의 시대를 지나 '기동전

wars of movement'의 시대에 접어들었다. 군에서는 이를 뒤늦게 언급하며 마지못해 인정했다.[17] 군에서 현대식 무기를 사용하는 상황을 감안하면 테러 행위에 대한 대응이 어색하고 서툴고 흐리멍덩할 수밖에 없다. 이 때문에 직접 테러 공격을 당한 곳보다 훨씬 더 넓은 지역이 영향을 받고 '부수적 사상자'가 더 많이 발생하며, 테러리스트들이 스스로 일으킬 수 있는 것보다 훨씬 더 큰 두려움과 혼란, 불안정이 일어난다.

이뿐만 아니라 사람들의 불만이 더욱 커지고 증오와 분노가 폭발해 테러리스트 집단에 가담할 가능성을 높인다. 추정컨대 이러한 상황이 테러리스트들의 계획에서 매우 중요한 부분을 차지하며, 그들의 수와 그들이 가진 무기보다 몇 배나 더 큰 힘을 발휘하는 핵심 원천일 것이다. 그들이 적으로 선언한 쪽과 달리, 테러리스트들은 직접 군대를 지휘할 때의 한계에 얽매일 필요가 없다. 이들은 전략을 설계하고 전술을 계획할 때 적이 보일 수 있는 반응을, 사실상 거의 확정적인 반응을 자산에 포함해 활용할 수 있고 이를 통해 테러로 의도한 영향을 상당히 확대할 수 있다.

테러리스트가 선언한 단기 목적이 적국 국민에게 두려움을 퍼뜨리는 것이라면, 적의 군대와 경찰이 언론의 전폭적인 협조를 받아 테러리스트들 스스로 달성할 수 있는 수준을 훌쩍 뛰어넘는 목표를 달성하게 해줄 것이다. 그리고 테러리스트들이 자유로운 민주주의 국가의 인권을 파괴하고 열린 사회를 '폐쇄'하겠다는 장기 목표를 세웠을 때도 '적국' 정부의 엄청난 역량을 다시 한번 활용할 수 있을 것이다. 그렇기에 폭발물 몇 개와 '대의를 위해' 기꺼이 목숨을 바치려는 무법자 몇 명만 있으면, 스스로 조달하고 지휘하고 관리하는 자원으로 갈 때보다 훨씬 더 멀리 갈 수 있다고 꿈꾸는 것이다.

테러를 막을 유일한 방법

런던에서 발생한 두 차례의 테러 이후 《뉴욕 타임스》는 영국을 비롯한 여러 곳에서 벌어진 일들을 살펴볼 때 "9.11 테러의 중심에 있었던 알카에다는 더 이상 존재하지 않는 것이 분명해졌다"라고 결론 내렸다. 지금 우리는 "유럽에서 새롭게 등장한, 더 흉흉한 테러의 얼굴을" 마주하고 있다. 프랑스 국내 정보기관인 영토감시국의 국장 피에르 드 부스케 Pierre de Bousquet의 지적에 따르면 테러리스트 집단은 "동질적이지 않은 다양한 혼합체"다. 다시 말해 그들은 필요할 때 임시로 결성되고 매번 다른 환경에서 조직원을 모집하는데 때로는 양립할 수 없어 보이는 집단에서 모집하기도 한다. 이들은 기존의 틀로 해석하거나 이해할 수 없고, 끔찍한 행위로 입은 상처에 이해 불가능이라는 소금을 뿌려 이미 테러로 충격에 빠진 사람들에게 더 큰 두려움을 더한다. 드 부스케는 다음과 같이 언급한다.

이슬람 극단주의자들과 경범죄자들이 섞여 있다. 국적과 배경이 다양한 사람들이 함께 일하고 있다. 그중에는 유럽에서 태어났거나 이중 국적을 소지한 사람들이 있어서 더욱 쉽게 이동할 수 있다. 조직망은 우리가 생각했던 것보다 훨씬 더 구조적이지 못하다. 모스크가 이들을 하나로 묶어주는 것일 수도 있고 감옥에서 만난 사이거나 이웃일 수도 있다. 그래서 이들을 구분하고 뿌리 뽑는 일이 훨씬 더 어려워진다.[18]

이미 2004년 6월 영국 경찰청 대테러 업무 책임자 피터 클라크Peter Clarke는 피렌체에서 열린 회의에서 "지도자 한둘을 제거하더라도 그들은 매우 빠르게 자리를 채우고 조직망을 재편할 것이다"라고 불평한 바 있다. 구성이 유연하고 구심점이 빠르게 달라지는 것은 이 '나노 기술'의 특징이다. 찢어진 조직은 순식간에 다시 연결되고 사라진 세포는 다른 세포가 대체하며 추적 세포는 흔적을 남기지 않고 사라진다.

영국 정부가 영국 내 젊은 이슬람 급진주의자들이 일으킨 위협을 비밀리에 분석한 내용에 따르면(총리 보고용으로 작성한 메모를 《선데이 타임스》가 공개했다) 테러의 계획과 실행에 두 부류가 협력했다. 한 부류는 "교육을 잘 받은 대학생"이거나 이미 공학이나 정보 기술 분야의 "학위와 전문 자격을 갖춘" 사람들이었다. 그리고 나머지 한 부류는 "아무 자격도 갖추지 못하고 성취한 것이 거의 없는, 대부분 범죄 경력이 있는 사람들"이었다. 분석 보고서 작성자들은 "무슬림은 다른 종교인들에 비해서 자격을 갖추지 못했거나(5분의 2가 넘는 수가 무자격자) 실업 상태거나 경제 활동에 참여하지 않는 비율이 더 높고 빈곤 지역에 과밀하게 분포되어 있다"라고 말한다.

하지만 기억해야 할 사항이 있다. 이 모든 일은 부정적 세계화 때문이다. 항구와 국경에 국경 수비대, 생체 인식 장치, 폭발물 탐지견을 아무리 많이 배치한다 해도, 자유롭게 흐르는 자본과 상품과 정보로 이미 열려 있고 계속 열려 있을 이 국경은 인간을 막기 위해 다시 봉쇄하고 계속 그 상태를 유지하는 것이 불가능하다.

지금까지 확보한 증거로 미루어 보아 언젠가 테러 행위가 혹시라도 사라진다면 군대의 거친 망치와 같은 강압적 폭

력 **덕분이** 아니라 그런 폭력이 **있었음에도 사라질** 것이다. 그런
식의 폭력은 테러가 자라날 토양을 비옥하게 하고, 테러의 뿌
리를 잘라낼 수 있는 사회·정치 문제의 해결을 막는다. 테러
는 사회·정치적 뿌리가 잘려 나갈 때만 사라질 수 있다. 그리
고 안타깝게도 그러려면 일련의 군사 작전이나 철저히 준비
한 치안 활동보다 더 많은 노력과 시간이 필요할 것이다.

진정한, 그리고 **승리할 수 있는** 테러와의 전쟁은 이미 반쯤
파괴된 이라크나 아프가니스탄의 도시와 마을을 추가로 파
괴하는 것이 아니라 가난한 나라의 부채를 탕감하고 부유한
시장을 그들의 주요 생산품에 개방하고, 학교에 가지 못하는
아이들 1억 1500만 명이 교육받을 수 있도록 후원하고, 이러
한 조치를 위해 투쟁하고 결의하고 **실행**하는 것이다.

그러나 이러한 사실을 이해하고 수용하고 실행할 희망
적 징후는 거의 보이지 않는다. 2005년 7월, 빈곤 퇴치를 위
해 글렌이글스에 모인 선진국 정부는 아프리카, 아시아, 라틴
아메리카, 유럽의 가난한 나라에 대한 경제 원조보다 열 배나
많은 돈을 무기 구매에 지출했다. 영국은 전체 예산의 13.3
퍼센트를 군비에 할당하고 1.6퍼센트를 원조에 지출한다. 미
국은 25퍼센트 대 1퍼센트로 격차가 훨씬 크다.[19]

사회를 향한 증오와 불만

정말이지, 특히 9월 11일 이후에는 우리 대부분이 '빈 라덴의 게임'에 놀아나는 듯하다는 영국 전 환경부 장관 미처의 말을 반복할 수밖에 없다. 그의 정당한 주장처럼 테러와의 전쟁은 치명적인 결함이 있는 정책이다. 한마디 더 덧붙이자면 용서할 수 없는 정책이기도 하다. 테러 위협을 근절하려는 의도에서 출발한 정책도 아니고, 정책 시행 전이나 도중에 문제의 근본 원인을 냉정하게 분석하지도 않았고, 위협을 뿌리 뽑는 데 필요한 광범위한 노력을 고려하지도 않았기 때문이다. 이 '치명적인 결함이 있는 정책'은 이러한 의도와 고려 사항이 제시하는 것과는 상당히 다른 논리를 따른다. 미처는 테러와의 전쟁을 실시한 정부를 다음과 같이 비판한다.

정부는 그러한 증오 뒤에 무엇이 있는지 고민하지 않으려 한다. 왜 수많은 젊은이가 자살 폭탄 테러를 준비하고 있는지, 왜 9.11 테러 당시 항공기를 납치한 고학력 청년 19명이 자신은 물론 수천 명을 죽이려고 했는지, 살해당할 가능성이 있는데도 왜 [이라크 내부의] 반란군 저항은 점점 거세지는지.[20]

정부는 잠시 멈추어 심사숙고하지 않고 행동으로 옮겼다. 행동하지 않고 생각만 하는 것은 효과가 없듯이 생각하지 않고 행동하는 것도 그에 못지않게 효과가 없거나 더 나쁠 수도 있다. 도덕적 타락과 인간이 겪는 고통의 양도 증가한다. 프랑스 작가이자 정치인 모리스 드뤼옹Maurice Druon이 지적하듯이 "이라크 전쟁을 시작하기 전 미국에는 정보 요원이 네 명뿐이었고, 그중 두 명은 이중 첩자로 드러났다."[21]

미국은 전쟁을 시작하면서 "미군이 해방군으로서 두 팔 벌려 환영받고 꽃다발도 받을 것"이라고 확신했다. 하지만 미처의 말을 다시 인용하자면 "1만 명이 넘는 민간인 사망자, 부상자 2만 명, 이보다 더 많은 이라크군 사상자가 발생한 이 전쟁이 끝난 지 1년이 지났지만, 핵심 공공 서비스 제공 실패, (…) 만연한 실업, 과도하게 강압적인 미군 때문에 상황은 악화했다."

테러리스트 세력은 군사 공격에도 물러나지 않았다. 오히려 서투르고 낭비가 심한 적을 보며 힘을 보충했다. 미국 사회학자 마크 위르겐스마이어Mark Juergensmeyer는 펀자브에서 끊임없이 끓어오르다가 이따금 폭발하는 부족 간의 대립 속에 종교, 민족주의, 폭력이 복잡하게 얽혀 있다고 분석한다.[22] 특히 수천 명의 희생자를 낸 시크교 테러와 인도 수상 인디라 간디 암살을 비롯한 여러 범죄에 초점을 맞춘 위르겐스마이어는 자신을 비롯한 다른 연구자 대부분이 현장 조사를 시작하기 전에 예상한 것과 똑같은 사실을 확인했다.

"시골의 젊은 시크교도들은 불행하다고 느낄 만한 이유가 충분했다."

경제, 정치, 사회적 원인이 동시에 작용한 결과였다. 농작물은 시장 가격보다 낮은 가격에 팔아야 했고, 집권 여당의 억압적인 정책으로 자기 입장을 주장할 기회가 사실상 거의 사라졌으며, 도시 부유층에 뒤처지면서 끊임없이 열등감을 느꼈다. 그러나 위르겐스마이어는 '종교가 정치화된' 증거도 찾게 되리라 예상하고 젊은 무장 시크교도의 정신적 지도자이자 성스러운 순교자로 수많은 추종자가 숭배하는 성 자르나일 싱 빈드란왈레Jarnail Singh Bhindranwale의 가르침을 연구했다. 그리고 놀라운 결과를 발견했다. 빈드란왈레는 연설에서 경제, 정치, 계급 문제를 형식적으로 잠시 다룰 뿐 거의 언급하지 않았다. 그 대신 다음과 같은 특징을 보였다.

(빈드란왈레는) 미국 중부의 시골을 무리 지어 누비고 다닌 개신교 부흥 연설자들 같았다. (…) 그는 각자의 힘겨워하는 영혼 안에 자리 잡은 선과 악, 진실과 거짓 사이의 투쟁에 관해 이야

기했고 금욕, 헌신, 구원을 촉구했다. 특히 현대 생활의 유혹에 쉽게 타협하는 젊은이들을 상대로 이야기하는 것 같았다.

하지만 빈드란왈레의 설교에는 미국 바이블 벨트Bible Belt[*]의 설교보다 현대 정치 지도자들이 더 자주 언급되었다. 그는 명백히 '외부적' 차원에서 영적 전쟁을 벌였다. 사탄의 세력이 지구에 내려와 인도 국가 원수의 관저에 머무르고 있다고 주장했다.

이에 흥미를 느낀 위르겐스마이어는 카슈미르, 스리랑카, 이란, 이집트, 팔레스타인, 이스라엘 정착촌 등 종교를 표식으로 삼아 부족이나 계급 간의 전선이 형성되고, 덕망 있고 경건하며 성스러운 삶의 가치라는 허울뿐인 이름을 내세워 피를 흘리는 수많은 지역으로 조사를 확대했다. 그리고 놀라우리만치 유사한 패턴을 발견했는데 그것은 바로 '종교의 정치화'가 아니라, 그의 표현을 빌리자면 **정치의 종교화**였다. 사회적 정체성 문제나 공동체 생활에 의미 있게 참여하는 문제와 같은 종교 영역을 벗어난 불만은 한때 마르크스주의나 민족주의 용어로 표현되었으나 오늘날에는 종교 부흥의 언어

[*] 개신교 세력이 강한 미국 남부를 중심으로 한 지역.

로 표현되는 경향이 있다.

"세속적 이념의 언어로 저항을 표현하던 것이 종교적 이념 표현으로 대체되었다. 하지만 소외, 배척, 사회적 좌절 같은 불만은 대체로 동일했다."

항상 내가 옳다는 안도감

미국 종교학자 찰스 킴벌Charles Kimball은 미국 행정부의 어휘에서 '정치의 종교화'와 유사한 현상을 발견하고 이에 주목했다.[23] 부시 대통령은 로널드 레이건이 미국 정치에 도입한 이 언어를 창의적으로 발전시켰고, 미국이 이끄는 선한 국가와 악의 세력 사이의 '우주적 이원론'을 즐겨 말했다. 이를테면 "선한 세력과 협력해 악한 세력을 뿌리 뽑아야 합니다"라는 식이다. 부시는 미국 군대를 '십자군'으로, 이들의 무모한 활동을 신의 계시에 따른 '사명'이라고 말하기를 좋아했다. 이에 문화 비평가 헨리 지루Henry A. Giroux는 전 미국 법무부 장관 존 애슈크로프트John Ashcroft의 말을 인용한다.

"미국은 다른 나라들과 달리 독특하게 국가의 근원적인 특성을 시민과 세상의 것에 두지 않고 신과 영속적인 것에

둔다. (…) 우리에게 왕은 없지만 예수가 있다."

그러면서 미국 정치계에 '극단적 도덕 관료'가 대거 등장하고 있다고 경고하는데 "언론의 자유부터 바브라 스트라이샌드가 노래를 배운 방식에 이르기까지 모든 것에 사탄이 영향을 끼친다고 믿는" 정치인을 말한다.

언론인 빌 모이어스Bill Moyers가 썼듯이 성경을 문자 그대로 믿는 이 '종교 과몰입 정치'에서는 반대 의견을 적그리스도의 표식으로 보고 '죄인들은 영원한 지옥 불에 던져질 것이다'라고 믿는다. 보수 정치사상 및 기업 권력과 결탁한 종교적 보수주의는 불관용과 반민주적인 정치적 올바름political correctness을 정당화한다. 또한 이성, 반대 의견, 대화, 비종교적인 인간 중심 가치에 대한 호소를 쉽게 조롱하는 권위주의가 성장할 수 있는 토대를 마련한다.[24]

짜증 날 정도로 다양한 목소리가 서로 엇갈리는 배타적인 메시지를 내는 이 혼란스럽고 난해한 세계에서, 그래서 서로의 신뢰성에 의문을 제기하고 신뢰가 약해지는 세계에서, 선과 악을 극단적으로 구분하는 마니교 세계관과 흑백논리 세계관과 결합한 일신교 신앙은 **한 가지** 진리, **한 가지** 방식, **한**

가지 삶의 공식 같은 '단일성'과 단호하고 공격적인 **확신**과 **자신감**을 지키는 최후의 보루라고 할 수 있다. 또한 명확성과 순수성을 추구하고 의심과 우유부단함에서 벗어나고 싶어 하는 사람들의 마지막 피난처다.

일신교 신앙은 다른 사람들이 노골적이면서도 완고하게 부정하는 소중한 가치를, 즉 자기 존중, 깨끗한 양심, 어떤 실수도 두렵지 않고 항상 내가 옳다는 안도감을 약속한다. 버밍엄에서 활동하는 '엄격한 정통 보수파'인 하디스 학파Jamiat Ahli Hadith 설교자가 "주류 사회에서 엄격한 분리를 요구하는 형태의 이슬람교"를 실천해야 한다고 말하는 것과 동일하다. 하디스 학파 웹사이트에는 "불신자들은 사회, 우주, 자기 존재 자체에 대한 병적이고 비정상적인 견해를 바탕으로 행동한다"라고 쓰여 있다.[25] 이스라엘의 유대교 정통파 거주지도 마찬가지인데, 이스라엘 활동가 유리 아브네리Uri Avnery의 설명에 따르면 이들은 '자신들만의 논리'를 따르고 "그 밖에 다른 일에는 거의 관심이 없다."

> 그들은 외부 세계에서 일어나는 일의 영향을 전혀 받지 않는, 완전히 폐쇄적인 신권 사회에 살고 있다. 자신들이 사는 세계를 믿고 (…) 입는 옷도, 행동도 다르다. 그들은 모두 다른 종류

의 사람들이다.

그들과 우리가 소통하는 일은 극히 드물다. 그들은 다른 언어를 사용하고 세상을 완전히 다르게 바라본다. 또한 완전히 다른 법과 규칙을 따른다. (…)

이 사람들은 자신들만의 공동체에서 종교적 신념에 따라 이스라엘에서 마을을 이루고 살아간다. 일반적인 이스라엘 사회와는 전혀 접촉하지 않는다.[26]

실제로 마니교 세계관, 우주를 제압하겠다고 위협하는 사탄의 세력에 대항해 성전holy war을 벌일 군대를 동원하는 것, 경제·정치·사회 갈등이 담긴 판도라의 상자를 선과 악이 사활을 건 최후의 대결이라는 종말론적 관점으로 축소하는 것은 이슬람교 아야톨라ayatollah*만 보이는 패턴이 아니다. 빠르게 세계화되고 있는 지구에서 정치·사회적 불만, 정체성과 인정을 위한 싸움의 '종교화'는 세계적 경향인 듯하다.

우리는 전혀 다른 방향을 바라보고 서로의 눈을 피하고 있지만 믿을 만한 나침반도, 조종하는 사람도 없는 한 배에 끼어 타고 있는 것인지도 모른다. 우리가 서로 협력해 노를

* 시아파 고위 성직자에게 부여하는 호칭.

젓는 것은 아니지만 한 가지 점에서는 놀랍도록 비슷하다. 이미 획득한 특권을 지키려 하거나 지금까지는 거부당했지만 특권에서 자기 몫을 차지하려고 하면서도, 자신의 이익을 좇고 있다고 선언하는 것은 고사하고 그렇게 생각하는 사람조차 아무도, 또는 거의 없다는 점이다. 그래서 겉보기에는 영원하고 보편적이며 절대적인 가치를 위해 싸우는 듯하다.

아이러니하게도 유동적인 현대 사회를 살아가는 우리는 일상에서 그러한 가치를 무시하고 단기 프로젝트와 단기적 욕망에 따라 행동하도록 은근슬쩍 강요받고 주입당했다. 하지만 그럴 때조차, 아니 바로 그럴 때, 즉 불협화음에서 중심이 되는 선율을 찾으려 할 때마다, 안개 속에서 형체를 알아보려 하거나 모래 늪에서 길을 찾으려 할 때마다 우리는 그런 가치들이 부족하거나 없다는 것을 그 어느 때보다 통감한다.

전체주의적 유혹에 빠지다

우리는 곧 닥칠 위험을 가장 두려워한다. 그리고 당연히 해결책도 즉시 알고 싶어 한다. 즉시 구할 수 있는 진통제처럼 즉각적인 효과를 보이는 '빠른 해결책'을 원한다. 위험의 뿌리는 제멋대로 자라니 뒤엉켜 있을지라도 방어책은 단순하고 당장 사용할 수 있기를 바란다. 빠른 효과를 약속하지 않거나 손에 넣기 쉽지 않거나 결과를 얻기까지 시간이 오래, 무한히 오래 걸리는 해결책에 분노한다. 자기 잘못과 나쁜 행동에 주의를 기울여야 하고 소크라테스의 말처럼 "너 자신을 알라!"라고 명령하는 해결책에는 더욱 분노한다. 그리고 이런 점에서는 빛의 자녀인 **우리**와 어둠의 쓰레기인 **그들** 사이에 아무런 차이가 없다는 생각을 혐오한다.

종교, 특히 **근본주의 일신교**는 그 어떤 체제나 사상보다 이 모든 욕구와 분노에 부응하고 영합한다(공산주의나 파시즘 같은 전체주의 신념은 제외다. 이들은 언어와 이름과 운영 체계를 바꾸었을 뿐, 근본주의 일신교와 다름없다). 절대적이라는 개념에 반감을 품은 비체계적 또는 반체계적 사상들, 다시 말해 확고하게 다양한 목소리를 내는 민주주의 체제에서 창안된 사상들에 비하면 확실히 매우 적극적으로 부응하고 영합한다.

근본주의 일신교는 부정적 세계화로 인한 갈망을 충족하고자 의뢰해 맞춤 제작한 것처럼 보일 정도다. 부정적 세계화 때문에 세상은 키잡이 없는 배가 되었고, 전지전능한 신을 자족하는 인간으로 대체할 수 있으리라 희망한 현대 사회의 대안은 신뢰를 잃었다. 이는 마치 '거대한 우회로'를 완전히 한

바퀴 돌아 원점으로 돌아간 것과 같다. 인간이 세상을 관리하면 인간의 필요를 더 잘 충족할 수 있으리라는 현대의 건방진 약속은 사라지고, 인간이 관리하면서 망쳐놓은 것을 신이 고쳐주기를 바라는 애석한 욕망이 생겨나는 듯하다.

지금의 이 '대체의 대체'는, 즉 현대 사회의 운영 방식을 완전히 뒤집어 계획이나 설계를 하기 전의 시대로 돌아가는 것에는 장점이 있다. 개인의 불행에 책임이 있는 사람들을 단번에 밝혀내고, 그 불행과 불행을 안긴 대상을 제거하는 확실한 방법을 알 수 있다. 그리고 널리 퍼져 있고 기원이 불확실해 더욱 성가신 두려움에서 비롯된 억눌린 증오를 구체적인 대상에게 즉시 분출할 수 있다. 이때 그렇게 증오를 분출해봤자 불행이 해결되지 않는다는 사실은 그다지 중요하지 않다. 이 전략을 사용하면 적의 유죄를 입증하거나 태도가 악의적이라는 것을 증명하는 번거로운 일을 하지 않아도 된다.

적으로 지목된 대상의 죄는 행동이나 의도가 아니라 존재 자체에서 비롯되었고, 권위자가 이미 혐의를 제기했으므로 결백을 입증할 수 없다. 이들은 모든 주변 사람이 확인해주듯이 세습된 죄인, 즉 타고났으며 유전적으로 결정되었고 구제받을 수 없는 죄인이자 이교도, 불신자, 사탄의 도구, 타락한 현재와 유독한 암적인 존재가 사라져 편안하고 아늑하고 안전한 꿈의 세계 사이에 존재하는 어두운 세력이다.

만약 오늘날의 근본주의 설교자들이 지식재산권을 주장한다면 특허 사무소에 제출한 신청서는 모두 거절당할 것이다. 이들이 개종을 앞둔 사람들에게 제공하는 것은 근대사 전반에 존재한 전체주의적 유혹에서 세속의 요소를 공개적이고 노골적으로 제거한 것에 불과하기 때문이다. 얼마 전에 막을 내린 20세기의 공산주의와 파시즘 운동이 이 전체주의적 유혹을 특히 열심히 시험했고 가장 극적인 영향을 끼쳤다.

불가리아 철학자 츠베탄 토도로프Tzvetan Todorov는 독일 작가 마르가레테 부버 노이만Margarete Buber-Neumann을 회고하면서 당시의 전체주의적 유혹을 심층 분석한다.[27] 마르가레테는 20세기 전체주의가 안긴 엄청난 두려움 두 가지를 모두 경험한, 주목할 만한 목격자였다. 1920년대 초 그녀는 꼬임에 넘어가 공산당원이 되었다. 고등교육을 받은 다른 수많은 청년이 동참했다. 이들은 마르가레테와 마찬가지로 제1차 세계대전의 무의미한 학살로 찢기고 갈라진 사회의 공허함과 비인간성에 당황하며 경악을 금치 못했고, 누가 봐도 의미 없는 세상 속에서 의미 있는 삶을 찾아 헛되이 헤맸다.

마르가레테는 공산당에 가입하기로 결심한 순간 생각이 같은 사람들로 구성된 공동체를, 생각과 운명과 희망을 공유하는 수많은 '형제'와 '자매'를 얻었다. 그녀는 '소속감'을 느꼈고, 외로운 사람들 틈에서 외로움을 느낀 고통스러운 경험에서 벗어났으며, 힘 있는 전체의 일부가 되었다고 느꼈다. 마르가레테는 "'우리'라는 단어가 모든 곳에 아주 큰 글씨로 쓰여 있었다"라고 회상했다. 그러면서 "문득 모든 것이 놀라울 정도로 이해하기 쉬워 보였다"라고 덧붙였다.

그 명확함은 '그녀와 같은' 수많은 사람과 어깨를 나란히 하고 팔짱을 낀 채 옳고 고귀하고 누군가를 존엄하게 만드는 유일한 길을 나아간 결과였을까. 거의 한 세기가 지난 지금, 우리 시대의 홍보 담당자도 "그렇게 많은 고객이 만족했는데 틀릴 리 없다!"라는 당시 공산당원의 말을 되풀이할 것이다.

존엄한 삶을 거부당한 사람들

토도로프는 사람들이 조직에 합류하면 망설임에 휩싸여 방황하거나 의심의 덫에 걸려 초조해하는 대신, 오랫동안 갈망한 확실성을 얻고 모든 질문에 대한 답을 찾게 된다고 했다. 매사를 '지나치게 단순화하는' 전투적인 종교 집단이나 호전적인 세속 진영에서 조직의 구성원을 모집하는 사람들은 합류하기만 하면 동지 의식과 확실성(이 두 가지는 같은 게 아니던가?!)을 찾을 수 있다고 유혹의 노래를 부른다. 의심에서 벗어난 삶을, 선택과 책임이라는 성가시고 고통스러운 필요에서 벗어난 삶을 살 수 있다고.

이러한 유혹의 목소리에 귀 기울이고 쉽게 매혹당하는 사람은 무슬림뿐만이 아니다. 그리고 그 목소리에 귀 기울이고 유혹에 넘어간 이유가 그들이 무슬림이기 때문도 아니다. 무슬림이라는 사실은 그들이 다른 교파에서 외치는 유혹의 목소리보다 물라mullah*나 아야톨라의 목소리를 선호하는 이유를 설명할 뿐이다. 무슬림이 아니더라도 그 유혹의 목소리에 귀 기울이고 기꺼이 매혹당하는 사람들은 다른 유혹의 목소리도 많이 접하게 될 테고, 그중에서 편안하고 친숙하며 마음을 울리는 목소리를 쉽게 알아들을 것이다.

그러나 21세기에 접어들어 많은 젊은 무슬림에게 무슬림이라는 것은 여러 가지를 박탈당하는 희생자가 된다는 뜻일 뿐만 아니라 억압에서 벗어나는 공공의 탈출로를 차단당한다는, 또는 사용이 금지된다는 의미가 되었다. 개인을 해방하고 행복을 추구하는 길도, 무슬림이 아닌 수많은 남성이 놀랍

---

* 이슬람교의 율법 학자.

고 짜증 날 정도로 쉽게 밟는 그 길도 차단당한다는 의미다.

젊은 무슬림이 이렇게 느낄 만한 이유는 충분하다. 그들은 공식적으로 '선진국'이나 '개발도상국' 국민으로 분류되는 사람들보다 뒤처진 국가에 속한다. 또한 자신이 속한 국가의 무자비하고 독단적인 정부와 행복과 존엄이 약속된, 그토록 바라온 땅에서 그들을 냉혹하게 몰아내는 '선진국' 정부가 결탁해서 만든 엄청난 불행에 갇혀 있다. 이 두 가지 잔혹한 운명, 아니, 이 중 하나를 선택하는 것은 악마와 깊고 푸른 바다 중 하나를 선택하는 것과 다름없다.

젊은 무슬림은 현대의 낙원 입구를 지키고 있는 '소용돌이 치는 검과 천사들'을 속이거나 이들 몰래 들어가거나 강제로 길을 열려고 시도하지만, 가까스로 경비원을 속이거나 검문소를 통과했다고 해도 그곳에서 환영받지 못한다는 사실을, 그들이 열심히 좇지 않는다고 비난받고 조롱당한 바로 그 삶의 방식을 따라가도록 허락되지 않는다는 사실을 알게 될 뿐이다. 또한 그곳에 있다고 해서 그들이 이끌린 행복하고 존엄한 삶을 살 수 있다는 뜻은 아님을 깨닫는다.

결국 그들은 이러지도 저러지도 못하는 상황에 처한다. 출신 공동체를 버리고 배신했다는 이유로 그곳에서 거부당하고, 꿈꾸던 공동체에서는 자격이 불충분하고 진실성이 떨어진다는 이유로, 더 나쁘게는 그들의 배신과 개종이 너무 완벽하고 비난할 점이 없어 보인다는 이유로 출입을 금지당한다. 합리적 해결책이 없고 애초에 비합리적인 곤경에 처한 이들은 인지부조화를 경험하며 두 배로 고통받고 괴로워한다. 결국 그들이 존중하고 소중히 여기도록 교육받은 가치를 부정하는 동시에, 끊임없이 권유받고 유혹당한 가치를 받아들일 기회를 거부당하는 현실에 처하고 만다.

물론 그 가치를 받아들이라고 부추기는 메시지가 매우 혼란스럽고 헷갈리는 것은 사실이다(통합하라! 통합하라! 그러나 통합을 시도하면 불행이 닥치고 성공하면 저주가 내릴 것이다……). 그리고 양쪽 모두 피해를 입었다. 지난 몇 년 동안 이슬람 테러 희생자 중 무슬림 형제와 자매와 유아의 수가 다른 모든 희생자 수를 훌쩍 넘었다는 사실에 주목하자. 사탄과 그의 부하 및 도구는 대상을 가리지 않는데, 사탄을 얕보고 정복하려는 자들이 왜 선택적이겠는가.

석유를 둘러싼 패권전쟁

이러한 곤경을 더욱 불투명하게, 그리고 양가적이고 비

합리적으로 만드는 것은 무슬림 세계 그 자체다. 지정학적인 우연의 일치로 그들이 사는 세계가 장벽 역할을 하고 있기 때문이다. 부유한 '선진국'의 경제가 매우 높은 석유 소비에 기반을 두고 있다는 사실도 한몫한다(자동차용 휘발유뿐만 아니라 필수 산업의 원자재도 석유에 의존한다). 최강의 군사력을 자랑하는 미국 경제는 석유 가격을 인위적으로 낮게 유지한 덕분에 호황을 누렸다.

또한 원유 매장량이 가장 많고 21세기 중반까지 경제적 가치를 유지할 수 있는 유일한 원유 생산지를 이슬람, 정확히는 아랍 정부가 관리하고 있다는 사실 때문이기도 하다. 부유하고 힘센 서방 국가 경제 활동에 필수적인 자원의 주요 공급처인 아랍 세계는 서방 세계의 생명줄을 쥐고 있다. 어디까지나 가정이지만 이들은 원유 공급을 중단해 지구 내 힘의 균형에 사실상 상상할 수 없는, 하지만 틀림없이 극적인 결과(서방 강대국의 관점에서 보면 재앙)를 초래할 수도 있다.

카트리나 같은 자연재해를 비롯한 또 다른 재앙이 강대국의 행동 능력이나 법과 질서 유지에 끼친 큰 혼란은, 지구상에서 가장 큰 석유 매장지의 명목상 주인인 아랍 정부가 석유 자원에 대한 통제력을 강화하는 데 성공하면 벌어질 일의 예행연습이라고 할 수 있다. 《뉴욕 타임스》특파원 자드

무아와드Jad Mouawad는 초속 78미터의 바람이 불어닥친 후의 상황을 이러한 관점에서 보았다. 당시 카트리나로 미국 국내 석유 생산량의 4분의 1이 넘는 양을 공급하던 해상 플랫폼과 육상 유정이 무력화되어 미국 정유산업의 10퍼센트가 가동 중단되었다.

사람들은 주유를 위해 몇 시간 동안 주유소에 줄을 서서 기다렸으나 때로는 헛되이 발걸음을 돌리기도 했다. 대통령은 전 국민에게 운전을 줄이고 집에서 에너지를 절약해 달라고 촉구했다. 석유 비축과 시장 조작에 대한 암울한 소문이 퍼지기 시작했다. 경제학자들은 에너지 비용 급등으로 경제 성장이 둔화할 것이 틀림없으며 어쩌면 완전히 멈출 수도 있다고 경고했다.
캐나다 에너지 연구소에서 국제 에너지 분석을 담당하는 빈센트 라우어만Vincent Lauerman은 다음과 같이 말한다.
"지금 우리는 제어가 불가능할 정도로 폭주하는 화물 열차에 탄 것과 마찬가지입니다. 통제 불가능한 에너지 가격 상승과 더 높은 가격 사이에 아무것도 보이지 않습니다."
미국 석유 협회의 수석 경제학자 존 펠미John Felmy는 "우리는 미지의 영역에 와 있습니다"라고 말한다. 옥스퍼드 에너지 연구소의 로버트 마브로Robert Mabro 소장은 이렇게 덧붙인다.

"석유를 구하지 못하면 사람들은 분노하고 폭력적으로 변해서 문제를 일으킵니다. 에너지는 필수품입니다."[28]

무아와드는 "에너지 시장은 전 세계 어디에서든 아주 작은 문제만 생겨도 가격이 더 상승할 수 있는 상황에 놓여 있다"라고 결론 내린다. 그리고 또 다른 분석 전문가 윌리엄 헌터William Hunter의 의견에 따르면 "유가가 배럴당 100달러에 이르면" 항공사와 운송 부문 전체가 "상당한 타격을 입을 것이고" 경제 전반이 "급격히 둔화할 것이다."

그러나 급격한 유가 상승을 막으려는 노력이 기대한 결과를 가져온다고 하더라도 그 안도감은 일시적일 수 있다는 점에 주목해야 한다. 중국, 인도, 브라질이 자동차 중심 경제에 합류하고 지구의 석유 자원이 서서히 지속적으로 고갈되고 있기 때문에, 그러한 노력의 효과 역시 매우 짧은 기간만 지속될 것이다. 카트리나로 재난이 발생하기 전에 이미 1년 반 동안 뉴욕 거래소의 원유 가격이 배럴당 33달러에서 66달러로 두 배가 되었다. 게다가 연간 석유 수요량 증가 속도도 두 배 빨라졌다. 이런 연쇄적인 상황은 두 가지 결과를 낳았는데, 둘 다 무슬림이 처한 곤경에 돌이킬 수 없는 모호함을 더한 것은 분명하다.

예상하듯이 '현대화된 서방 국가들'은 원유라는 중요한 자원을 독점적으로 통제하는 데 관심이 매우 많은데, 이 때문에 이슬람 세계 상당 부분과 직접적으로 대립하거나 충돌한다. 프랭클린 루스벨트 대통령과 사우드 왕이 미국 순양함에서 비공식적으로 만난 뒤로, 미국 대통령은 사우디아라비아 왕조가 인구는 매우 적지만 석유가 풍부하게 매장된 반도를 계속 통치하도록 보장했다. 그리고 즉위한 지 얼마 안 된 사우디아라비아 왕은 미국 기업에 석유를 지속적으로 공급하겠다고 약속했다.

반세기 전 미국 중앙정보국은 이란에서 민주적으로 선출된 모사데그Mossadeq 정부를 전복하기 위한 쿠데타를 계획했는데, 그 뒤로 미국을 중심으로 한 서방 국가들이 중동 이슬람 정권에 끊임없이 간섭했고 거액의 뇌물, 경제 제재 위협, 직접적 군사 개입을 주 무기로 삼았다. 또한 그들은 오일 탭을 열어두고 휘발유 파이프라인을 가득 채우는 것을 유일한 조건으로 내걸며, 더 이상 유효하지 않거나 지속될 수 없으며 변화에 저항하는 정권(와하브파가 지배하는 사우디아라비아 왕국의 경우에는 급진적 근본주의 정권)이 권력을 유지하는 데 도움을 주었다. 이들 정권은 서방 세계, 특히 미국의 군사적 지원이 없었다면 스스로의 힘으로 권력을 유지할 수 없었을 것이다.

서방 국가에 우월한 지위를 주장하다

미국은 2005년 현재 국방부 장관인 도널드 럼즈펠드를 특사로 보내 수십억 달러의 농업 차관, 수백만 달러 상당의 첨단 군사 기술, 이란에 화학 무기 공격을 하는 데 사용할 수 있는 위성 정보를 제공해 사담 후세인의 독재 정권을 지원하 겠다고 약속했고, 그 약속을 지켰다.

이렇게 정권을 차지한 왕과 독재자는 자신들의 행운을 이용해 서구 사회가 제공하는 가장 기발한 물건으로 주위를 둘러싸는 한편, 국경 경비를 강화하고 비밀경찰을 무장해 서 구 민주주의라는 제품의 밀수를 막으려 했다. 첨단 기기를 잔 뜩 실은 차량은 허용했고 자유로운 선거는 거절했다. 에어컨 은 허용했지만 여성의 법적 평등권은 불허했다. 그리고 가장 단호하게 '거부한' 것은 이렇게 갑작스럽게 획득한 부의 분 배, 개인의 자유, 국민의 정치적 권리였다.

이런 상황이었기에 서구에서 들여온 문물을 처음 경험할 기회를 얻은 **일반 대중**이 서구 문명의 열매에 푹 빠질 가능성 은 매우 낮았다. 따라서 민주주의의 세속적 경향을 경계하는 물라가 부르는 유혹의 노래는 서구에서 들여온 안락함의 분 배에서 제외된 수많은 피지배층은 물론이고 자신들의 특권을 위협한다는 이유로 서구 문명에 분노하는 권력층에 이르기까지, 많은 청중에게 열렬한 환영을 받았다. 일반 대중 가운데 일부는 특권층의 안락한 삶을 지속해 줄 일에 기꺼이 목숨을 바치고자 했다. 그리고 특권층 대부분은 실제로 대중이 그렇게 하도록 훈련하고, 그렇게 익힌 기술을 자발적으로 사용하도록 막대한 부의 일부를 기꺼이 할애했다.

특이한 상황이 연속된 결과 정반대의 효과가 나타나기도 했다. 선택적으로 '서구화된' 이슬람 부유국 특권층 중 일부가 열등감에서 빠져나올 수 있게 된 것이다. "서방 국가를 성가시게 할 수 있는 힘"이 생긴 덕분에, 서구권이 필요로 하지만 소유하지는 못한 부를 통제하는 힘 덕분에 이들은 마지막 단계를 시도할 만큼 강해졌다고 느낄 수 있었다. 그 마지막 단계란 바로 자신들이 독점할 수 있는 자원에 생존을 의존하는 사람들보다 우월한 지위를 주장하는 것이다. 자신보다 강한 상대에게 뇌물을 받는 것만큼 힘을 확인해 주는 일도 없을 것이다.

이보다 더 단순하고 명백한 계산은 없었다. 서구 강대국의 엔진에 필요한 연료를 독점적으로 통제하는 권한을 **우리**가 확보하면 **그들**의 거대한 기계를 멈출 수도 있었다. 그러니 **그들**의 생존을 우리가 좌우하고 **우리**가 정한 규칙에 따라 게임을 할 수 있을 것이다. 그러나 이 전략은 확률 계산과 달리 단순하지도, 명백하지도 않았다. **우리**에게 무기를 더 많이 사들일 수단이 충분하더라도, 그들이 주는 뇌물로 모두 무기를 사들이더라도 **그들**의 군사력과 동등해지기에는 부족했다.

비록 차선책에 불과하지만 그 대안은, **그들**보다 많지는 않더라도 **우리**가 비슷하게라도 가지고 있는 다른 무기를 배치하는 것이었다. 그것은 바로 상대를 성가시게 할 수 있는 힘, 상대가 싸움을 계속하기에는 비용이 너무 많이 들거나 계속할 가치가 없거나 계속하는 것이 완전히 불가능해지도록 만드는 힘이었다. 그들의 본토가 매우 취약한 점, 그들의 사회 유형, 상대를 성가시게 하는 힘을 활용한 우리의 파괴력은 그들의 엄청난 무기가 지닌 놀라운 잠재력을 뛰어넘을 수도 있었다. 어쨌든 뉴욕이나 런던 같은 도시를 마비시키는 데 필요한 자원과 인력과 수고로움은 산속 동굴에 숨어 있는 테러 지도자 한 명을 찾아내거나 도시 빈민가의 지하실과 다락방에 숨은 그의 부하들을 쫓는 데 필요한 것보다 훨씬 적을 테니까.

인지부조화를 치료하기 위해 교과서적 해결책과 비공식적인 방법은 물론이고 민간요법까지 모두 동원했지만 기대한 결과에 이르지 못했을 때 남은 것이라고는, 미로 저편에

쌓인 먹이를 맛보려면 두려운 전기 충격을 견디는 수밖에 없음을 학습한 실험 쥐처럼 고통스럽고 비참해지는 일뿐이다. 이런 상황이라면 미로에서 완전히 탈출하는 것이 부지런히 배우며 수많은 복도의 구불구불한 길을 샅샅이 조사하는 것보다 만족감을 주지 않을까(실험 쥐에게는 불가능한 일이지만).

갇혀 있는 쥐들이 억압에서 벗어나는 출구를 찾으려고 노력하든 안 하든, 인지부조화에서 벗어날 길을 찾으리라고 계속 희망하든 안 하든 그들이 처한 곤경이 크게 달라지는 것 같지는 않다. 복종에 대한 보상은 아주 천천히 주어지는 반면, 충분히 열심히 노력하지 않았거나 지나치게 열심히 노력한 데 대한 벌은 매일 찾아온다(그런데 '**충분히** 열심히' 노력하지 않았다고 비난받지 않으면서 '지나치게 열심히' 노력하지 **않으려고** 애쓰는 것은 어떻게 하는 것일까).

테러의 원동력은 안전 욕구

테러리스트가 되는 것은 선택이다. 순도 100퍼센트의 질투, 분노, 증오에 눈이 멀게 하는 것도 선택이다. 하지만 실제로 행동하든 상상만 하든, 그 결과로 벌을 받는 것은 선택의 문제가 아니다. 처벌은 의도와 상관없이 운명처럼 불가피하기 때문이다. '나와 같은 처지의' 일부 사람들이 잘못된 선택을 했다는 사실만으로도 우리가 옳은 것을 선택할 권리를 박탈당할 수 있다. 설령 옳은 선택을 했더라도 일부 사람들이 잘못된 선택을 했다는 사실 때문에, 선택을 판단하는 사람들이나 우리에게서 판단할 권리를 빼앗은 사람들에게 진정성을 납득시킬 수 없을 것이다.

따라서 사회에서 자유롭게 살다가 자살 테러를 시도하는 사람이 몇 명에 불과하더라도 수천 명의 무고한 사람이 '가장 먼저 용의선상에' 오른다. 몇 사람의 잘못된 선택은 순식간에 어떤 '범주'의 특성이 되어버린다. 이를테면 피부색이 어둡거나 배낭이 불룩하면 해당 범주에 속한다고 손쉽게 인식하는 것이다.

CCTV 카메라는 이런 것들을 기록하도록 설계되고 사람들은 길을 다닐 때 이런 특성을 보이는 사람들을 조심하라는 말을 듣는다. 그리고 사람들은 이를 충실히 따른다. 런던 지하철에서 테러가 발생한 이후 '인종차별 범죄'로 분류되는 사건의 수가 전국에서 급증했다. 대부분 배낭 같은 것과 관계없이 발생한 사건이었다.

무슬림 10여 명이 음모를 꾸미고 살인을 준비했다는 사실만으로도 요새가 포위당한 듯한 분위기를 조성하고 '불안을 널리 퍼뜨려' 파도를 일으키기에 충분했다. 불안한 사람들은 커지는 불안을 해소할 대상을 열심히 찾는 경향이 있다. 또한 무력감에서 비롯된 공격적이고 두렵고 굴욕적인 감정을 달래서 잃어버린 자신감을 회복하고자 한다. 여러 민족이 모여 사는 다문화 도시들이 포위된 요새로 변해가고 있으며, 그 안에서 테러리스트와 피해자가 함께 거주한다. 그리고 양쪽 모두 상대에게 두려움, 과격함, 완고함을 안긴다. 양쪽 모두 상대에게 최악의 두려움을 확인해 주며 편견과 증오에 실체를 더한다. 이 두 집단은 유동적인 현대 사회에서 **죽음의 무도**를 벌이며, 요새를 포위한 유령이 쉬는 것을 허락하지 않을 것이다.

스코틀랜드 사회학자 데이비드 라이언David Lyon은 9.11 테러 이후 도시의 거리에 대거 도입된 감시 기술에 관한 연구에서 그 기술이 '의도하지 않은 결과'를 지적했다.

"감시망이 확대되고 (…) 일상생활에서 일반인이 감시에 노출되는 정도가 증가했다."[29]

그러나 그 의도하지 않은 결과 중 가장 주목할 만한 내용은 '미디어는 메시지다'라는 인식을 심어준 것이다. 감시 기술은 눈에 보이는 외부의 것을, 기록할 수 있는 대상을 기록하는 데 특화될 수밖에 없기에 기록된 이미지에 숨은 개별적 동기와 선택은 당연히 인식하지 못한다. 그러므로 결국 나쁜 짓을 저지른 개인을 '의심스러운 범주'라는 개념으로 대체한다. 라이언은 다음과 같이 말한다.

우리가 허락하든 안 하든, 통제 문화는 삶의 더 많은 영역을 식민지로 삼을 것이다. 누구나 이해할 수 있는 안전에 대한 욕구가 특정한 시스템을 써야 한다는 압박과 결합했기 때문이다. 도시라는 공간에 사는 평범한 주민, 시민, 노동자, 소비자 등 테러리스트가 될 생각이 전혀 없는 사람들은 자신이 속한 범주에 따라 삶의 기회가 제한된다는 것을 알게 된다. 일부 범주의 경우 유독 편견이 심한데, 그것 때문에 소비자로서 선택권을 제한당한다. 편견 때문에 신용 등급을 차별하거나 더 나쁘게는 피부색이나 민족적 배경을 이유로 그들을 2등 시민으로 격하한다. 이 오래된 이야기가 지금은 첨단 기술이라는 가면을 쓰고 나타났다.

이름을 밝히지 않은 어느 탐정이 운 나쁜 에티오피아 난민이자 해양 기술자 기르마 빌레이Girma Belay에게 사과했다. 경찰이 런던에 있는 그의 아파트를 급습해서 옷을 벗기고 주

먹으로 때려 벽에 몰아세운 다음 체포해서 아무 혐의도 없이 6일 동안 구금한 뒤에 "미안. 시간과 장소를 착각했네"라고 말한 것이다.[30] 그 탐정은 한마디쯤 덧붙일 수도 있었다. 아니, 그래야 했다. "어느 **부류**에 속했는지도 잘못 짚었다"라고. 비록 개인의 고통스러운 경험이었지만 빌레이는 그런 식의 범주화가 어떤 결과를 가져올 수 있는지를 다음과 같은 말로 요약한다.

"두려웠어요. 밖에 나가고 싶지 않았죠."

그리고 자신이 겪은 고난이 "그런 식으로 행동해서 [**나 같은**] 사람들의 행복과 자유를 망가뜨린 빌어먹을 테러리스트들 때문이라고" 비난했다.

테러 위협은 더 많은 테러에 영감을 주고, 그 과정에서 테러가 더 많이 발생해 테러 때문에 두려움에 떠는 사람도 더 많아지는 악순환이 발생한다. 테러 행위는 '두려움terror'이라는 이름에서 의도를 파악할 수 있듯이 더 많은 두려움과 두려움에 휩싸인 사람들이라는 두 가지 결과를 만들어내기 위해 계획하고 실행하는 것이다.

비록 스스로 원한 결과는 아니겠지만 테러 때문에 두려움에 떠는 사람들이야말로 테러리스트가 가장 신뢰할 수 있는 동지라고 말하는 사람도 있다. 교활하고 영악한 사람들이

'누구나 이해할 수 있는 안전에 대한 욕구'를 악용하려고 늘 준비하고 기다리고 있다. 그런데 이제 이 욕구는 예측할 수 없이 산발적으로 발생하는 테러 행위 때문에 더욱 강해지고 있다. 이로써 결국 테러가 추진력을 얻는 핵심 자원이 바로 이 안전 욕구라는 것이 밝혀진 셈이다.

자극적인 볼거리로 퍼져 나가다

국경에서 사람을 막는다고 해도 또 다른 테러가 발생할 가능성이 완전히 사라지지는 않을 것이다. 전 세계에서 생겨난 불만은 금융 사태나 최신 유행하는 음악이나 패션만큼이나 쉽게 세계로 퍼져 나간다. 그리고 진짜 범인이든 용의자든 이들 또는 가장 적당하면서도 손쉽게 다가갈 수 있는 희생양(범인에게 접근할 수 없는 경우)에게 복수하고 싶은 충동도 마찬가지로 쉽게 퍼진다. 그러한 불만과 복수심이 어디에 내려앉든 그때부터는 세계적 문제가 아닌 지역적 문제가 되어 빠르게 뿌리 내리고 '국내화'된다. 그리고 전 세계가 해결책을 찾지 못해서 생긴 좌절감을 풀 대상을 지역에서 찾는다.

런던 지하철 폭탄 테러의 핵심 용의자 후세인 오스만

Hussain Osman은 체포망을 피해 이탈리아로 갔다. 그러나 이탈리아의 대테러 정책 최고 책임자인 카를로 데 스테파노Carlo De Stefano에 따르면 용의자와 이탈리아 테러 단체 사이에는 아무런 연관성이 없었다. 스테파노는 "후세인 오스만은 알려진 테러 단체와 접촉한 적이 없는 것으로 파악된다. 이번 사건은 즉흥적으로 결성된 테러 집단의 단독 소행으로 추정된다"라고 결론 내린다.[31]

부정적으로 세계화된 이 지구에서 통제를 벗어난 힘 때문에 생긴 피해는 셀 수 없이 많고 어디에나 있으며, 무엇보다 여기저기 흩어져 확산하고 있다. 세계 곳곳에 테러의 씨앗을 뿌리기 좋은 땅이 잘 마련되어 있고, 테러 '주동자'들은 발길을 멈추는 곳마다 비옥한 땅을 찾을 수 있다는 이유 있는 기대에 차 있다. 이들은 명령 체계를 설계하고 구축하고 유지할 필요조차 없다. 훈련된 테러리스트 조직 같은 것은 존재하지 않고 테러리스트 **패거리**만 있을 뿐이다.

이들은 조직으로 움직이기보다 각자 동시다발적으로 움직이는데 지휘하는 사람이 아예 또는 거의 없다. 말하자면 소대장이나 상병의 임기응변에 따르는 식이다. 대부분 **아무것도 없는 데서** 등장하는 것처럼 보이는 '특수 임무 집단'은 자극적인 사례를 보여주기만 하면 된다. 그리고 그 사례가 항상 볼

거리를 갈망하는 텔레비전 네트워크를 통해 수많은 가정에 기꺼이 빠르게 퍼져 사람들에게 각인되도록 놔두면 된다. 이때 텔레비전이 제공하는 정보 고속도로를 타고 메시지도 함께 퍼진다.

인류학의 오랜 개념인 '자극 확산stimulus diffusion(어떤 대상의 원형이나 영감이 기존의 실행자나 중개자가 없거나 이들과 별개로, 또는 탄생하고 성장한 '문화적, 사회적 배경' 없이 지역과 문화를 넘나들며 전파되는 것)'은 오늘날의 문화 전반을 가로지르는 소통의 특성과 전염성이 있고 급속히 확산하는 문화 혁신의 잠재력을 매우 잘 포착하고 있다. 정보 고속도로가 여기저기 교차하는 지구에서는 굳이 메시지를 찾아다니지 않아도 메시지가 기꺼이 들어줄 사람들을 직접 찾고 선택한다. 아니면 '웹 서핑'이라는 번거로운 일을 즐겁게 맡아 고마운 마음으로 들어줄 잠재적 청취자가 틀림없이 메시지를 찾을 것이다.

지구가 다양한 민족과 종교 배경을 가진 사람들이 모자이크를 이루며 사는 곳이 됨에 따라 메시지와 청취자의 만남이 매우 쉬워졌다. 이런 상황에서 과거처럼 '내부'와 '외부'를 구분하고 '중심부'와 '주변부'를 나누는 것은 더 이상 성립하지 않는다. 생명을 위협하는 테러의 '외부성', 즉 테러가 사회나 개인에게 미치는 외부적 영향은 생명을 유지하는 자본의

'내부성', 즉 자본이 삶에 미치는 내부적 영향과 개념적으로 크게 차이가 없어졌다.

외국에서 온 단어들은 도착한 나라에서 살이 되어 자리 잡는다. '외부자'로 여긴 사람들은 대부분 그 지역에서 태어나고 자라 **국경 없는** 개념의 영향을 받거나 이로 인해 바뀐 사람들로 밝혀진다. 전선, 즉 양쪽 군대가 맞서 싸우는 고정된 경계는 존재하지 않는다. 여기저기 흩어져 있고 기동성이 뛰어난 전장이 있을 뿐이다. 정규군은 존재하지 않는다. 하루 동안 군인이 되어 싸우는 민간인과 무기한 민간인으로 지내는 군인이 있을 뿐이다. 테러리스트 '군대'는 모두 **각자의 거처**를 기반으로 활동하므로 막사, 집결지, 연병장이 필요 없다.

주권 국가의 체계는 영토 주권을 지키고 내부인과 외부인을 명확하게 구분하기 위해서 만들어지고 발전해 왔으나 지구가 '인터넷으로 연결된' 상황을 준비되지 않은 채로 마주하게 되었다. 테러리스트의 잔혹 행위가 매일 이어지자 법과 질서를 담당하는 국가 기관들은 전통적으로 신성시되었고 표면적으로는 검증되고 신뢰받아 온 범주와 구분을 노골적으로 무너뜨린 새로운 위험에 대처하는 데 무능하다는 사실을 깨닫게 되었다.

이방인을 향한 양가감정

국가 기관들은 잇따라 기습적으로 발생하는 사건에 즉흥적으로 대응하며 혼란을 야기했다. 영국의 이슬람 극단주의 설교자 오마르 바크리Sheikh Omar Bakri가 선동 혐의를 피하고자 휴가라고 주장하며 영국을 떠나 레바논으로 간 지 하루 뒤에, 영국의 주요 정치인들은 여야를 막론하고 지금까지 외국인의 입국을 통제했듯이 자국민의 외출을 엄격하게 통제해야 한다고 촉구했다(그 전까지는 주로 과거 전체주의 국가와 관련된 관습이었다).

이틀 뒤에는 존 프레스콧John Prescott 부총리가 바크리에게 "휴가를 즐기십시오, 아주 길게"라고 공개적으로 충고했다. 정부는 바크리가 도주해 궁지에서 벗어나기를 바라는 것 같았다. 바크리의 무기한 체류 허가를 취소하는 전례 없는 조처를 하면 상황이 난처해지기 때문이다.

"기존 법에 따르면 찰스 클라크Charles Clarke 내무 장관은 바크리가 영국으로 돌아오는 것을 막을 수 없지만 지난 금요일에 발표한, 혐오를 선동하거나 폭력을 정당화한 사람을 추방하거나 입국 금지할 수 있는 정책에 따라 그의 입국을 금지할 수 있을 것이다."[32]

이는 좋은 해결책이 없는 난제이자 당국의 전략적, 전술적 혼란이 만들어냈을 뿐인 존재하지 않는 딜레마가 아닌가? 바크리는 영국을 떠남으로써 법망을 피했고, 그가 처벌받지 않고 도피에 성공했다는 사실은 영국 안보 기관 입장에서 좋은 사례는 아니었다. 하지만 역설적으로 안보 기관의 의도는 범죄자를 강제로 떠나게 하고 돌아오지 못하도록 막을 권리가 정의라고 새롭게 규정하는 것이었다.

적으로 선언한 대상과 믿을 수 있는 친구 사이에 존재하는, 모호하게 규정된 '회색 지대'에 던져진 채 갇혀 있는 '이방인'이 처한 곤경은 언제나 양가감정을 유발한다. 현대 국가는 이 양가성을 없애거나 최소한으로 줄이려고 애써왔다. 그로 인해 이방인은 괴로운 상황에 놓이고 이들을 이방인으로 분류한 사람들도 불편을 느끼게 된다. 아마도 이렇게 복잡하게 얽힌, 그리고 결론에 이르지 못한 노력에 대해 깊이 생각한 끝에 독일 법조인이자 정치 철학자 카를 슈미트Carl Schmitt가 주권을 '제외할 권리'라고 규정한, 그 악명 높은 개념이 만들어졌을 것이다.

이보다 실용적인 관점에서 여권과 비자, 영주권과 이에 대한 거부, 귀화와 이에 대한 거부 등 **사회적** 지위까지는 아니더라도 **법적** 지위에서 모호함을 없애기 위한 수단은 모두 현대의 주목할 만한 발명품으로 꼽힌다. 부정적 세계화와 여기에서 파생된 현상(자본, 무역, 정보, 범죄, 테러가 전례 없을 정도로 국경을 뛰어넘는 현상)은 이 모든 주권 검증 수단을 대부분 무력화했다. '제외할 권리'를 행사해 양가성을 띤 이방인에게 선포한 전쟁에서 승리할 것이라는 전망은, 아니면 잇따른 전투에서 적어도 우위를 점할 것이라는 전망은 이제 더 이상 확실해 보이지 않는다.

포용과 배제라는 양날의 검은 승리를 확보하거나 계속 희망을 주기에는 너무 무딘 것으로 드러났다. 일석이조의 효과를 거두기 위해, 다시 말해 세계적으로 이주 현상이 심화하고 '외부'와 '내부'의 연결망이 풀거나 분리할 수 없을 정도로 얽혀 소속감이 충돌하는 상황에서 행동 능력을 유지하고, 그와 동시에 미래의 급격한 변화에 직면했을 때 유연하게 대처할 여지를 계속 확보하기 위해, 권력자들은 이방인의 거주권과 시민권을 **명확히** 하기보다 그들의 법적 지위가 지니는 **양가성**을 '무기한' 연장하는 쪽으로 방향을 바꾼 듯하다.

이 모든 것은 불안, 불안정, 두려움의 풍부한 원천인 양가성에서 조만간 해방될 수 있다고 약속하지 않는다. 이 양가성은 직접 겪는 사람은 물론이고 이러한 상황의 영향을 받는 사회에서 살아가는 사람 모두에게 똑같이 고통을 준다. 즉시 적용할 만한 빠른 해결책은 존재하기는커녕 생각해 낼 수도 없다. 점점 많은 사람이 세계 여기저기로 이주해 살고 문화의 정통 계층 구조가 거의 해체된 상황에서 무엇이 됐든 그 대체제를 제안하면 격렬한 논쟁이 벌어질 가능성이 높다. '정치적으로 올바른' 용어를 사용해 언어에서 문화적 우월감과 열등감을 제거하는 상황에서, 한때 보편적으로 검증된 전통적 방식, 즉 양가성을 지속적으로 해결하려고 한 결과인 '문화적 동화'(이제는 '통합'이라고 부르지만 이는 과거의 전략과 다를 바 없다)를 고착화하고 강화하던 방식은 더 이상 받아들여지지도 않고 채택되어 끝까지 실행될 가능성도 없다.

모두 전 세계의 문제가 되다

부정적 세계화의 압박 때문에 강제로 개방된 사회에서 유출된 권력과 정치는 그 어느 때보다 서로 반대 방향으로 멀리 흘러가고 있다. 21세기가 직면할 가장 큰 과제는 권력과 정치를 다시 통합하는 일이다. 따라서 21세기의 지배적 의제는 그 통합의 달성 방법을 찾는 것이다.

분리된 권력과 정치를 국가라는 틀 안에서 다시 통합하

는 방식은 성공 가능성이 가장 낮을 것이다. 부정적으로 세계화된 지구에서 모든 근본적인 문제들, 즉 다른 모든 문제를 해결할 기회와 방법을 결정하는 진정한 **메타** 문제들은 **전 세계의** 문제이므로 **지역적으로** 해결할 수 없다.

전 세계에서 발생해 강화된 문제를 지역적으로 해결하는 방법은 존재하지 않으며 존재할 수도 없다. 권력과 정치 통합은 지구 차원에서 달성해야 한다. 미국 정치 이론가이자 작가 벤저민 바버Benjamin R. Barber가 뼈아프게 지적했듯이 "카라치나 바그다드의 아이들이 제 나라에서 안전하다고 느끼지 못하면 미국의 아이들도 제 집에서 안전하다고 느낄 수 없다. 유럽인들이 오랫동안 자유를 자랑할 수 있으려면, 세계 다른 지역 사람들이 박탈당하거나 모욕당하는 상황이 지속되지 않아야 한다."[33] 민주주의와 자유는 더 이상 한 나라 또는 몇몇 나라에서 보장될 수 없다. 불의가 가득하고 수많은 사람이 존엄성을 부정당하며 사는 이 세상에서, 민주주의와 자유의 수호는 이 두 가지가 보호하려는 바로 그 가치를 손상할 수밖에 없다. 민주주의와 자유의 미래는 지구 전체에서 보장되어야 한다. 그렇지 않으면 아예 불가능할 것이다.

두려움은 우리가 사는 열린 사회에 서식하는 악마 중 가장 사악하다. 하지만 가장 강력하고 견디기 힘든 두려움을 낳아 기르는 것은 다름 아닌 현재에 대한 불안과 미래에 대한 불확실성이다. 불안과 불확실성은 무력감에서 비롯된다. 우리는 개인적으로든 집단적으로든, 지구에서 벌어지는 일을 통제할 수 없듯이 우리 공동체의 일도 더 이상 통제할 수 없어 보인다. 그리고 지구의 문제가 지속되는 한 공동체의 문제에서 자유로울 수 없음을 차츰 절실하게 깨닫는다. 상황을 더 악화하는 것은 우리에게 권력이 이미 자리 잡은 수준까지 정치를 끌어올릴 도구가 부족하다는 것이다. 정치를 권력 수준까지 끌어올려야 공통된 조건을 형성하는 힘을 다시 통제할 수 있으며, 이를 통해 우리의 선택지를 규정하는 동시에 선택의 자유에 한계를 설정할 수 있다. 우리 손에서 빠져나갔거나 빼앗긴 통제력이다.

이렇게 할 수 있는 도구를 찾아야, 정확하게는 **만들어야** 두려움이라는 악마를 몰아낼 수 있다.

5

액체처럼 퍼져 나가는 두려움

자신의 이익과 만족을 추구하도록 매일 압박받는 현대인은

모두가 이기적인 동기로 움직인다고 생각한다.

그런 사회에서는 인간 동료가 실존적 불안의 근원이자

함정과 매복이 도사리고 있는 영역이 된다.

이는 일종의 악순환을 형성해

원래 취약한 인간끼리의 유대를 더 약하게 만들고

그 취약함을 잉태하기 쉬운 두려움을 심화한다.

로베르 카스텔은 불안에서 비롯되고 강화되어 유동적인 현대의 삶을 가득 채운 두려움을 예리하게 분석하며 한 가지 역설을 정확히 지적한다.

"적어도 선진국에 사는 우리는 '의심할 여지 없이 가장 안전한 사회'에서 살고 있다."[1]

'발전된' 국가, 즉 매우 부유하고 현대화되었으며 지금까지도 가장 활발히 현대화되고 있는 국가에 사는 우리는 '객관적으로' 볼 때 인류 역사상 가장 안전하다. 여러 통계가 증명하듯이 우리의 수명을 단축하는 위험은 과거보다, 지구상의 다른 지역보다 훨씬 적다. 그리고 우리를 일찍 죽게 하거나 아프게 만들 위험을 예측하고 예방하고 이에 맞서 싸우는 매우 독창적이고 효과적인 방법을 알고 있다. 떠올릴 수 있는 모든 객관적 지표가, 인간의 생명 보호를 위한 싸움이 벌어지는 주요 전선 세 곳에서 '발전된' 국가에 사는 사람들이 누리는 보호가 지속적으로 증가하고 있음을 보여준다. 자연의 거대한 힘에 맞서는 싸움, 타고난 몸의 약점에 맞서는 싸움, 타인의 공격성에서 비롯된 위험에 맞서는 싸움이다.

그럼에도 최근 몇 년 사이 두려움에 중독되고 안전에 집착하는 현상이 극심해진 곳은 바로 그 전례 없이 안전하고 편안한 지역이다. 유럽, 과거 유럽이 지배한 곳, 유럽의 영향력이 미치는 곳, 유럽의 잔재가 남아 있는 곳, 유럽과 선택적으로 관계를 맺고 있는, 다시 말해 **혈연관계**가 아닌 **선택적 친교** 관계에 있는 몇몇 '선진국'이 그런 지역이다. 객관적 증거와 달리 역사상 가장 안락하게 사는 사람들이, 그 누구보다 보호와 보살핌을 받는 사람들이 더 위협받는다고 느끼며 불안해하고 두려워하고 더 쉽게 겁에 질린다. 그리고 과거와 현재의 다른 대부분의 사회에 사는 사람들보다 보안과 안전에 관련된 모든 것에 열을 올린다.

안전 강박과 좌절된 희망

비록 모든 위협을 완전히 없애겠다는 약속은 과장되고 야심이 지나치고 십중팔구 실현 불가능하겠지만, 인간의 안전에 위협이 되는 것을 모두 차례로 방지하고 물리치겠다는 현대의 약속은 어느 정도 지켜졌다. 그러나 불안에서 나고 자란 **두려움**에서 벗어나리라는 기대를 충족하는 데는 완전히 실패했다. 카스텔은 이 수수께끼를 설명하고자, 우리가 느끼는 심한 불안은 보호가 부족해서가 아니라 이렇게 '보호를 끝없이 추구하고 안전을 광적으로 탐색하도록 조직된' 사회에서 어쩔 수 없이 나타나는 '보호 범위의 **불명확성**' 때문이라고 말한다.[2] 이런 이유에서 안전의 기준은 이전에는 상상할 수 없었던 수준으로 계속 올라가고 현재 달성 가능한 수준보다 항상 앞서 나간다. 이렇게 '안전 강박'에 사로잡힌 우리는 안전 관련 조항을 아주 조금이라도 위반하는 것을 용납하지 않는데, 바로 이것이 심한 불안과 두려움을 유발하고 자가증식 하게 만드는, 끝나지 않을 근원일 것이다.

줄어들 기미도 보이지 않고 치료할 수도 없는, 불안이라는 고통스러운 경험의 중요한 원인은 말하자면 '기대 상승'이라는 부작용이라고 추측할 수 있다. 과학적 발견과 기술 발명이 지속되는 상황에서 적절한 기술을 활용해 제대로 노력하면 두려움에서 벗어나 '완전히' 안전한 삶을 살 수 있다는 현대 사회에서만 가능한 특별한 약속을 하며 '그 목표를 이룰 수 있고', '우리는 할 수 있다'라는 기대감을 심어주었다.

하지만 아직 남아 있는 불안은 그 약속이 지켜지지 않았음을, 즉 '기대가 실현되지 **않았음을**' 끈질기게 암시한다. 여기에 정말 **그럴 수 있다**는 확신이 더해져 좌절된 희망은, 불안이라는 상처에 무력함이라는 모욕을 추가한다. 그러면 불안은 범인을 찾아 처벌하려는 욕구로, 배신당한 희망에 대해 보상이나 보상금을 받으려는 욕구로 방향을 돌린다.

근대를 거치며 그 이전 시대에 사람들을 괴롭힌 불안의 원인 세 가지 중 두 가지(엄청나게 과격하고 다루기 힘든 힘을 과시하는 자연과 짜증스러울 정도로 나약한 인간의 몸)에서 놀라운 발전을 이루었다. 발달한 기술이 변덕스럽게 움직이는 자연과 우리 인간의 거주지 사이에서 보호막 역할을 해주어, 인간은 어느 정도 항상성을 유지하며 편안하고 규칙적으로 살 수 있게 되었다. 하지만 이제 그 일시적 성공을 위해 지불해야 하는 대가가 전례 없이 너무 크고, 점점 강력해지는 자연의 파괴력에 더 이상 저항할 수 없다는 의심이 커지고 있다. 일부 전문가가 이 의심을 축소하려 하지만 그보다 많은 사람이 점점 소리 높여 말하고 있다.

두 번째 영역을 살펴보자면, 신체 질병이나 선천적 결함의 치료 가능성이 그 어느 때보다 높아졌다. 질병의 수와 그로 인한 희생자는 줄어들 기미가 보이지 않지만, 그리고 우리가 먹는 음식이 얼마나 건강한지 의혹이 끊이지 않지만 통계적으로 우리의 수명은 꾸준히 늘고 있다.

그러나 세 번째 영역, 즉 인간 사이의 적대감과 악의에 있어서는 약속된 안전이 완전히 실현되지 않았을 뿐만 아니라 그 약속에 가까워지지도 않고 오히려 더 멀어졌을지도 모른다는 데 거의 만장일치로 의견이 일치한다. 자신감과 안전을 느끼는 정도는 끔찍할 정도로 커지지 않았고, 우리는 하나의 '안전에 대한 두려움'에서 다른 하나의 안전에 대한 두려움으로 옮겨 가는 듯하다. 그리고 그렇게 옮겨 갈 때마다 전보다 더 심하게 두려움을 느낀다.

안전에 대한 두려움은 대개 병원, 교도소, 가석방 제도, 식품 공장, 슈퍼마켓, 정수 시설 등 인간이 만든 기관이 완벽하지 않고 예상만큼(그리고 믿으라고 권장한 만큼) 원활하게 작동하지 않는다는 뉴스가 보도된 뒤에 잇따라 발생하기에, 이때의 두려움은 악의적 의도가 있는 악행으로 설명하는 경향이 있다. 이런 종류의 드라마에는 반드시 악당이, 인간 악당이 등장한다. 그리고 앞서 2장에서 살펴보았듯이 전문가 의견과 일반적인 믿음에 따르면, 자연의 장난과 예측할 수 없는 신체 건강 역시 상당 부분 인간의 책임이다. 물론 **다른** 인간의, 나와 달리 잔인하고 이기적이면서 냉담한 인간들의 책임이다.

현대 사회의 불안은 주로 **인간**이 끼치는 해악과 악한 **인간**에 대한 두려움에서 비롯된다. 이 때문에 특정한 개인, 또는 특정 집단이나 범주에 속한 사람들에게 악의적 동기가 있다는 의심이 가득하다. 또한 동료 인간의 일관성, 헌신, 신뢰성을 믿지 못하는 경우가 많기에 그들과 견고하고 오래가며 신뢰할 수 있는 관계를 맺지 못한다.

카스텔은 이러한 상황의 가장 큰 책임이 현대 사회의 개인화에 있다고 주장한다. 서로 밀접하게 연결되어 한때는 보호에 관한 규칙과 그와 관련된 개인의 권리와 의무를 정의하고 그것들을 준수하는지 감시했던 공동체와 조직 대신, 자신에 관한 관심, 자기 이익 추구, 자기애(장 자크 루소가 명확히 구분한 개념에 따르면 **자기애**가 아니라 **자존심**), 자기 돌봄 같은 개인적 의무가 자리 잡으면서 현대 사회는 우발성이라는 모래 늪에 선 듯이 불안정하고 예측할 수 없는 상황이 되었다.

자신의 이익과 만족을 추구하도록 매일 격려, 부추김, 압박을 당하고 자신의 이익과 만족에 영향을 미치는 범위 내에서만 다른 사람의 이익과 만족에 관심을 가져야 한다고 생각하는 현대인은 주변 사람들도 자신과 마찬가지로 이기적인 동기로 움직인다고 생각한다. 그렇기에 현대인에게서 그들이 권고받고, 훈련받고, 기꺼이 내놓으려는 것 이상의 이타적 연민과 연대를 기대할 수는 없다. 그런 사회에서는 인간 동료가 실존적 불안의 근원이자 함정과 매복이 도사리고 있는 영역이라는 인식이 만연할 수 있다. 이런 인식은 일종의 악순환을 형성해 취약한 인간 사이의 유대를 더 약하게 만들고, 그 취약함에서 생겨나기 쉬운 두려움을 더욱 심화시킨다.

두려움이 재생산되는 메커니즘

일단 인간 세계에 발을 들여놓기만 하면 두려움은 스스로 발전하고 강화한다. 스스로 추진력을 얻고 발전 논리를 구축하며, 관심을 거의 기울이지 않거나 입력값을 추가하지 않아도 쉼 없이 퍼져 나가고 커진다. 미국 사회학자 데이비드 알사이드David L. Altheide는 다음과 같이 말한다.

가장 중요한 것은 위험에 대한 두려움이 아니라 그 두려움이 어떤 식으로 확대되고 무엇으로 변할 수 있는지다. (…) 사람들이 벽 뒤에 숨어 살고 경비원을 고용하고 방탄차를 타고 (…) 호신용 스프레이와 권총을 휴대하고 무술을 배우면서 사회에서의 삶이 달라졌다. 문제는 이러한 활동 때문에 질서가 무너진 느낌이 다시 한번 확인되고 강화된다는 것, 그래서 다시 행동하고 그 때문에 질서가 무너진 느낌이 지속된다는 것이다.[3]

두려움을 느끼면 방어적으로 행동하고, 방어적으로 행동하면 두려움의 원인이거나 원인으로 추정되는 위협이 시급하고 실체가 있고 진짜라고 믿게 된다. 우리가 불안에 보이는 이러한 반응은 불길한 예감을 일상적인 현실로 재구성해 실체가 없는 것에 살과 피를 붙여주는 것과 같다. 두려움은 우리의 동기와 목적에 뿌리내리고 행동에 자리 잡으며 일상을 가득 채운다. 두려움에는 외부의 자극이 거의 필요하지 않다. 두려움 때문에 매일 반복하는 행동이 두려움을 살아 있게 하고 가지를 뻗어 꽃을 피우는 데 필요한 동기, 정당성, 에너지를 모두 제공하기 때문이다. 영구 운동perpetual motion을 꿈꾸는 메커니즘 중 두려움 때문에 어떤 행동을 하고 그 행동이 두려움을 재생산하는 메커니즘이 가장 눈에 띈다.

물론 이것도 에너지를 자급자족한다는 기적을 주장하는 다른 수많은 **영구 운동** 메커니즘과 마찬가지로 환상일 뿐이다. 두려움과 이 두려움이 지시하는 행동의 순환 관계는 깊은 불안에서 오는 **실존적 떨림**에서 에너지를 계속 끌어오지 못한다면 끝없이 굴러갈 수도, 속도를 내지도 못할 것이다.

그러한 떨림의 존재는 전혀 새로울 것이 없다. 실존적 떨림은 인류 역사 전반에 계속 존재했으며 인간이 살아온 사회 환경 중 '운명의 타격'을 완벽하게 막아낸 곳은 하나도 없었다('운명'이라고 표현한 이유는 예측하고 피할 수 있는 역경과 구분해 예측도, 예방도 할 수 없는 불행을 나타내고 싶었기 때문이다).

운명이라는 개념에는 그로 인한 충격의 본질이 특이하다는 의미보다 인간의 능력으로는 그 충격을 예방하거나 길들이기는커녕 예측조차 할 수 없다는 의미가 담겨 있다. 어떤 피해나 손실이 특별히 가혹하다기보다 피해자가 무력감과 불운함을 느낀다는 의미다. 운명은 다른 재앙과 달리 예고 없이 찾아오고, 피해자가 그 충격을 피하려고 무엇을 하든 조금도 신경 쓰지 않는다는 것이 특징이다. 운명은 언제나 인간의 무지와 무력함을 나타냈으며 피해자가 아무것도 할 수 없다는 데서 엄청난 두려움을 안긴다.

오늘날의 두려움이 유일하게 차별되는 점은 두려움 때문에 하게 되는 행동과 그 두려움을 유발한 실존적 떨림이 **분리되어** 있다는 사실일 것이다. 즉 운명이 부화해 자라는 인간의 방어 체계에 생긴 균열과 틈에서 흘러나온 두려움이 불안의 진정한 원인과 그다지 **관련 없는** 삶의 영역으로, 다행히 눈에 보이고 손에 닿는 영역으로 **이동**한 것이다.

물론 두려움이 이동한 영역에 아무리 많은 노력을 기울여도 두려움의 진정한 원인을 무력화하거나 차단할 수는 없다. 제아무리 독창적인 노력을 열심히 기울여도 근원적인 불안을 가라앉힐 수는 없음이 증명될 뿐이다. 이러한 이유에서 두려움과 그 두려움으로 인한 행동(겉보기에는 두려움을 예방하거나 막으려는 행동)의 악순환은 기세를 잃지도 않고 끝도 보이지 않은 채 계속된다.

이 악순환은 오늘날 안심 영역(자신감이나 자기 확신, 또는 이 것이 없는 것과 관련된 내적 영역)에서 안전 영역(자기 자신과 그 연 장선에 대한 위협에서 보호받거나 이에 노출되는 외적 영역)으로 이동 했다. 첫 번째 영역은 국가가 지원하고 보장하는 제도적 틀이 차츰 사라지면서 시장 변동성의 영향을 받아, 정치적으로 통 제할 수 있는 범위를 넘어선 '유동적 공간'에서 전 세계에 작 용하는 여러 힘이 자유롭게 작용하는 놀이터가 되었다. 그래 서 그 힘의 작용에 이미 영향을 받았거나 곧 영향을 받게 될 까 두려워하는 피해자는 효과적으로 저항하는 것은 고사하 고 적절하게 대응할 수도 없다. 지난 세기에 '사회(복지)' 국가 라는 이름으로 통칭하던, 개인의 불행에 대비한 공동 보험 정 책은 이제 단계적으로 폐지되거나 안전을 보장한다는 신뢰 를 검증하고 유지할 수 없는 수준으로 축소되었다. 이제는 이 런 정책을 신뢰하기는커녕 바랄 수도 없는 처지가 되었고 다 음번 예산 삭감에서 살아남을 수 있을지도 의문이다.

이제 국가는 영토의 주인이 아니다

영국 정치평론가 닐 로슨Neal Lawson은 최근 동향을 요약한 글에서 정부가 "세계 경제의 하수인이 되었다"라고 했다.[4] 이제 국가는 더 이상 점유하는 영토의 전능한 주인이 아니다. 실제로든 명목상이든, 현실에서든 꿈에서든, 현재 진행 중인 일에서든 대담하기 짝이 없는 야망에서든 마찬가지다. 로슨은 미국 언론인이자 역사학자 토머스 프랭크Thomas Frank가 진단한 '시장 포퓰리즘'의 부상에 동의했다.

"이제 시장은 민주주의의 궁극적인 도구로 간주되고 있으며, 개인은 언제나 자신에게 중요한 재화와 용역에 '표를 던진다.'[5] (…) 모든 곳에서 집단의 목소리는 (…) 아주 희미하게 사라지고 개인화된 선택의 목소리가 들려온다."

세계 경제 대국의 하수인이든 아니든, 국가는 쉽게 사직서를 제출하고(도대체 어디로?!) 짐을 챙겨서 떠날 수 없다. 점유하는 영토 내의 법과 질서를 책임져야 하며 이것이 제 기능을 하는 것도 책임져야 한다. 역설적으로 국가가 영토 내부와 외부의 통제할 수 없는 여러 세력에게 온순하게 순응하면, 질서를 보호하고 치안을 유지하는 기능을 확보하는 데서 더 나아가 그 기능을 확장하고 강화할 수밖에 없게 된다.

"정부는 시장을 더욱 개방해 그 경계를 공공 부문까지 확장함으로써 시장 실패의 비용과 시장이 인정하지 않는 외부효과의 부담을 떠안아야 하며, 시장의 힘 때문에 불가피하게 발생하는 피해자들에게 안전망 역할을 해야 한다."[6]

　그러나 현재 정부의 우선순위에 변화를 재촉하는 것이 일시적인 시장 **실패**만은 아니라는 사실에 주목해야 한다. 국가가 시장의 힘에 대한 규제를 포기하고 '부정적' 세계화(정치와 사법 제도가 통제할 수 없는 사업, 범죄, 테러의 세계화)에 굴복하면 사회 혼란과 파괴라는 대가를 매일 지불해야 한다.

　인간 사이의 유대는 전례 없이 약화하고 공동체에 대한 충성이 덧없는 일이 되며 약속과 연대는 깨지기 쉬워 쉽게 철회할 수 있다. 그 결과 사회 국가를 설립해 유지하고 운영하는 것만큼이나 정부의 부담이 커진다. 지금 정부가 마주하는 사회적 비용은 시장 규제 완화와 부정적 세계화로 인한 일시적 실패가 아니라 매일 발생하는 **일상**이 되었고, 이로써 사회적 비용은 점점 빠르게 증가한다.

　사회적 권리의 보호망이 약화하고 미래를 계획할 견고한 틀이 필요한 시간 동안 지속된다고 믿을 수 없게 되자 사회 국가가 뿌리 뽑겠다고 약속한 불안과 두려움이라는 골칫거리가 다시 나타났다. 하지만 이제는 다른 곳에서 해결책을 찾아야 한다. 로슨의 말을 다시 한번 인용하겠다.

　"사람들은 다른 대안이 없기 때문에 집단주의라는 개념 전체를 포기하고 (…) 공급의 결정권자로서 시장에 의존할 가능성이 높다."

　그런데 시장은 사회 국가의 의도와 다른 방향으로 움직이기로 악명 높다. 시장은 불안한 상황에서 오히려 번성한다. 인간의 두려움과 불행을 최대한 이용하기 때문이다.

　국가가 유지하던 실존적 떨림에 대한 방어 체계가 차츰 해체되고, 경쟁적인 시장의 압력이 약자의 연대를 갉아먹음에 따라 노동조합이나 집단 협상 수단 같은 집단적 자기방어 기구들도 마찬가지로 약화하자, 이제 사람들은 사회 문제에 대한 해결책을 개인적으로 찾고 실행해야 하는 상황에 처했다. 그리고 그 모든 일을 혼자 고립된 채로 개인이 소유하고 운용하며, 그런 일을 하기에 누가 봐도 부적절한 도구와 자원을 활용하여 수행한다.

　이미 감당할 수 없을 정도로 불안한 상황에 대한 유일한 해결책으로 더 유연해질 것을 주문하는 정치권력의 메시지는, 결국 해결해야 할 과제가 더 많이 생길 것이고 그 문제를 개인적인 영역에서 더 많이 해결해야 한다는 의미를 담고 있다. 이로 인해 불확실성은 줄어들지 않고 오히려 더 커진다. 정치권력은 실존적 안전을 집단적으로 보장하겠다는 희망을 거의 남기지 않았고, 그 대신 점점 더 불확실하고 예측할 수 없으며 그래서 잠재적 위험이 도사리는 세상에서 각자 개인 안전에 집중하라고 유권자들을 독려한다.

'요람에서 무덤까지' 보살펴 주는 보편 복지는 부담으로 느껴질 수 있고 때로는 분노를 일으키기도 한다. 이런 식의 복지는 아직 검증되지 않아서 더욱 유혹적인 시장 상품에 비해 맛이 심심하고 싱겁고 재미없고 '양념'이 부족해 보일 수 있다. 삶을 맛없고 무력하게 하는 지루함을 없애기 위해 추구해야 하는 변화, 놀라움, 도전 요소도 부족하다. 이런 고전적인 '사회 국가'식 보살핌은 이제 지나치다는 이유로 비난받고 있으며 엄청난 반대를 불러왔다.

혼돈 속에서 완벽하게 방임되다

이러한 대중의 분위기에 발맞춰 마거릿 대처는 '보모 국가nanny state'에 대한 전면전을 선언하고 지휘한 것으로 유명하다. 당시 내건 슬로건은 "내가 원하는 시간에 내가 선택한 의사에게 진료받고 싶다"였다. 이 정책이 발표되자 긍정적인 반응이 나왔다. 선택권을 갖는다는 것이 틀에서 벗어났다는 반가운 안도감을 주는 듯했다. 그러나 곧 그 선택권으로 인한 의외성과 도전 때문에 불편한, 대개는 견디기 힘들 정도의 불확실성이 발생한다는 사실이 드러났다.

제대로 된 의사를 선택하고 제때 병원에 방문하는 시스템은 확실히 이전보다 지루함과 단조로움이 덜했다. 하지만 그 과정에 장애물과 곤란한 문제가 많았고, 그 문제들은 낯설었지만 위험하고 짜증스럽기는 마찬가지였다.《뉴욕 타임스》 기자 얀 호프먼Jan Hoffman은 병원 대기실과 의사 진료실을 돌아다니며 짜증스럽게 차례를 기다리는 수많은 환자와 이야기를 나누고 나서 다음과 같은 사실을 발견했다.

"지난 10년 사이에 의사와 환자의 대화가 달라졌다. '여기가 문제군요. 이렇게 하세요'에서 '이런 선택지가 있습니다. 이 중 무엇을 하고 싶은가요?'로 완전히 바뀌었다. 베이비붐 세대는 요구한 것을 얻었을 테지만 다른 세대는 (…)."[7]

호프먼은 계속해서 당황한 환자들의 말을 인용한다.

외국에 온 기분이에요. 그 나라 말을 모르고서 길을 찾으려고 하는 것 같아요.

의사가 전문가로서 도와주거나 판단해 주지 않고 "이런 선택지가 있습니다"라고 말하는 건 일종의 방임입니다.

누가 우리 건강 관리를 담당하는지 알고 싶다고요? 바로 우리 자신이에요. 그게 아니라면 아무도…….

'외국에' '방임된' 상태로 어디로 가야 하는지도 모르고 실수하지 않게 도와주거나 실수해서 생기는 일을 함께 책임져 줄 사람이 '아무도 없다는' 사실을 깨닫는 것은, 다들 그렇겠지만 두려운 경험이다. 안전이 보장되지 않는 자유는 자유가 보장되지 않는 안전만큼이나 두렵고 불쾌하다. 이 두 가지모두 위협적이고 매우 두렵다. 악마와 깊고 푸른 바다 중 하나를 선택하는 일과 마찬가지다.

현재와 과거의 차이라면 한 세대가 평생에 걸쳐 두 가지 방식을 모두 시도하고 경험해 본 결과, 현재에 이르러 둘 다 부족하다는 것을 알게 되었다는 점이다. 지금은 알지만 그때는 몰랐던 사실은 현재와 과거 상황에 무슨 차이가 있든 두려움을 유발하는 힘에는 차이가 없다는 것이다. 아마도 두려움은 지금이 더 깊고 공포스러울 것이다. 탈출구가 없어 보이기 때문이다.

'제3의 방법'을 찾으려고 열심히 노력하지만 아직까지 믿을 만한 탈출구는 없어 보인다. 가장 명백한 사실은 애당초 두려움에 사로잡히지 않기 위해 개인(사회에서 발생한 딜레마에 대한 해결책을 개별적으로 찾아내고, 개별적 자원을 활용해 그 해결책을 실천하는 임무를 떠맡은 사람)이 무엇을 해야 하는지는 물론이거니와 그 두려움에서 벗어나기 위해 해야 할 일도 전혀 알 수 없다는 것이다.

물론 이 곤경을 설명하기 위해 앞서 인용한 사례는 개인이 특히 취약함을 느낀 상황이기에 조금은 과장되었을 수 있다. 하지만 지금 논의 중인 문제는 건강과 의료에만 국한되지 않는다. '좋은 해결책이 없는' 난제의 책임을 의료계에만 돌릴 수는 없는 것이다(어쨌든 의료계만 문제가 있는 것은 아니니까). 비슷한 문제와 걱정거리는 개인의 지식과 기술이 부족해 복잡한 세상사를 해결할 수 없고, 현명한 선택을 보장할 수 없으며, 자신의 곤경을 통제할 수 없을 때 언제 어디서나 기다리고 있다. 이때 개인은 오류 없는 선택을 요구받고, 낯선 나라에서 외국인이 되는 운명을 맞이한다. 끊임없이 바쁘게 돌아가는 소란스러운 일상에서 잠시나마 시간을 내서 생각에 잠기는 순간이 오면, 미국 영화 감독 우디 앨런Woody Allen이 설명한 딜레마의 의미를 곱씹으며 동의할 것이다.

"인류는 역사상 그 어느 때보다 중요한 갈림길에 서 있다. 한 갈래는 희망이라고는 찾아볼 수 없는 절망으로 이어진다. 다른 한 갈래는 완전한 소멸로 이어진다. 우리에게 올바른 길을 선택할 지혜가 있기를 기도하자."[8]

이제 진보는 끝없는 위협이다

《헤지호그 리뷰》편집팀이 두려움에 관한 특별호 서문에
썼듯이 사람들은 "실존적 안락함이 없을 때" "안전 또는 안
전을 가장하는 것"에 집착하는 경향이 있다.[9]

'안전'을 뜻하는 영어 단어 'safety'(이러한 뜻의 단어가 없는
유럽 언어가 많다)는 주로 개인의 물질적, 신체적 안전을 떠오
르게 한다. 앞에서 인용한 글을 봐도 사람들이 **자기 신체와 그**
연장선상의 안전에 집착하는 경향이 있음을 알 수 있다. 집과 그
안의 물건, 몸을 움직이며 다니는 거리, 뜻밖의 갑작스러운
충격에 특히 두려움과 고통을 느끼는 취약하고 무방비 상태
인 자기 몸의 안전을 말한다. 그러나 이 모든 것의 시작은 '실
존적 안전'의 결여나 안전이 지속된다는 확신의 부재이므로,
사람들이 '집착하는' 안전에 대한 우려는 그들이 열심히 해결
책을 찾으려는 문제의 진짜 원인이 아니다.

현재 상황을 볼 때 사람들은 우선 **안전**이라는 영역에서
운명을 제거하기 위해 노력한다. 사실상 유일한 방법이다. 안

전이라는 영역을 온전히, 지속적으로 통제하기 위해 싸우면서 그 목표를 달성할 기술과 자원을 충분히 소유하거나 획득하기를 바란다. 그러면 결국에는 그 과제가 실현 가능한 것이되고 조만간 그 노력을 보상받을 수 있으리라고 기대한다. 그결과 정작 두려움을 불러일으키고 퍼뜨리는 다른 영역은 방치되고, 안전이라는 영역을 통제할 수 있다는 희망은 당연히모두 버림받는다. 이 문제를 개인 차원에서 해결하려고 하는한 통제 불가능해지기 때문이다.

문제는 효과가 있으리라고 기대한 행동이 대체로 불안의 진짜 원인과 관련 없다는 데 있다. 물론 관련이 있을 것이라고 예상한 행동 역시 계속 효과가 없기는 마찬가지다. 어쨌든 자신감을 빼앗고 불확실성이라는 고통을 낳는 가장 심각한 원인인 '실존적 떨림'은 개인이 사용할 수 있는 도구로는도달할 수 없는 영역에서 발생하기에 통제할 수 없는 것으로간주한다. 우리 삶의 미래, 안정감, 기회 같은 것들이 놓인 기반은 불안정하고 쉽게 무너질 수 있다. 직업이나 그 일자리를제공하는 회사도 마찬가지고 동반자와 친구들, 더 넓은 범위의 사회에서 누리는 지위, 그에 따른 자존감과 자신감도 마찬가지다.

한때 급진적 낙관주의를 가장 극단적으로 나타낸 표현이

자 모두 함께 계속해서 행복해지자는 약속을 뜻하는 말이었던 '진보'는 빠르게 그 반대 방향으로 돌아서서 우리의 기대와 달리 반≀이상향을 향해, 비관적인 극단을 향해 흘러가고 있다. 이제 진보라는 개념은 피할 수 없고 끊임없는 변화라는 위협을 주로 의미한다. 하지만 변화는 계획하기는커녕 어느 정도 정확하게 예측할 수도 없으며(예측에 적합하지도 않다) 그저 추측할 수 있을 뿐이다. 미래의 변화는 평화와 안식을 예고하는 대신 잠시도 쉴 틈 없는 긴장을 예고하고 새롭고 익숙하지 않은 요구를 제기해 위협하며 힘들게 배운 대처법을 무효로 만들 것으로 보인다.

진보의 이미지는 한순간의 부주의가 돌이킬 수 없는 패배와 배제로 이어지는, 음악을 들으며 빙빙 돌다가 의자를 차지하는 게임 같은 모습으로, 현실판 「더 위키스트 링크」로 변하고 있다. 「더 위키스트 링크」에서처럼 계속해서 '한 걸음씩 나아가는 것'의 진짜 의미는 가장 느리게 나아가는 사람의 방출과 파탄이다. 진보는 큰 기대나 달콤한 꿈이 아니라 뒤처질까 봐 잠 못 이루는 악몽의 밤을 떠올리게 한다. 기차를 놓친다든가, 빠르게 속도를 높이며 달리는 자동차 창문 밖으로 떨어진다거나, 할 일이 더 이상 주어지지 않는다거나, 달라진 상황에 빨리 적응한 다른 사람들에게 평가받는다거나. 어쨌든 배제는 진보의 **폐기물**이다. 배제가 정말 부수적 결과물인지, 오히려 핵심 산물이자 주요 제품인지, 즉 아직 중요한 기능을 제대로 하지는 않지만 진보에 잠재된 기능이 아닐지 궁금하다.

이 밖에 두려워해야 할 이유는 더 많다. 그중 하나는 규범에 따른 규제가 없어서 발생하는 것일 수 있다. 자신이 선호하거나 장려하고 싶은 규범의 보편성을 주장할 만한 용기나 능력이 있는 권위자가 없고, 그 규범의 구속력을 보장할 만한 권위도 없는 상황에서 인간 상호작용의 길잡이가 되는 규칙은 제안되는 즉시 용광로에 던져진다.

그런 탓에 그 규칙은 이제 대부분 개인의 몫으로 남겨졌다. 개인은 갈등이 발생했을 때 **지엽적인 임시** 해결책을 스스로 협상해야 한다. 이때 모든 관련자가 합의하고 일시적으로 그 해결책을 따르더라도 합의가 지속되리라고 믿을 수는 없다. 합의서에 서명하지 않은 사람은 말할 것도 없고 서명한 사람일지라도 그 구속력은 약하고 불공평하며, 다른 관련자가 예고 없이 약속을 저버릴 수 있으므로 끊임없이 경계를 유지해야 한다.

도전을 강요받는 중산층

모든 약속은 '추후 통지가 있을 때까지'만 유효하다. 즉 약속이 언제까지 지속될지 불분명하다. 그리고 어떤 상황에서 무슨 이유로 약속을 변경해야 할지도 모르거니와 그 권한이 누구에게 있는지도 불분명하다. 명확한 지침이 없는 상황에서는 리스크와 함정으로 악명 높은 시행착오가 연속으로 발생하더라도 그게 차선책이 될 수밖에 없다. 도달한 자리에 계속 머물기 위해서는 달리고 또 달려야 한다. 계속 움직이라는 압박과 회유와 재촉과 잔소리가 끊이지 않는다……. 그렇게 하지 않으면 추월당하거나 뒤처질 것이라고.

지루하리만치 뻔하고 진부하지만 빛의 속도로 바뀌는 유행을 예로 들 수 있다. 머리 모양부터 신발과 '액세서리'에 이르기까지 겉으로 보이는 외적인 요소를 모두 꼼꼼하게 조합해 치밀하게 계산된 자기 정체성과 바라는 모습을 표현한 순간, 그 요소들의 의미가 빠르게 달라지거나 반전될 수 있다. 의미가 사라지는 속도는 그 의미를 표현하고 흡수하는 속도보다 빠르다.

유행의 소용돌이는 주변의 모든 것을 집어삼킨다. 예컨대 마침내 이상적인 집을 지어 마무리 작업을 모두 마치고,

이 모든 것을 갖추려고 빌린 신용카드 대출금을 다 갚은 뒤에 집에 앉아 있다고 생각해 보자. 경치를 즐기며 바라던 바를 이루었다고 뿌듯해할 수 있을까? 글쎄, 그렇게 간단하지는 않을 것이다. 《가디언》의 주택·설계·부동산 전문가로서 방대한 지식을 바탕으로 조언해 주는 캐럴라인 루Caroline Roux의 말을 깊이 생각해 보자.

"오늘 여기 있는 것이 내일은 사라질지도 모른다."

잘못된 일이지만 인테리어 분야는 패션 분야만큼이나 눈 깜짝할 사이에 바뀐다. (…)

가장 최근에 노후화된 물품으로 꼽히는 것은 샹들리에다. 그렇게 됐다. 미안하다. 특히 그렇게 고생한 끝에……. (…)

나무 블라인드와 나무 바닥재도 영원하리라고 기대하면 안 된다. 적어도 믿고 쓰는 제품이라는 면에서는 그렇다. 나무 소재라고 해서 더 이상 오래 쓸 수 있는 소비자 내구재가 아니다.[10]

그렇다면 가서 마룻바닥을 뜯어내야 하나? 창문도? 그런데 오래 쓰는 '소비자 내구재'라는 것이 남아 있기는 할까? 이 말 자체가 모순 아닐까?

'고정적인' 근대의 전성기에 영국 사회학자 배질 번스타인Basil Bernstein의 '제한적' 코드와 '정교한' 코드라는 인상적인 구분법을 발전시킨 영국 인류학자 메리 더글러스Mary Douglas는 다음 내용을 제안한다. 노동자 계층 가정의 아동은 "사회 규범을 배워나가는 방식으로 통제받는다." 가령 "그걸 왜 해야 하느냐"라고 질문하면 권력("내가 시켰으니까"), 성별("넌 남자니까"), 나이("네가 맏이니까")처럼, 위계질서에서 돌이킬 수 없는 자신의 위치를 일깨워 주는 간단하고 직설적인 대답을 주로 듣게 된다. 반면 중산층 가정의 아동은 "감정을 언어적으로 다루거나 아동이 자기 행동과 그 이유를 논리적으로 연결하도록 설명하는 방식으로 통제받는다."[11] 더글러스는 "이런 식으로 아동은 경직된 지위 체계에서 자유로워지지만, 감정과 추상적인 원칙이 지배하는 체계에 갇히게 된다"라고 결론 내린다.

1960년대에 쓴 이 책에서 더글러스는 두 가지 코드가 단순히 **효과적** 통제를 위한 수단이라고 생각했고, 둘 다 **안정적**이고 엄격하고 변하지 않고 의심의 여지가 없이 믿을 만한 근거를 바탕으로 하고 있다고 믿었다. 첫 번째 코드의 바탕은 사회 구조이고, 두 번째 코드의 바탕은 추상적 원칙이다.

중산층에 대해 한마디 하자면 이들은 엄격한 사회 구조

에서만 존재할 수 있는 절대 규칙 같은 사치(사치라고 할 수 있을지 모르겠지만)를 누린 적이 없다. 어쨌든 **중산층**이라는 명칭은 '중간에 끼어 있다'라는 뜻에서 왔고, 양 끝에 있는 사회적 범주라는 두 자극magnetic pole의 **중간에** 자리 잡았기 때문에 모호하다. 그러한 위치에 있어서 중산층은 언제나 다른 계층이 알지 못하는, 어느 정도의 '과소 결정underdetermination'* 상태에 직면해 있고 자신들의 지위를 재확인하기 위해 끊임없이 도전해야 한다. 다른 계층은 이런 식의 도전에 직면하지 않는다. 귀족들은 자기 정체성을 유지하기 위해 해야 할 일이 거의 없고, 하층민은 정체성을 바꾸기 위해 할 수 있는 일이 거의 없다. 지금의 위치를 유지하기 위해 **반드시** 열심히 노력해야 하는 계층은 중산층뿐이다.

구조적으로 과소 결정 상태에 있지만 그럼에도 과거 중산층은 고정적이고 구속력 있는 무언가를 무기로 사용할 수 있었다. 그것은 다름 아닌 '원칙'이라고 부르는 확고한 규칙이다. 과거 중산층은 이 규칙을 효과적인 통제 수단으로 활용했다. 그러나 메리 더글러스가 『자연 상징』을 쓰면서 언급한 두 가지 '견고한' 대안이, 고정적인 근대의 전성기와 비교했

---

* 특정 상황에서 주어진 증거나 정보만으로는 결정할 수 없는 상태.

을 때 좋든 싫든 현대에 그렇게까지 확고하게 널리 받아들여
지는 것 같지는 않다.

임시방편을 찾을수록 두려워진다

오늘날에는 스스로 내린 **개인적** 선택에 대해 과거처럼 **사
회적으로** 강제되던 규칙과 같은 저항할 수 없는 권위를 주장
할 사람은 거의 없을 것이다. 행여 그렇게 주장한다 해도 그
권위를 인정받고 사람들이 따를 가능성은 희박하다. 현대인
이 살아가는 사회적 환경을 보면 매일 수많은 정찰 작전과
전투가 벌어지는, 끝나지 않는 전쟁의 한 장면이 떠오른다.

이러한 전투의 목적은 일관되고 지속 가능한 행동 규범
을 촉진하는 것이 아니고, 보편적으로 받아들여질 수 있는 규
범을 촉진하는 것은 더욱 아니다. 대신 허용 가능하고 현실
적인 개인 선택의 한계를 시험하고 그 한계 안팎에서 얼마나
많은 것을 얻을 수 있는지 평가하는 것이 목적이다. 모든 주
장과 요구에 정당성이 결여되면 이 주장과 요구에서 비롯된
행동이 과거에는 변치 않고 논쟁의 여지가 없으며 저항할 수
없는 질서를 적절하게 표현한 것으로 간주되었더라도 현재

대중의 시선에는 강압과 **폭력** 행위로 비치는 경향이 있다. 다시 말해 정당하지 **않은** 강압의 표본으로 여겨진다. 이 때문에 사람들은 폭력이 급증한다는 인상을 받게 되고, 이는 현대 사회에서 두려움을 유발하는 또 다른 근원이 된다.

　이런 종류의 두려움은 삶의 모든 곳에 퍼져 있다. 이러한 두려움의 근원은 숨겨져 있어서 구체적으로 파악하기가 매우 힘들다. 이처럼 두려움의 근원이 수수께끼로 남아 있다는 사실 때문에 두려움을 유발하는 잠재력은 더욱 커진다. 우리가 불안과 그 불안으로 인한 고통을 완화할 행동에 집중할 수 있다면, 불안의 원인을 쉽고 명확하게 파악할 수 있다면 희망 사항이지만 불안에 대처하고 적어도 원칙적으로는 불안을 통제할 수 있을 텐데! 두려움이 이런 식의 집중을 거부하는 한 우리는 어둠 속에서 더듬거리는 운명에 처할 수밖에 없다. 어쩌면 결국 무의미하다고 판명되더라도 더 밝은 곳에 머무르는 것이 덜 고통스러운 선택일지도 모른다.

　변화의 방향을 예측하거나 결정하기는커녕 놀라울 정도로 빠른 속도를 늦출 수조차 없는 현실에 화가 난 우리는 영향을 미칠 수 있는 일에, 영향을 미칠 수 있다고 믿거나 확신하는 일에 집중하는 경향이 있다. 그래서 불투명하고 불확실한 미래가 기다릴 것으로 예상되는 현대 사회의 셀 수 없이 많은 위험 중 가장 쉽게 파악할 수 있고 가장 유연하고 다루기 쉬운 위험의 피해자가 될 리스크를 계산하고 최소화하려고 노력한다. 우리는 '암의 일곱 가지 징후'나 '우울증의 다섯 가지 증상'을 알아보고 고혈압, 높은 콜레스테롤 수치, 스트레스, 비만 같은 유령을 쫓아내는 데 몰두한다. 다시 말해 자연스럽게 해소될 경로가 차단되어 과잉된 실존적 두려움을 분출할 대체 목표물을 찾는다.

그러면서 임시방편으로 다른 사람이 피운 담배 연기를 마시거나, 기름진 음식을 섭취하거나, '나쁜' 박테리아를 섭취하거나('좋은' 박테리아가 들었다는 음료는 열심히 마시고), 햇볕에 노출되거나, 안전하지 못한 성관계를 하는 것을 몹시 경계한다. 여유가 있는 사람들은 눈에 보이든 보이지 않든, 현재 존재하든 예상되든, 이미 알고 있는 것이든 낯선 것이든, 여기저기 흩어져 어디에나 존재하는 위험에서 자신을 보호하려한다. 이를테면 몸과 집 안의 독소를 제거하고, 높은 벽을 쌓아 그 뒤에 숨고, 집 주변에 CCTV를 설치하고, 무장 경비원을 고용하고, 방탄차를 타거나 무술을 배우는 등의 조치를 취한다.

그러나 데이비드 알사이드의 경고를 떠올려 보면 "문제는 이러한 행동이 질서가 무너졌다는 느낌을 강화하고, 그런 느낌이 들게 하는 데 도움을 준다는 것이다." 예컨대 망토를 두르고 칼집에 단검을 꽂은 이국적인 외모의 범죄자에 대한 소문이 잇따라 들려 현관문에 자물쇠를 하나 더 달거나 '식품 때문에 두려움을 느낄 때마다' 식단을 샅샅이 점검하는 식으로 반응하면 세상이 더욱 위험하고 두렵게 보이고, 이에 따라 더욱 방어적으로 행동하게 되어 두려움이 스스로 전파되는 능력이 **더욱** 강해진다.

안전을 이용한 마케팅과 공약들

불안과 두려움에서는 상업 자본을 많이 얻을 수 있고 실제로 그렇게 하고 있다. 스티븐 그레이엄은 "광고업자들은 수익률이 높은 SUV 판매를 늘리기 위해 사람들 사이에 널리 퍼진 끔찍한 테러에 대한 두려움을 의도적으로 악용한다"라고 말한다.[12] 기름을 벌컥벌컥 마시며 군에서 쓰일 것만 같은 괴물이 'SUV(스포츠 유틸리티 차량)'라는 잘못된 이름으로 불리는데, 이러한 차량은 미국 전체 자동차 판매량의 45퍼센트를 차지하며 이제는 도시인들의 일상생활에서 '방어용 캡슐' 역할을 하고 있다.

SUV는 안전의 상징이 되었다. 광고에 자주 등장하는, 이 차를 몰고 들어가는 출입 통제 주거 지역과 마찬가지로 SUV는 도시 외부의 위험하고 예측할 수 없는 삶에 영향을 받지 않는 것으로 묘사된다. (…) 이러한 차량은 도시 중산층이 '자기 나라'의 도시에서 돌아다니거나 차량 정체에 갇혀 있을 때 느끼는 두려움을 완화하는 듯하다.

에두아르도 멘디에타는 미국인들의 느닷없는 SUV(구체적으로는 '허머Hummers'[*]) 사랑이 전하는 메시지를 더욱 날카롭게 분석한다.

허머가 대중화되기 전 우리에게는 이미 콘크리트 정글과 도시의 혼돈에 맞설 수 있도록 특별하게 무장하고 장비를 갖춘 모습의 차량이 있었다. 다름 아닌 전쟁터에서 볼 수 있는 장갑차였다. 허머는 (…) 이미 존재하는 욕구를 충족하는 데 활용되었을 뿐이다. 1960년대 후반처럼 도시가 불에 타고 붕괴하는 불안 속에서 이동하고 싶은 욕구였다. (…) [SUV는] 도시가 전쟁터이자 정글이라는, 그래서 정복하고 탈출해야 한다는 인식을

[*]　1992년부터 2010년까지 있었던 미국 자동차 브랜드.

어느 정도 담고 있다.[13]

SUV는 두려움을 상업적으로 이용한 한 가지 사례에 불과하다. 두려움이 그 근원에서 분리되어 자유롭게 움직이다가 확산해 정체가 구체적으로 규정되지 않은 채로 이리저리 흩어져버리는 한 이런 현상은 지속될 것이다. 그러는 한 많은 사람이 두려움의 대상을 알기 위해서, 그리고 그 지식을 바탕으로 할 수 있는 모든 조치를 취했다는 만족감을 얻기 위해서 기꺼이 큰돈을 지불할 것이다. 어떤 투자든지 가능한 유동성 현금과 마찬가지로 두려움이라는 자본은 상업적이든 **정치적**이든 어떤 이익으로도 전환될 수 있다. 그리고 실제로 그렇게 되고 있다.

개인의 안전이 소비재 마케팅 전략의 주요 판매 포인트가 된 한편, '법과 질서' 수호는 차츰 개인의 안전을 보장하는 약속으로 범위가 좁혀져 정치 공약이나 선거 운동의 주요 홍보 포인트가 되었다. 그리고 개인의 안전이 위협받는 상황을 보여주는 것이 대중 매체의 순위 경쟁에서 중요한 자산으로 부각되어 두려움을 상업적, 정치적으로 이용하는 데 성공하도록 힘을 실어준다. 미국의 교수이자 작가인 레이 서렛Ray Surette이 언급했듯이 텔레비전을 통해 보는 세상은 '양치기

개' 경찰이 '늑대 범죄자'에게서 '양 시민'을 지키는 것과 비슷하다.[14]

자유롭게 떠돌고 고정되어 있지 않으며 어느 한곳에 집중되지 않은 두려움은 점점 증가하고 있고 이를 이용해서 이익을 얻는 방법도 매우 많다. 이를테면 정부가 범죄와의 전쟁이나 보다 폭넓게 '공공질서 교란'과의 전쟁을 선포해 권력이나 힘을 과시함으로써 정치적 정당성과 승인을 확보하는 것이다. 공공질서 교란이라는 개념은 범위가 넓은데, 유동적인 현대 사회에서는 끝이 없을 정도로 범위가 확장된다. 노숙인부터 무단결석하는 불량 학생에 이르기까지, 사회적으로 불편함을 주는 '여러 사람'을 포함할 수 있다.

프랑스 사회학자 로이크 와캉Loïc Wacquant은 "안전 문제를 회전목마 돌아가듯이 계속 반복해 언급하는 것이 범죄에 하는 역할은 애정 관계에서 포르노그래피의 역할과 같다"라고 말한다.[15] 겉으로 드러난 문제의 원인과 의미를 완전히 무시하고 사람들의 관심을 끌거나 눈에 띄는 '입장'만 취해 대응하기 때문이다. 또한 문제 해결 자체를 위한 것이 아니라 대중에게 보여주는 홍보용에 그친다. 대중에게 노출하기 위한 조치를 취하면 "재범자들, 돈을 강요하는 거지들, 정착하지 못한 난민들, 추방해야 할 이민자들, 거리의 매춘부들을 비롯해 사회에서 거부당해 도시의 거리를 어지럽히고 '정상적인 사람들'에게 불쾌함을 주는 여러 부류의 사람들에게 관심이 집중된다. 이러한 목적을 달성하기 위해 범죄와의 전쟁은 '관료와 미디어가 합작해서 벌이는 흥미진진한 쇼'가 된다."

범죄와 그로 인한 위험의 실체를 부정하는 것은 어리석고 정신 나간 짓이다. 하지만 짚고 넘어가야 할 점은 여러 공적인 관심사 중 범죄가 차지하는 비중이 실제 심각성이 아니라 대중의 관심을 얼마나 광범위하고 집중적으로 받는지에 따라 결정된다는 것이다. 이는 다른 모든 대중적 관심사도 마찬가지다. 미국 저술가 조지프 엡스타인Joseph Epstein이 생생하게 묘사한 '유명인' 현상은 안전에 대한 집착에서 가장 두드러지는 특징을 잘 포착한다. 말하자면 안전은 유동적인 현대 사회에서 흔히 보이는 '부정적 유명인'에 해당하는 것이다.

"현대의 많은 유명인은 치밀한 홍보의 결과인 듯하다. 그들이 얻은 유명세는 성과가 '대중 매체의 방송을 통해 알려진' 덕분이기도 하지만 '면밀히 조사하지 않으면 모를 성과를 만들어낸' 덕분이기도 하다."

그러면서 엡스타인은 다음과 같이 결론 내린다.

"오늘날의 많은 유명인이 '과대광고' 속에 떠다니는데 이는 사실 존재하지 않는 것을 부풀리기 위해 홍보 담당자가

가스를 주입하는 것과 같다."[16]

이와 비슷하게 현대 사회 위험의 특징에 대해 언급한 독일 사회학자 울리히 벡Ulrich Beck의 말도 떠오른다. 현대 사회에 존재하는 대부분의 위험은 아무리 철저히 조사해도 개인이 찾아낼 수는 없고 개인이 가진 수단으로는 확실히 확인하거나 반증할 수 없기에, 대중의 믿음에 쉽게 들어갔다가 쉽게 빠져나갈 수 있다. 그리고 의견이 충돌할 경우 미디어에 강력한 영향력을 미치는 쪽이 이길 가능성이 크다.

신자유주의의 추종자들

새로운 개인주의, 인간 사이의 유대와 사회적 연대 약화는 모두 동전의 같은 면에 새겨져 있으며 반대쪽 면에는 세계화를 확인해 주는 도장이 찍혀 있다. 부정적이기만 한 지금의 세계화는 기생하며 약탈하는 과정을 거치고 있다. 그러면서 국민 국가와 한때 국민이 누린, 그리고 때로는 그로 인해 고통스러워한 여러 보호 장치의 몸통에서 힘을 빨아들이고 있다. 자크 아탈리의 견해에 따르면 국가 형태로 조직된 국민은 이제 세계에서 벌어지는 사안 전반에 영향력을 잃었으

며, 세계화 앞에서 세계의 운명을 이끌고 여러 형태의 두려움
에 저항하는 모든 수단을 포기했다. 미국 철학자 리처드 로티
Richard Rorty는 다음과 같이 지적한다.

> 세계화에서 가장 중요한 사실은 국민 국가의 시민이 처한 경
> 제 상황이 국가가 법으로 통제할 수 있는 범위를 넘어섰다는
> 것이다. (…) 이제 세계적인 특권층이 생겼고, 그들은 경제적으
> 로 중요한 결정을 모두 내리며 각국의 입법 기관은 말할 것도
> 없고 국민의 뜻과는 **더욱** 무관하게 의사결정을 한다. (…) 전
> 세계에 보편적으로 적용되는 정치 체제가 없다는 것은 엄청난
> 부자들, 즉 초부자super-rich들이 자기 이익만 생각하면서 행동
> 할 수 있다는 뜻이다. 우리 사회는 진정으로 세계적이고 국제
> 적인 두 사회 집단인 초부자와 지식인만 남게 될 위험에 처했
> 다. 여기에서 말하는 지식인이란 국제회의에 참석해 동료 세계
> 시민인 초부자가 끼친 피해를 논의하는 사람들을 말한다.[17]

로티는 세계 시민 목록에 세 번째로 '사회 집단'을 추가
할 수도 있었을 것이다. 마약 밀매업자, 테러리스트, 별 볼 일
없고 상대적으로 위협이 적은 범죄자를 제외한 기타 모든 범
죄자로 구성된 집단이다.

그리고 세계 시민들 중 지식인에 대한 설명을 보다 적절하게 수정했어야 한다. 그들 중 상당수는 자신들이 과거와 현재에 저지른 피해 규모를 측정하는 대신 새로운 '세계적 특권층'의 영광을 찬양하기 위한 회의에 참석한다. 이들은 초부자들이 세계 여기저기를 다닐 때 그림자처럼 따라 다닌다(때로는 앞장서서 개척자 역할을 하기도 한다). 이 지식인들은 일반적으로 '신자유주의자'라는 이름으로 통칭한다. 이들이 전 세계에 퍼뜨리려고 안간힘을 쓰는 메시지와 관행은 '신자유주의'라는 이름으로 알려져 있다.

프랑스 사회학자 피에르 부르디외Pierre Bourdieu는 신자유주의가 지구에 사는 모든 사람의 **유일한 사고방식**이 되려 한다고 경고했다. 존 던의 신랄한 표현을 빌리자면 신자유주의는 "강자에게 돈을 건 내기"다. 다시 말해 "부자에게, 행운을 타고나 어느 정도 필연적으로 이미 부자인 사람에게 돈을 건다는 뜻이기도 하지만, 무엇보다 자수성가할 수 있는 기술과 용기와 운이 있는 사람들에게 돈을 건다는 뜻이다."[18] 미국 문화학자 로런스 그로스버그Lawrence Grossberg는 신자유주의자들의 이념을 다음과 같이 요약한다.

신자유주의자들은 대부분 자유 시장이 가장 합리적이고 민주적인 선택 시스템이기 때문에 인간 생활의 모든 영역이 시장의 힘에 개방되어야 한다고 생각한다. 최소한으로 말하자면 이는 곧 정부가 시장에 맡기는 것이 더 나을 만한 서비스 제공을 중단해야 한다는 뜻이다(여기에는 다양한 사회 복지 제도가 포함된다). (…)

끝으로 이들은 급진적 개인주의자들이다. 더 큰 집단이나 사회 자체에 호소하는 것은 무의미할 뿐만 아니라 사회주의와 전체주의로 가는 길이라고 여긴다.[19]

이러한 이념적 협박은 부정적 세계화가 원활히 진행되도록 도왔다. 이 압박에 맞설 만큼 대담하거나 자원이 충분한 정치 지도자는 거의 없다. 그리고 혹시라도 맞서게 된다면 적이 막강하다는 사실을 알아야 한다. 상대는 세계적 특권층의 두 갈래, 즉 역외 자본extraterritorial capital과 신자유주의 추종자들의 동맹이다. 북유럽을 중심으로 한 몇몇 국가를 제외한 대부분 국가의 정치인들은 '대안이 없다'는 이유로 쉬운 길을 선택했다.

그러나 영국 칼럼니스트 폴리 토인비Polly Toynbee가 일깨워 주었듯이 "사람들은 인간의 통제 범위를 벗어난 악의적인 경제 세력에 대안이 없다고 가정한다. 하지만 진실은 궁핍과 탐욕은 경제적 운명이 아니라 정치적 선택이라는 것이다. 우리는 미국이 아니라 북유럽 국가를 따를 수 있다. 그리고 어떤 선택을 하느냐에 따라 게이트 고메Gate Gourmet*가 아니라 존 루이스John Lewis**의 직원이 될 수 있다."[20]

정치인들의 마지막 희망, '두려움'

위에서 인용한 로티의 판결에 추가해야 할 부칙이 무엇이든, 그가 전하려는 핵심 메시지는 논란의 여지가 없다. 실제로 사회는 더 이상 국가의 적절한 보호를 받지 못한다. 이제 사회는 국가가 통제할 수 없는 탐욕에 노출되어 있으며, 국가는 통제력을 회복하거나 상황을 진압할 의도도, 희망도 없다. 단독으로는 물론이고 비슷한 불운에 처한 몇몇 다른 나라와 힘을 합쳐서 해결할 생각도 없다.

주로 그런 이유에서 정부는 프로그램과 정책에 혼란을 주겠다고 위협하는 폭풍을 견디려고 매일 고군분투하고 있

* 스위스의 세계적인 기내식 공급업체로, 가혹한 근로 조건과 인권을 무시하는 경영으로 비판받았다.
** 영국의 백화점 프랜차이즈로, 공정하고 인간적이며 윤리적인 경영을 실천하는 것으로 알려졌다.

으며, 임시방편에 불과한 위기관리 캠페인과 이런저런 긴급 조치를 취하며 우왕좌왕한다. 그러면서 다음 선거 이후에도 권력을 유지하는 것 외에는 아무것도 꿈꾸지 않고, 국가에 반복되는 문제를 근본적으로 해결할 비전은커녕 장기적인 계획이나 야망도 없다.

'개방되고' 안팎으로 무방비 상태가 심해지자 국민 국가는 많은 힘을 잃고 이제 세계화된 공간으로 사라지고 있다. 국가의 정치적 통찰력과 민첩성은 이제 '생활 정치'라는 개인의 영역으로 밀려나고(또는 버려지고?) 있다. 즉 현대의 정치 용어로 말하자면 개인에게 '하위화subsidiarized'되고 있다. 과거에 국가와 그 하위 기관이 관장하던 힘과 정치의 잔재는 차츰 줄어들어 첨단 감시 기술을 갖춘 대규모 경찰 조직을 운영할 수 있을 정도에 불과하다. 이렇게 힘이 약해진 국가는 가까스로 **개인의 안전**을 지킬 뿐 그 이상을 감당할 수 없다.

20세기 대부분의 시간 동안 국가가 정당성을 주장한 데 가장 중요한 근거가 되었던 기능이 쇠퇴한 결과, 국가의 정치적 정당성 문제가 다시 공론화되었다. 얼마 전까지만 해도 시장 경제의 불확실성에서 보호받을 수 있다는 보장이 있었기에 시민의 권리와 책임에 대한 합의(독일 철학자 위르겐 하버마스Jürgen Habermas의 용어를 빌리자면 '헌정 애국주의constitutional patriotism')가 가능할 것으로 보였으나, 현재로서는 이 합의를 끌어낼 수 없다. 시장 경제는 사회적 지위와 상관없이 모든 사람을 불안하게 하고, 모든 사람의 사회적 평판과 개인의 존엄에 관한 권리를 위협하는 것으로 악명 높다.

이러한 상황에서 국가의 권위를 정당화할 수 있는 대안과 시민이 의무를 다했을 때 혜택을 받게 할 방법이 시급히 마련되어야 한다. 그리고 예상대로 이 대안과 방법을 **개인의 안전**을 위협하는 위험으로부터 보호하는 데서 찾고 있다. 개인 안전을 최우선으로 하는 국가의 정치 공식에서, 그리 오래되지 않은 과거에 사회 국가가 국민을 보호하겠다고 맹세했던 불확실한 미래와 사회적 퇴보라는 유령은 서서히, 그러나 일관되게 다른 위협으로 대체되고 있다. 통제받지 않는 소아성애자, 연쇄살인마, 돈을 강요하는 거지, 강도, 스토커, 범행 대상을 쫓아 배회하는 사람, 물과 음식에 유해 물질을 넣는 사람, 테러리스트 등이 새로운 위협의 예다.

아니면 더 나아가 이런 모든 위협이 하나로 결합된 형태가 있을 수 있다. 사실상 서로 바꾸어 불러도 무방한, 국내에서 나고 자란 '하위 계층'과 불법 이민자들이 여기에 해당한다. 이들은 태어나서 죽을 때까지 이질적인 존재로, 그리고 영원히 잠재적인 '내부의 적'으로 취급당한다. 국가는 보안에 초점을 맞추며 이들에게서 국민을 필사적으로 지키겠다고 약속한다.

2004년 10월, BBC 2는 「악몽의 힘: 공포 정치의 부상The Power of Nightmares: The Rise of the Politics of Fear」이라는 제목의 다큐멘터리 시리즈를 방영했다.[21] 영국에서 진지한 방송 프로그램 제작자로 명성을 얻은 애덤 커티스가 이 시리즈의 각본과 제작을 담당했다. 그의 지적에 따르면 전 세계적 테러는 '누구도 소유하지 않은 지역'인 세계의 황무지에서, 즉 통제되지 않고 불안정한 지역에서 지속적으로 재생산되는 매우 현실적인 위험이지만 공식적으로 추정한 위협 중 상당 부분은 "정치인들이 과장하고 왜곡한 환상에 불과하다. 그 위험은 전 세계의 정부, 보안 서비스, 국제 언론을 통해 아무런 의심도 받지 않고 퍼져 나간 암울한 환상이다." 이 특별한 환상이 사람들의 이목을 끌며 빠르게 퍼져 나간 이유를 추적하기란 그리 어렵지 않을 것이다.

테러와의 전쟁이 남긴 것

"위대한 아이디어가 모두 신뢰를 잃은 시대에, 유령 같은 적에 대한 두려움은 권력을 유지하려는 정치인들에게 남은 전부다."

국가 권력의 정당성이 개인의 안전을 보장하는 형태로 전환될 시점이 임박했다는 조짐은 9.11 테러 이전에도 수없이 많이 포착되었다. 그럼에도 사람들은 9.11 테러라는 사건을 온전히 인식하고 받아들이기 위해 맨해튼의 고층 건물이 무너지는 충격적인 장면이 수개월 동안 수많은 텔레비전 화면에서 느린 동작으로 반복 재생되는 것을 볼 수밖에 없었고, 정치인들은 이를 이용해 대중의 실존적 불안을 결합한 새로운 정치 공식을 만들었다. 위그 라그랑주에 따르면 1960년대 중반 이후 스페인, 포르투갈, 그리스 등 사회 복지가 가장 낙후된 국가와 미국, 영국 등 사회 복지가 급격히 축소되기 시작한 국가에서 '안전에 대한 두려움'을 내세워 범죄 증가를 요란하게 경고한 것은 우연이 아니다.

이런 현상과 맞물려 정부는 보란 듯이 강경 대응 조치를 발표했고 교도소 수감자 수가 급증했다. 라그랑주의 표현에 따르면 "사회 국가가 감옥 국가로 대체되었다."[22] 형벌 정책의 엄격함과 범죄 발생 건수 사이에 상관관계가 있다는 것을 보여준 연구는 2000년 이전까지는 없었다. 그러나 '구금 증가', '시장에 의존하지 않는 복지 서비스 제공 비율', '복지 서비스에 할당된 국내총생산 비율' 사이에 부정적으로 강한 상관관계가 있다는 것이 대부분의 연구에서 발견되었다.

대체로 범죄와 개인의 신체 안전 및 재산에 위협을 가하는 위험에 새롭게 초점이 맞춰지면 '[사회적] 취약성이라는 정서'가 증가해 이 둘이 밀접하게 연관되어 있다는 사실이 의심의 여지 없이 드러났다. 또한 사회적 취약성은 경제 규제 완화 및 사회적 연대가 개인의 자기 의존으로 대체되는 현상과 밀접하게 관련되어 있다.

대테러 작전에서만 과잉이 명확하게 드러나는 것은 아니다. 대테러 연합 기관이 자국민에게 보내는 경고와 주의도 지나치게 과하다. 2004년 영국 언론인 데버라 오어Deborah Orr는 많은 비행기가 요격되었으나 실제로 위협을 받았다는 사실은 밝혀지지 않았다고 지적했다.

"히스로 공항 외부에 탱크와 부대가 주둔했지만 결국 아무것도 찾지 못하고 철수했다."[23]

또는 2003년 공개적으로 발표되어 격렬한 항의를 받은 '리신* 가공 공장' 사건을 예로 들 수 있다. 당시 이 사건을 두고 당국은 "'테러 위협이 지속된다는 강력한 증거'라고 열

---

* 피마자 씨에 들어 있는 독성 물질.

심히 떠들어댔지만, 결국 포튼다운의 세균전 공장은 테러리스트의 중요 기지로 알려진 아파트에서 발견된 리신과 관계 없는 것으로 드러났다." 끝으로 "[2004년 2월 초까지] 새로운 테러 법에 따라 500명이 구금되었지만 유죄 판결을 받은 사람은 두 명에 불과했다(참고로 유죄 판결 비율이 아무리 낮다 해도 기소되지 않은 채 수년 동안 관타나모 수용소에 수감된 뒤 유죄 판결을 받은 죄수들의 비율보다는 훨씬 더 높다).

런던에서 또다시 테러가 발생하지 않을 것이라고 가정하는 것은 '매우 어리석은 짓'이라는 찰스 클라크 영국 내무 장관의 경고는 분명 옳다. 그러나 테러 위협에 대응하기 위해 정부가 취한 조치는 테러 가능성을 줄이기보다는 긴장감과 '포위된 요새'처럼 고립된 분위기를 고조했다.《가디언》의 안보 담당 편집자 리처드 노턴 테일러Richard Norton-Taylor는 다음과 같이 주장한다.

"총리가 발표한 열두 개 조항이 역효과를 낳을 위험이 있다. 테러 용의자를 체포하고 추방하는 새로운 조치는 기존 사법 절차를 완전히 무시했다. 또한 [안보 및 정보 담당] 정부 기관은 물론이고 정부가 필요로 하는 국민까지 소외시킬 위험이 있다."24

데버라 오어는 이 모든 무의미한 대처법 중 무역과 관련된 강력한 이해관계가 테러에 대한 두려움을 조장하는 데 중요한 역할을 한다는 가설은 어느 정도 신뢰성을 인정받아야 한다고 지적한다. 실제로 소형 무기 거래의 세계적 확산을 막기 위한 '테러와의 전쟁' 때문에 오히려 해당 무기 거래가 상당히 증가한 징후가 곳곳에서 발견되었다(국제 앰네스티와 옥스팜이 공동으로 작성한 보고서에서 작성자들은 매년 50만 명이 소형 무기로 목숨을 잃기 때문에 소형 무기야말로 '진정한 대량 살상 무기'라고 단언한다).[25]

미국에서 '호신 물품과 기기'를 생산하고 판매하는 기업은 대중이 느끼는 두려움에서 이익을 얻고, 이 두려움은 이런 물품과 기기가 눈에 쉽게 띄고 광고에 자주 등장하기 때문에 더 커진다는 사실은 여러 자료나 연구를 통해 입증되었다. 어쨌든 다시 한번 강조하지만, 두려움을 조장한다고 비난받는 테러리스트와의 전쟁에서 지금까지 얻은 가장 주요하고 큰 결과물은 두려움 그 자체다.

치밀하게 계획된 국가의 폭력

그 전쟁의 또 다른 산물은 개인의 자유가 새롭게 제한받게 되었다는 사실이다. 그중 일부는 대헌장Magna Charta*시대 이후로 들어본 적이 없는 것이다. 런던 정경대학에서 인권법을 가르치는 코너 기어티Conor Gearty 교수는 '대테러 법안'이라는 이름으로 통과된 인간의 자유를 제한하는 여러 법안의 목록을 작성했고, 우려를 표명한 여러 비평가의 의견에 동의하며 "우리가 시민의 권리로 누리는 자유를 자녀들에게 물려줄 수 있을지" 확실치 않다고 했다.[26] 영국 사법부는 지금까지 일부 예외(그마저도 널리 알려진 경우)를 제외하고는 "억압 이외에는 대안이 없다"라는 정부 정책을 따랐다. 따라서 기어티는 "지금과 같은 위기 상황에서" 사법부가 시민의 자유를 수호하는 데 앞장서기를 기대하는 사람은 "진보적 이상주의자들과 의도는 좋지만 그와 비슷한 착각에 빠진 사람들뿐이다"라고 결론 내린다.

이 글을 쓰는 2005년 런던 광역 경찰청이 채택한 '사살 작전'**에 사법부는 아무런 반응을 보이지 않고 있다. 이들이 수행한 첫 번째 작전으로 장 샤를 드 메네제스Jean Charles de

---

* 1215년에 영국 왕이 귀족과 기사의 강요로 서명한 일종의 법률 계약서로, 국민의 권리와 자유를 보장하는 내용이다.

** 9.11 테러 이후 시행된 '테러 용의자에 대한 경고 없는 사살' 규정이다. 이 때문에 2005년 폭발물 테러범으로 오인받은 유색 인종이 지하철에서 무고하게 사살당했다.

Menezes가 사망하고 말았는데, 그가 지은 죄라고는 경찰에게 자살 폭탄 테러범으로 오인된 것뿐이었다. 그리고 그의 사후에 경찰이 발표한 잘못된 해명과 달리, 그는 미행당한다는 사실을 알지 못했고 경찰을 피해 도망치지도 않았으며 개찰구를 뛰어넘지도 않았다.

오늘날 증가하고 있는 테러 위협을 경계해야 하는 것은 사실이다. 하지만 그러한 위협을 가하는 사람으로 누군가를 오해할지도 모를 질서의 수호자들도 마찬가지로 의심의 눈초리로 바라보아야 한다.

관타나모나 아부 그라이브 기지 내 수용소에서 벌어진 암울한 행위에 관한 이야기들, 그곳을 방문한 사람들뿐만 아니라 국가적으로나 국제적으로 법의 보호를 전혀 받지 못한 상황, 이런 불법 행위를 감독하도록 임명된 사람들조차 차츰 비인간적인 상태로 타락한 과정은 언론을 통해 충분히 보도되었기에 여기에서 다시 언급하지는 않겠다.[27] 그러나 폭로되고 널리 알려진 잔혹 행위가 단발성도 아니었고 '업무 중 과실'도 아니었다는 점은 반드시 지적하고 싶다.

우리가 **사건 발생 이후에** 알게 된 모든 사실에 따르면(물론 아직 모든 것을 다 안다고 단언할 수는 없지만) 잔혹 행위는 매우 치밀하게 설계되었고 그 행위를 실제로 실행한 사람들은 잔혹

행위에 필요한 최첨단 기술을 부지런히 훈련받았다. 현대 과학과 그 과학기술의 권위자들은 최신 고문 기법을 도입하는 데 참여했다.

쿠바 관타나모 만의 군의관들은 심문관이 수감자를 강압적으로 심문하는 것과 그 과정을 개선하는 데 도움을 주었다. 그중에는 스트레스 수준을 높이고 두려움을 이용하는 방법에 관한 조언도 있었다. (…) 고문 프로그램은 수감자들의 두려움과 고통을 증가시키기 위해 설계된 것이 분명했다. (…) 군 당국은 고립되어 있는 관타나모 수용소 의료진을 인터뷰하고 싶다는 《뉴욕 타임스》의 요청을 허가하지 않았다. (…) 소수의 전임 심문관들이 익명을 조건으로 《뉴욕 타임스》의 인터뷰에 응해 관타나모 수용소의 관행을 밝혔는데 당시 의료진이 도움이 되었다는 내용도 일부 있었다.[28]

도널드 럼즈펠드 미 국방부 장관은 "아부 그라이브 수용소 가혹행위 사건 당시 이라크 주둔 미군 사령관이었던" 리카르도 산체스Ricardo S. Sanchez 장군을 육군 사령부의 새로운 고위직으로 진급시켰다. 《뉴욕 타임스》 기자들의 논평처럼 그의 진급은 "군이 가혹행위 사건을 뒤로하고 점점 자신감을 회복하고 있다는 사실을 보여주는 듯하다."[29]

조용히 퍼지는 국가 권위주의

　방송 제작자 애덤 커티스는 "새로운 괴물이 나타난 것이 아니다. 두려움이라는 독을 뽑아내고 있을 뿐이다"라고 말한다.[30] 두려움은 일상에서 인간이라는 존재 깊숙이 스며들고 있다. 두려움은 규제 완화가 세계 구석구석 깊은 곳까지 영향을 미쳐 시민 사회의 방어 구조가 붕괴하는 데 존재한다. 무궁무진하고 스스로 재생산하는 두려움을 이용해 고갈된 정치 자본을 재건하는 것은 많은 정치인에게 저항하기 어려운 유혹이다.

　9.11 테러가 발생하기 훨씬 이전에도 그 유혹에 굴복하는 일은 이미 매우 익숙하고 검증된 방법이었고 거기에서 얻는 이익이 분명히 존재했다. 「국가 권력의 친구, 테러리스트The Terrorist, Friend of state Power」라는 뼈아프면서도 적절한 제목의 연구에서 독일 사회학자 빅토르 그로토비츠Victor Grotowicz는 사회주의 국가의 '영광스러운 30년'이 막을 내리기 시작하던 시기에 독일 연방 공화국 정부가 적군파Red Army Faction

의 테러를 어떻게 이용했는지 분석한다.[31]

그의 연구 결과에 따르면 1976년에는 개인의 안전을 가장 중요한 정치적 문제라고 생각한 독일 국민이 7퍼센트에 불과했지만, 2년 뒤에는 독일 국민 대다수가 실업률 증가와 인플레이션 악화에 대응하는 것보다 개인 안전을 훨씬 더 중요한 문제라고 생각했다. 그 2년 동안 국민은 급증하는 경찰과 정보기관이 사진 촬영을 의식하며 활동하는 모습을 텔레비전을 통해 지켜보았고, 정치인들이 테러리스트와의 전면전에 더욱 강경하고 엄격하게 임하겠다고 약속하면서 서로 앞다퉈 과격한 말을 쏟아내는 것을 들었다.

또한 그로토비츠는 개인의 자유에 중점을 둔 독일 헌법이 독일의 자유주의 정신에 근원을 두고 있지만, 이제 그 정신은 과거에 그토록 싫어했던 국가 권위주의로 은밀하게 대체되었다는 사실도 발견한다. 헬무트 슈미트Helmut Schmidt 총리는 하원의 새로운 결의안이 헌법에 어긋나지 않는지 법정에서 다투지 않기로 한 변호사들에게 공개적으로 감사를 표했다. 하원에서 결의한 이 법안은 테러리스트의 활동을 더 많이 보도해 그들이 스스로 달성할 수 있는 수준을 훨씬 넘어선 정도까지 주목받게 만드는 등 대체로 테러리스트의 이익에 부합했다(그들의 사회적 위상이 간접적으로 높아지기까지 했다).

연구자들이 함께 내린 결론에 따르면 법과 질서를 수호하는 세력이 보인 폭력적 반응이 테러리스트의 인기를 높이는 데 크게 기여했다. 새로 발표된 강경한 정책들 모두 테러 위협을 제거하는 것이 명백한 목적이라고 선언했지만, 이들 정책에는 공개된 것보다 더 중요한 목적이 숨어 있었다. 국가 권력의 근거지를 국가가 효과적으로 통제할 수 없거나 통제할 의지도, 계획도 없는 영역에서 다른 영역으로, 국가 권력과 결단력 있는 행동을 눈에 띄게 보여주어 대중의 박수를 받을 수 있는 영역으로 옮기려는 시도였다.

대테러 작전의 가장 두드러지는 결과는 독일 사회에 스며드는 두려움의 양이 급격히 증가했다는 것이다. 테러리스트들은 이 작전의 표적이 되어 그들이 꿈꾸던 것보다 민주주의를 훼손하겠다는 목표에 더 가까이 다가갈 수 있었다. 마지막으로 아이러니한 점은, 결국 적군파가 무너지고 독일 사회에서 사라지게 된 것은 경찰의 억압 때문이 아니라, 사회 상황이 달라져 테러리스트들의 **세계관**과 관행에 더 이상 적합하지 않았기 때문이었다는 사실이다.

북아일랜드 테러에 관한 슬픈 이야기도 마찬가지다. 이들 테러 조직이 어느 시점까지 뚜렷하게 살아남아 대중의 지지를 얻은 것은 영국의 가혹한 군사적 대응 덕분이었다. 이들의 종말은 아일랜드의 경제 기적과 '금속 피로metal fatigue'*와 비슷한 심리 현상 때문이지, 영국 군대가 북아일랜드에서 수 년 동안 했거나 할 수 있었던 일 때문이 아니었다.

개인 안전 국가의 부상

최근에 병든 사회 국가를 대체한, 개인 안전에 중점을 두 는 국가는 민주주의에 딱히 우호적이지 않은 것으로 알려졌 다. 적어도 대체하려는 사회 국가만큼 열렬히, 헌신적으로 민 주주의를 지지하지는 않는다.

민주주의는 미래에 대한 사람들의 신뢰와 그들의 행동 능력에 대한 낙관적 자신감에 기반을 두고 있으며, 역사적으 로 사회 국가는 그동안 그러한 자신감의 혜택을 누리지 못한 사회 일부에 그 자신감을 불어넣는 중요한 역할을 했다. 사회 국가는 이러한 자신감을 바탕으로 모든 국민에게 더 나은 미 래에 가까워질 수 있다는 믿음을 주었다.

이와 반대로 개인 안전 국가는 자신감과 신뢰의 숙적이

---

* 내부에 충격이 쌓여 어느 순간 금속 부품이 부서지는 현상.

라고 할 수 있는 두려움과 불확실성에 의존한다. 그리고 모든 사회 제도가 그렇듯이 자양분을 제공하는 자원을 늘리고 미개척 영역을 새로 점유해 그것을 자신에게 유리한 방식으로 전환함으로써 기득권을 형성한다. 이것은 간접적으로 민주주의의 기반을 약화한다.

시민의 자신감과 신뢰 위기가 민주주의에 위기가 닥쳤다는 신호이듯이 두려움의 수준이 낮아지는 것은 법과 질서를 위협에서 지키겠다는 정당성을 추구하는 국가에는 죽음을 알리는 종소리로 들릴 수 있다. 개인 안전 국가가 증가하는 현상은 현대 민주주의의 황혼이 다가오고 있다는 예고일 수 있다. 또한 그 불길한 예감이 자기충족적 예언으로 바뀌는 데 중요한 역할을 할 수도 있다.

'안보 국가'라고 해서 반드시 전체주의 국가라고 할 수는 없다. 개인 안전 국가는 몇 가지 중요한 면에서 유동적인 현대의 특성을 보이므로 전체주의 국가와 정반대처럼 보일 수 있다. 츠베탕 토도로프가 전체주의를 구성하는 요소를 적절히 요약한 대로 전체주의는 개인 삶의 **이른바** 전체적인 '통합'으로 구성된다.[32] 완전한 전체주의 국가에서는 공과 사의 경계가 모호해지거나 완전히 사라지는 경향이 있고, 신성시되며 침해할 수 없는 것으로 여겨지는 개인의 자유는 국가의 주도권을 더 이상 제한하지 않는다(그리스 철학자 코르넬리우스 카스토리 아디스Cornelius Castoriadis라면 **교회**가 **가정**을 침략하고 정복해 식민지 화하고 그 과정에서 **광장**을 합병했다고 말했을 것이다).[33] 그러나 이것 은 유동적인 현대 사회의 지배적인 경향은 분명 아니다.

오히려 한때 국가 기관이 직접 관리하고 운영하던 공공 영역이 점점 더 '아래로 흘러내리는' 경향이 있다. 다시 말해 민간 기관에 '이관하거나', '외주를 주거나', '분리하여 이전 한다.' 또는 국가 기관이 떠나고 그 일을 개인이 신경 쓰거나 책임지게 한다. 이제 **가정**이 공세를 취하고 **교회**가 물러나는 셈이다.

이제 국가는 더 이상 자발성을 일상의 규칙으로, 우발성 을 계획적이고 예측 가능한 차트와 일정으로 대체하려 하지 않는다. 좀 더 일반적으로 말하자면 '혼돈'을 질서로 대체하 려 하지 않는다(자율적 개체가 각자 자기주장을 펼치며 경쟁하는 상 태를 재조정하거나 특히 가능한 결과의 범위를 좁히려 하지 않는다). 한 나 아렌트가 언급했듯이 과거의 야망들은 체제 전반에 걸쳐 고질적으로 자리한 전체주의적 경향을 촉진하고 강화했다. 적어도 이 점에서, 유동적인 현대 사회의 국가는 정확하게 반 대 방향으로 움직이는 경향을 보인다. 그러나 다른 측면에서 는 명백한 '전체주의적 경향'이 실제로 포착될 수 있다.

미하일 바흐친에 따르면 세상 모든 권력이 '형성된 순간의 특징'은 '폭력, 억압, 거짓', 그리고 '국민의 불안과 두려움'이다.[34] 20세기에 전체주의적 경향이 남긴 두껍고 숨 막히는 두 가지 퇴적물(공산주의와 나치즘) 중 하나인 공산주의 체제에서 글을 쓴 바흐친은 국가의 지배와 '국민의 불안과 두려움' 사이의 밀접한 관계를 밝혀내려 했다. 그는 국가가 지속적으로 행사하는 폭력에서 느끼는 위협이 국민의 불안과 두려움의 주요한, 아니, 유일한 원인이라고 보았다.

이것이야말로 20세기 전체주의 체제의 가장 중요한 특징이다. 이 체제에서는 국가가 두려움을 조장해 국민의 복종과 순종을 얻어내고 유지한다. 그 두려움은 전체주의 국가들이 법을 적용하고 면제하는 방식이 임의적이고 변덕스러우며 논리가 없다는 데서 비롯된다. 원래 법의 면제는 모든 주권 국가의 보편적 특권(카를 슈미트에 따르면 주권 국가를 규정하는 특권)이다.

전체주의 국가는 **알 수 없고 예측할 수 없는 것의 근원**으로, 두려움의 대상이었다. 그 두려움은 국민의 실존적 조건에서 영원히 지속되고 제거할 수 없는, 불확실성의 요소였다. 물론 이것은 전체주의 체제 중에서도 나치즘보다 공산주의에 더 많이 적용되었다. 공산주의 체제에서는 실존적 불안을 일으키는 또 다른 큰 요인인 시장에서의 자유로운 경쟁을 금지해, 불안정하고 통제할 수 없는 **경제적** 힘에 삶의 과정이 대체로 영향을 받지 않게 한다. 그래서 의도적으로 **만들어낸** 불확실성에, 즉 정치적 수단이 모든 곳에서 공공연히 강압을 행사해 만들어낸 **인위적** 불안에 의존해야 했다.

토도로프는 프랑스 철학자 에르네스트 르낭Ernest Renan의 『철학적 대화Dialogue philosophique』 중 세 번째 대화를 인용한다. 이 대화는 지금은 반쯤 잊힌, 전체주의 관행에 대한 기이한 **옹호론**을 펼치는데 국가가 '허상의 지옥'을 대신할 만한 것을 지상에 만들어야 한다고, 너무도 현실적이고 구체적으로 존재하며 확실한 형태의 지옥을 만들어 올바른 길에서 벗어나는 모든 사람을 기다리도록 해야 한다고 주장한다. 허상의 지옥이란 종교가 신자들을 겁주어 복종하게 만들기 위해 이용한 개념으로, 실제로 존재하는지 설득력 있게 증명되지 않았다.[35]

부르주아의 프롤레타리아화

그러나 공산주의 체제에서도 국가 권력은 억압받는 국민

에게 두려움의 주된 **원인**이 국가라는 사실을 은폐하며, 두려움에서 구해주는 구세주라는 이미지를 만들려고 했다. 국가가 일상적으로 두려움을 유발하게 되자 잇따른 '숙청'이 잠시나마 멈추는 순간이 생기거나 개인이 처벌받지 않거나 대규모 박해에서 면제되는 일이 생기면, 국가의 자비를 증명하는 사례이자 국가가 무고한 사람을 보호하고 복종하는 사람에게 보상하려고 열심히 노력하는 사례로 받아들여졌다. 또한 혼돈과 우연이라는 바다에서 국가만이 유일하게 논리적이고 일관된 섬이기에 국가를 신뢰하기로 결심한 것이 옳은 선택이었다고 다시 한번 확인해 주는 역할을 했다.

'국민의 불안과 두려움'은 기록에 남아 있는 모든 전체주의 국가뿐만 아니라 현대 민주주의 정치 체제의 권력이 '구성된 순간에 드러나는 특징'이기도 하다. 하지만 자본주의와 시장 경제가 중요한 요소로 작용하는 현대 민주주의 국가는 거의 처음부터, 아니면 적어도 비교적 이른 시점부터 국민의 삶에서 두려움을 **줄이거나** 완전히 **없애겠다는** 목표를 세운다. 불확실성을 인위적으로 만들 필요도 없다. 국가가 관리하는 폭력과 억압 수단은 특별한 경우에만 쓰일 수 있고, 대부분의 시간 동안에는 녹이 슬 정도로 방치된다. 민주주의 체제에서는 구성원 대부분이 처한 삶의 상황에서 비롯된, 내재한 두려움이 충분하다.

현대 민주주의의 발전은 불확실성, 불안, 두려움을 유발하는 잇따른 원인을 없애거나 제한하거나 길들이려는 노력으로 설명할 수 있다. 사회가 유발한 두려움에 대항해 오랫동안 투쟁한 결과 실업, 장애, 질병, 노령 등 개인이 겪는 불행을 국가가 집단적으로 보장하는 체계가 마련되었고, 개인이 자아를 형성하고 자기주장을 하는 데 꼭 필요한 서비스를 국가가 책임지고 집단적으로 제공하게 되었다. 이것이 바로 '복지 국가'라는 잘못된 이름으로 불리는 사회 국가의 본질, 또는 적어도 핵심 목표였다.

1940년대에 프랭클린 델러노 루스벨트 대통령은 민주주의 동맹의 이름으로 전쟁 종식을 선언하면서, 사람들이 두려워할 재앙은 두려움 자체뿐인 세계가 도래할 것이라고 발표했다. 그리고 대부분의 자유 민주주의 국가는 제2차 세계대전 이후의 '영광스러운 30년' 동안 그 약속을 지키려고 집중적으로 노력했다.

모든 사회 국가가 후퇴하는 상황에서 루스벨트의 약속이 되풀이되는 일은 거의 없었다. 국가 권력을 쥐고 있는 사람들조차 이를 되풀이하지 않았다는 점은 매우 의미심장하다. 사회 국가가 등장함에 따라 영원히 사라질 줄 알았던 두려움이 복수심을 품고 모두 다시 돌아왔다. 특히 사회적 퇴화에 대한 두려움이 두드러졌는데, 그 퇴화의 끝에서 빈곤과 배제라는 위협을 마주할 수도 있었다.

리처드 로티는 과거의 향수에 젖어 있던 사회주의 지식인들이 우려하며 안타깝게 바라본 '프롤레타리아의 부르주아화'부터 레이건 이후 미국의 '부르주아의 프롤레타리아화'까지 가는 과정에 대해 다음과 같이 언급한다.

1973년 이후 미국인 부부가 열심히 일하기만 하면 집을 살 수 있고 원한다면 아내가 집에서 아이들을 기를 수 있다는 가정은 어리석은 것으로 여겨지기 시작했다. 이제는 평균적인 정규직 맞벌이 부부가 1년에 3만 달러 넘게 벌 수 있는지 없는지가 문제가 된다. 남편과 아내가 각각 생산직 및 비관리직 근로자의 현재 기준 평균 임금(시간당 7.5달러)을 받으며 연간 2000시간 일하면 그만큼의 돈을 벌 수 있다. 하지만 연간 3만 달러로는 주택을 소유할 수도, 자녀를 괜찮은 보육 시설에 보낼 수도 없다. 대중교통도, 국민 건강 보험도 믿을 수 없는 이 나라에서 연간 3만 달러라는 소득은 4인 가족이 겨우 입에 풀칠하는 수준이다. 이 정도 소득으로 살아가는 가족은 임금 삭감과 정리해고, 잠깐만 아파도 생길 수 있는 끔찍한 결과에 대한 두

려움에 끊임없이 시달릴 것이다.[36]

1996년 3월 3일 자 《뉴욕 타임스》 보도에 따르면 당시 미국인 72퍼센트가 "이 나라에서 정리해고와 실직은 계속될 것"이라고 생각했다. 그들은 여전히 그렇게 생각하고 있으며, 아마 그 생각은 1996년보다 더 확고해졌을 것이다. 그 생각은 매일같이 충분히 확증되며 스스로 의심할 이유가 거의 없는, 많은 사람이 믿는 몇 안 되는 생각 중 하나가 되었다. 그리고 그런 생각을 품고 있다는 것은 만성적으로, 매일 두려움을 느낀다는 뜻이다.

초부자들의 가장 강력한 무기

루스벨트가 '두려움과의 전쟁'을 선언하며 자유의 박탈, 종교적 박해, 빈곤에 대한 두려움이 곧 종말에 이를 것이라고 약속한 뒤로 60년이 지난 시점에 조지 부시가 '테러와의 전쟁'을 선언했는데, 이 약속이 지켜지려면 아직 한참 먼 듯하다(부시 대통령의 최측근 조력자 중에는 절대 지키지 못할 약속이라고 직설적으로 경고하는 사람들도 있다). 레이건 이후 시대에는 개인 안전의 위협에 대한 두려움(테러리스트로 인한 두려움, 9.11 테러 이전보다 빈도가 다소 줄어들어 간혹 끼어드는 정도지만 거리의 거지와 마약 밀매상과 강도에 대한 두려움, 더 넓게는 명확히 정의할 수 없어서 더 큰 두려움을 유발하는 '하층민'에 대한 두려움, 패스트푸드 중독과 비만, 콜레스테롤, 간접흡연 등에 대한 두려움)이 다른 모든 두려움을 흡수하고 닦아버리는 스펀지 역할을 했다.

9.11 테러가 발생하기 몇 년 **전**, 로티는 "프롤레타리아 계층이 일시적으로 유혈 사태가 발생하는 전쟁이나 미디어가 만들어낸 가짜 사건에 주의를 빼앗겨 절망을 잊을 수 있다면, 초부자들은 두려워할 것이 거의 없을 것이다"라고 했다(테러 발생 **이후**인 지금 보면 예언과 다름없는 말이다).[37]

어쨌든 초부자들은 두려워할 것이 거의 없다. 맥스 헤이스팅스는 이에 대해 다음과 같이 올바르게 지적한다.

가진 자들의 가장 강력한 무기는 세계화다. 기업이 일정 수준을 넘으면 세금을 제멋대로 조정할 수 있게 된다. 루퍼트 머독의 회계사들이 이를 증언할 수 있다. 재정적으로, 심지어 신체적으로 위협당할 때 현금이나 자기 몸을 쉽게 다른 곳으로 이동할 수 있다. 이를 인식한 국가 정부 중 부를 창출하는 사람들의 은행 계좌를 강제로 들춰 이들과 멀어지는 위험을 감수할 정도의 배짱이 있는 정부는 거의 없다. (…) 전례 없는 규모로 금융 체제가 무너지는 것만이 [유일하게] 부자들의 안전을 위협할 것이다.[38]

세계적 특권층에 속하는 초부자는 물리적으로 어디에나 있을 수 있지만 그 어디에서도 소속감을 느끼지 못한다. 이들은 잠시 머무르는 곳의 주민들을 사로잡은 두려움을 완화하는 데 신경 쓸 필요가 없다. '프롤레타리아 계층을 행복하게' 하는 일은 이제 더 이상 그들 자신의 안전과 관계없기 때문이다. 필요하다면 다른 곳에서 안전을 찾으면 그만이다.

또한 프롤레타리아 계층은 그들의 부와도, 그 부를 지속적으로 축적하는 것과도 관계없다. 이들의 부는 매우 가볍고 이동성이 뛰어나기에 더 친절하고 환영받는 곳으로 옮기면 그만이다. 현지 주민들의 두려움이 너무 커서 그곳에서 편안하지 않다면 이동할 수 있는 지역이 많기에 그들이 공포와 악몽의 도가니에서 끓어오르도록 내버려두고 떠날 수 있다.

세계적 특권층에게는 주민들의 두려움을 완화하는 것보다 오히려 부추기는 것이 리스크가 적다. 특권층이 중간 정착지로 선택한 곳이라면 어떤 지역이든 상관없다. 세계화된 사회의 불안에서 비롯된 두려움을 지역 안전 문제로 재구성하고 재조정하는 것은 가장 효과적이면서도 실패할 염려가 거의 없는 전략인 듯하다. 이 전략을 지속적으로 추구하면, 이익은 크고 리스크는 상대적으로 적다.

그러나 지금껏 가장 중요한 이익은 두려움에 사로잡힌 사람들의 시선을 실존적 불안의 원인에서 다른 곳으로 돌린 것이다. 다시 헤이스팅스의 말을 인용하자면 이 덕분에 세계의 특권층은 방해받지 않고 "엄청난 규모의 보상을 자신에게 계속 제공할" 수 있을 것이다.

부정적 세계화 덕분에, 앞서 말한 전략을 앞장서 주장하고 실행하는 사람들이 이용할 수 있는 대중적 두려움의 양과 강도를 비롯한 총합은 줄어들기는커녕 증가하고 있다. 그리고 이렇게 두려움이 넘쳐난 덕분에 그 전략이 일상에서 전개되었고, 이는 다시 부정적 세계화가 지속되는 발판이 되었다. 이것이 현재 **예측할 수** 있는 미래다. 그러나 앞서 살펴보았듯이 '예측 가능성'은 부정적으로 세계화된 유동적인 현대 사회에서 가장 눈에 띄게 부족한 특성이다.

나가며

무력감에서 해방되기 위해

자크 데리다는 1990년에 프랑스 철학자 알튀세르 Althusser, 프랑스 작가 브누아Benoist, 벨기에 철학자 로로Loreau 의 죽음을 잇따라 접한다. 이 세 가지 충격적인 일을 경험한 뒤 그는 모든 죽음이 한 **세계**의 종말이라고 선언한다. 죽음으 로써 자신만의 **고유한** 세계가 끝나는 것이며, 그 세계는 다시 나타나거나 부활할 수 없다는 것이다.[1] 죽음은 한 세계를 **잃어 버리는** 것과 같고, 그 상실은 **영원하고 돌이킬 수 없다**. 죽음은 고 **유성**이라는 개념의 경험적, 인식론적 토대다.

영국 사회학자 랠프 밀리밴드Ralph Miliband의 죽음은 무조건적 낙관론을 거부한 일부 지식인들에게 특히 가혹하고 고통스러운 충격을 안겼다. 이들은 지구상의 위협과 두려움을 줄여 인간과 **인간의** 생활에 더 우호적인 환경을 조성하기 위해 이미 할 수 있는 일은 다 했다는 생각을 거부하고 비판적으로 성찰함으로써, 더 이상 개선이 불가능하다는 생각을 받아들이지 않았다.

밀리밴드만의 고유하고 흉내 낼 수 없는 세계는 영원한 희망의 세계였다. 하지만 그런 이유에서 그 희망의 세계는 우리 세계의 아주 중요한 부분으로 계속 남아 있고 우리 세계를 끊임없이 풍요롭게 하는 원천이기도 하다. 계속 희망하게 하는 일은 살아 있는 자들의 몫이다. 다시 말해 인류가 더 살기 좋은 환경을 만들기 위한 투쟁이 진행되는 이 급변하는 세상에서 희망을 되살리는 것은 살아 있는 사람들이 해야 할 일이다.

랠프 밀리밴드의 학문적 업적은 당시 지식인들이 직면한 중대한 과제와 '지식인'이라고 불린 사람들이 그 과제를 해결하려고 성공과 실패를 거듭하며 시도한 여러 방법과 수단을 상징한다(여기에서 말하는 지식인이란, 사유의 궁극적 목적은 세상을 처음 발견했을 때보다 더 나은 상태로 만드는 것이라고 꾸준히 믿고 생각하는 사람들이다).

이들이 직면한 과제는 '역사의 주체'가 느리지만 끊임없이 분해되는 현상이었다. 그렇지만 이 현상은 오랫동안 무시되었고, 그보다 더 오랫동안 의도적으로 인정되지 않았다. 지식인들은 역사의 주체가 계몽주의 사상가들이 순수한 형태로 개념화한 자유, 평등, 박애를 향한 도약으로 이끌어 가기를, 또는 이끌려 가기를 바랐다(이들은 이탈리아 철학자 안토니오 그람시Antonio Gramsci가 행동 강령으로 제시한 '유기적 지식인'이라는 기준을 염두에 두고, 순수하게 생각만으로는 실질적인 변화를 일으킬 수 없다는 사실을 고통스럽게 인식했다). 그러나 이는 훗날 자본주의와 공산주의로 왜곡되어 막다른 골목에 이르게 되었고, 결국 최종 정착지는 사회주의가 되었다.

역사적 주체가 이동하다

2세기 남짓한 근대 역사를 지나는 동안 지식인들은 태양을 향해 날아갔다가 날개가 녹아서 추락하고야 마는 젊은 이카로스의 자신감과 대담함에서, 이카로스의 아버지로서 아들의 추락을 목격한 뒤로 신중하고 현실적인 태도를 보이는 나이 든 다이달로스의 회의주의와 신중함에 이르는 모든 것을 경험했다(한 가지 분명히 해두자면, 이 경험의 여정은 아직 끝나지 않았고 그 길은 지금까지 그랬듯이 앞으로도 직선이 아닐 가능성이 매우 크다).

지식인들이 다양한 과업을 수행하고 다양한 태도와 **세계관**을 취하는 과정에서 새로 나타나거나 사라지거나 버려진 것들도 많았다. 자만심에 취한 젊은이의 자신감, 용기, 떠들썩함 같은 것도 있었고(프랑스 사상가 클로드 앙리 생시몽Claude-Henri Saint-Simon이 '긍정적인 지식인 동료들'에게 "편견에 맞서 총체적이고 결정적인 공격에 착수하고 산업 시스템을 조직하기 위해 힘을 합쳐 단결하자"라고 촉구한 것과 같은 경우다), 나이 든 사람의 현실 직시와 신중함과 판단력도 있었다(오스트리아 철학자 루트비히 비트겐슈타인은 체념하면서 "철학은 모든 것을 그대로 둘 뿐이다"라고 결론 내렸다).

지식인들은 언제나 '순수한 사유'의 무력함을 암묵적으로 의심하거나 크게 한탄했다. 말이 세상을 바꿀 수 있는가? 진실을 말하는 것은 거짓을 이기기에 충분한가? 이성은 편견과 미신에 맞서 홀로 설 수 있는가? 악은 선의 찬란한 영광에 굴복할 것인가? 추악함은 아름다움의 눈부신 광채에 굴복할 것인가?

지식인들은 자신들에게 말에 살을 붙여 살아 움직이게

할 능력이 있다고 단 한 번도 믿지 않았다. 이들에게는 자신들이 촉구한 일을 수행할 누군가가 필요했다. 실질적인 힘을 가지고 그 일을 실행하고, 완료한 뒤에도 그 일이 지속되게 할 누군가가 필요했다(지식이 세상에 변화를 일으키려면 힘이 필요하듯이, 힘도 올바른 방법과 목적으로 세상을 변화시키려면 지식이 필요하지 않겠는가). 지혜롭지만 무자비하고, 무엇보다 재량이 뛰어난 '계몽주의의 영향을 받은 전제 군주', 이성의 조언을 구속력 있는 법으로 바꿀 수 있는 군주야말로 지식인들이 가장 이상적으로 여기는 지도자였다.

하지만 역사가 증명하듯 가장 이상적으로 여기던 계몽주의 전제 군주는 시간이 지나면서 더 이상 유망한 선택도, 최고의 선택도 아니게 되었다. 권력자와 열정적 조언자의 관계는 아무리 좋게 봐도 애증이 엇갈리는 관계였고, 대개는 서로 의심하느라 관계가 격해지고 악화했다(권력자는 조언자의 열정을 너무 과도하거나 불편하게 여기는 경우가 많았다). 자칭 법을 **설계하는** 사람과 권력을 쥐고 법을 **제정하는** 사람의 결혼은 머지않아 취약하고 지속되기 힘든 애증의 관계로 드러나 언제라도 이혼할 수 있는 상태가 되었다.

적어도 한 세기 동안, 지식인들은 '역사의 주체'가 되어 해방을 실현할 대상으로 '노동자 계급'을 주로 선택했다. 노동자 계급은 다양한 기술과 직업을 가진 사람들로 구성되었고, 집단을 이루어 강하게 결속할 것으로 기대할 만했다. 또는 이미 결속되었다고 믿을 만했다. 이들은 노동력과 창의력을 어쩔 수 없이 불공정한 가격에 팔아야 했고, 이러한 현실과 맞물려 인간으로서의 존엄을 부정당하는 피해까지 보았다. 그랬기에 단순한 '객체'에서, 사유하지 않고 존재하는 '계급 그 자체'에서 벗어나 '스스로 위하는 계급'으로 발전하리라는 기대를 받았다. 이들은 역사적 목표를 인식하고 받아들였으며, 스스로 또는 타의에 의해 객체에서 주체로, 역사의 주체로 변화했다. 그리고 자신들의 고통을 끝낼 혁명을 위해 단결했다.

그러나 그들이 겪는 고통은 사회 구조에 뿌리를 두고 있었으므로, 카를 마르크스의 유명한 문장에 따르면 그 고통을 겪는 사람들은 인간이 사는 사회 전체를 해방하지 않고서는 스스로 해방될 수 없는 독특한 계급이었다. 이뿐만 아니라 노동자 계급의 불행을 종식하려면 모든 인간의 불행을 종식해야 했다.

노동자 계급은 이러한 힘을 갖고 있다는 기대를 받음으로써 희망의 자연스럽고 안전한 피난처가 되었다. 근대 초기의 유토피아 작가들이 상상한 머나먼 도시보다 훨씬 더 안전했다. 작가들은 상상 속 도시의 '계몽주의 전제 군주'가 변화를 받아들이지 않거나 변화에 준비되지 않은 국민에게 강제로 행복을 안겨주리라고 기대하고 믿었다.

자본과 노동의 공존

노동자 계급에 이러한 기대를 하는 것이 타당한지는 처음부터 결론 내리기 어려운 문제였다. 마르크스의 믿음과 반대로, 초기 자본주의 시대에 공장 노동자들은 자유에 대한 열망보다 안전을 보장받지 못해서 불안을 느꼈다고 볼 수 있다. 그리고 보장받지 못해 한탄하던 안전을 새로운 토대에서 되찾거나 재건하게 되면, 그 불안은 혁명이나 해방까지 가기 전에 이내 사라질 수밖에 없었다.

또한 일자리를 잃은 장인이나 소작농을 비롯해 강제로 일하지 못하게 된 많은 사람이 겉보기에 동일한 노동자 계급을 이룬 것은 스스로 이루어낸 성과라기보다 경제 권력의 도움을 받은 결과라고 할 수 있다. 그 경제 권력은 노동자 계급을 형성하는 데 중요한 역할을 했듯이, 그 계급을 해체하는데도 같은 역할을 할 수 있다.

그러나 이러한 평가를 비롯한 수많은 경고는 현재 시점에서 과거를 되돌아보는 것이기에 쉽게 말할 수 있는 것이다. **시간이 지나** 당시 상황이 권력 체제를 혁명적으로 개편하기 위한 첫걸음과는 거리가 멀었다는 증거가 모였기 때문에 할 수 있는 말이다. 단체 교섭 관행과 노동자들이 임금 차별을 막기 위해 실시하는 '방해 활동' 등으로 표현되는 계급 투쟁은 자본주와 노동의 관계라는 한계 **안에** 있는 목표를 향해 있었다. 또한 자본주의 체제를 무너뜨리기는커녕 그 질서를 깨고 나오지도 못했다. 그리고 노동 투쟁이 참을 수 없고 폭발할 수 있을 정도로 왜곡된 체제의 결함을 주기적으로, 거의 일상적일 정도로 바로잡음으로써 이 투쟁은 자본주의 질서를 약화하거나 방해하기보다, 체제가 안정을 유지하고 '균형을 회복하는' 장치 역할을 했다.

전근대적 경제 구조가 무너지고 이와 관련된 불안이 오랜 기간 지속된 초창기가 지난 뒤에, 새로 등장했지만 겉보기에는 견고한 산업 사회 구조에 기반을 둔 '상대적 안정기'가 찾아왔다. 국가가 관리하는 수단을 통해 '자본과 노동을 상품화'하는 것은 자본주의 세계의 꾸준한 특징이 되었다. 국가는 자본주의 경제의 깊고 넓은 확장을 촉진하고 보장하며, 노동 시장 구조를 재편성하고 노동자들을 재교육하며 '경기 부양'

에서 중요한 역할을 담당했다.

자본주의 확장을 받아들이는 쪽에서는 가혹한 어려움을 겪고 주기적인 경기 침체에 대한 끊임없는 두려움 때문에 불안했지만, 장기적인 기대와 계획이 가능하며 검증되고 신뢰할 수 있는 복구 수단을 갖춘 경제 체제가 등장했다고 생각했다. 그 견고하고 안정돼 보이는 체제 덕분에 안전하다는 느낌과 자신감이 커졌고, 이를 바탕으로 장기적인 삶의 계획을 세울 수 있었다.

깨질 것 같아 보이지 않는 상호 의존 관계를 확립한 자본과 노동은 상호 유대가 영원하리라고, 앞으로도 '계속 다시 만날 것'이라고 점점 더 확신하게 되었다. 이 둘은 서로에게 이익이 되고 희망적이며 최소한 용인 가능한 해결책을 찾았다. 힘겨루기가 반복되기도 했지만, 협력의 규칙을 성공적으로 재조정해 일정 기간 동안은 서로 만족하는 공존 방식을 택했다.

상황이 이렇게 전개되자 좌절하고 조급해진 레닌은 노동자들이 자기 방식대로 하도록 내버려두면 '노동 조합식 사고'만 발전할 뿐, 역사적 사명을 수행하는 것은 고사하고 지나치게 편협하고 이기적이며 분열된 상태가 지속될 것이라고 불평했다. 그는 혁명의 '지름길'을 주장하고 열렬히 지지

했으며, 신뢰할 수 없는 프롤레타리아가 즉흥적으로 분노를 터트리기보다는 '혁명 전문가들'이 철저하게 준비해 권력을 장악해야 한다고 주장했다.

이런 레닌을 격분하게 한 것과 같은 흐름이 다른 곳에서도 발견되었다. 그러나 동시대에 활약한 독일 마르크스주의 이론가 에두아르트 베른슈타인Eduard Bernstein은 다소 낙관적인 평정을 유지하며 상황을 바라보았다. 베른슈타인은 영국의 페이비언Fabians 사회주의자들에게 상당한 도움을 받아 '수정주의revisionist' 프로그램을 창시한 인물로, 본질적으로 자본주의 사회의 정치적, 경제적 틀 안에서 사회주의의 가치와 야망을 합의하고 추구하려 했다. 또한 현 상황을 단숨에 개혁하기보다는 점진적이고 꾸준한 '개선'이 필요하다고 주장했다.

역사의 행위자가 된 지식인들

레닌과 베른슈타인의 진단은 놀라울 정도로 비슷했다. 하지만 '그렇다면 무엇을 해야 하는가?'라는 질문에 대한 대답은 극단적으로 달랐다. 두 사람 모두 사고의 고질적인 약점을 치유하는 유일한 방법은 이론과 실천의 결혼이라는 마르크스의 주장에 충실했다. 또한 마르크스가 곧 다가올 결혼식에서 해방 이론의 파트너로, 즉 해방 이론을 실천할 주체로 선택한 대상을 충실히 따랐다(마르크스는 "생각하는 자들이 고통받는 자들과 만나게 하라"라고 했다).

하지만 베른슈타인은 지식인의 역할을 충실하고 순종적인 주부 같은 형태로 구상한 반면, 레닌은 역할을 달리 분배했다. 레닌은 이론이 주도적 역할을 하며 부부 관계를 지배해야 한다고 생각했고, 이를 위해 일반적으로 강한 남편에게 부여되는 강인함, 근력, 끈기의 상당 부분 또는 대부분 또는 전부를 이론이 갖추어야 한다고 보았다.

그러나 그 목표를 달성하기 위해서는 무엇을 해야 하는지 아는 사람들이 조직에서 이론에 관해 토론하며 긴밀하게 통합되고, 규율이 엄격하고 냉혹한 '혁명 전문가' 집단으로 스스로 변화해야 했다. 또한 프랑스 철학자 알랭 핑켈크로트 Alain Finkielkraut가 매우 날카롭게 분석했듯이 "개념은 거리에 있고, 논쟁은 사건에 있으며, 이성은 인간이 사상가가 되기 전에 행위자가 되는 극적인 사건에 있다"라는 사실을 인식해야 했다.[2]

이성의 규칙과 정의의 원칙에 따라 현실을 궁극적으로 재구성하는 것은 프롤레타리아의 몫이었다. 그러나 그들을 움직이려면 그 규칙과 원칙을 알고 있거나 체계화한 사람들이 자극하고 밀어붙이고 강요해야 했다. 노동자들이 궁극적인 해방 행위를 하기 위해서는 외부의 압박이 필요했다. 역사의 판결에 따르면 항소는 허용되지 않았다. 이 해방 행위는 계급 전쟁이 시작되었을 때부터 그들의 임무였다. 그러나 이들은 너무 게으르고 나태해서, 또는 너무 순진하고 쉽게 속아서 행동하라고 외부에서 압박하거나 강제하지 않으면 실행할 수 없었다.

레닌의 대담하면서도 절박한 행보 덕분에 '역사를 아는 자들'인 지식인들이 전략 설계 사무실에서 혁명 통제실로 옮겨 갔다. 이들은 **스스로** 역사의 행위자로 변신해 역사가 임명한 행위자 집단을 직접 지휘해야 했고, 그 집단을 강하게 훈련하고 조직화해 전쟁을 위해 철저히 훈련된 군대나 대량 살상 무기로 만들어야 했다.

레닌의 행보는 지식인들을 기존의 무력감에서 벗어나게 하려는 의도로 계획된 것이었는지도 모른다. 또한 자신의 무력감에 대한 두려움에 사로잡힌 지식인들이 지금까지 외부에서 찾던 '역사의 행위자' 집단을 스스로 재구성하도록 촉구하기 위한 것이었는지도 모른다. 이번에는 상상이나 가설 속행위자가 아니라 현실에 존재하는 행위자였다. 그들은 지적

깨달음을 주고 인도해야 할 대상이 아니라 처음부터 전지전능하며 점점 더 전능해지는, 무자비한 상사로서 복종과 자기부정과 무조건적 항복을 요구하는 존재였다.

의도가 무엇이든 레닌의 전략은 실제로는 지식인들이 타고난 약점을 벗어나지 못한 체제에서 운영진을 바꾼 것에 불과한 것으로 드러났다. '역사의 행위자'로 스스로 변화한 지식인들은 정당을 만들었고, 이 정당이 '고통받고 굴욕당한 대중'의 역할을 넘겨받아 지식인들의 활동 방향을 정했다. 정당은 역사를 움직이는 역할을 넘겨준 프롤레타리아 대중과 달리 외부의 계몽이나 지도를 원하지 않았다. 심지어 필요할 수도 있다는 가정조차 허용하지 않았다. 대신 자기희생, 복종, 순응, 예속을 원했다. 그들에게는 선생이 아니라 독재자가, 안내자가 아니라 하인이 필요했다.

과거에 법률을 제정한 사람들이자 **계몽주의 사상가들**의 후계자로서 그들의 유산을 실천하려던 지식인들이 겪은 어려움은 자초한 것인가? 그들은 역사의 행위자를 찾기 시작한 순간부터 계속 문제를 자초했는가? 그들은 완전히 투명하고 총체적 질서가 있는 세상을 꿈꾸었다. 그러나 '완전한 투명성'을 달성하려면 완전한 감시가 동반되어야 한다는 것과 '총체적 질서'가 전체주의, 강제 수용소의 지휘관, 묘지 관리자의 꿈과 목적에 부합한다는 것을 알지 못했다. 그들은 원하는 바를 이루었지만 예상 밖의 결과를 마주했다.

마르크스는 자본의 노예가 된 노동은 소외된 노동력에 불과하다고 주장했다. 그렇다면 정당은 지식인들의 사고력이 소외된 결과물에 불과한 것이 아닐까.

지식인들의 자만과 배신

이념적 언어가 현실로 구현되는 과정과 마찬가지로, 무력감이 주는 절망에서 자존감이 주는 기쁨으로 가는 과정도 정당이 담당하게 되었고, 정당은 이를 오랫동안 독점적으로 관리하고 중재했다.

레닌의 비관적 전망과 베른슈타인의 낙관적 전망이 모두 현실에서 일정 부분 드러나는 가운데, 헝가리 철학자 죄르지 루카치György Lukács는 역사가 마르크스의 기존 예측을 따르지 않으려 하는 것이 분명하다고 설명하면서 '허위의식false consciousness'이라는 개념을 제시했다. 동굴 속 사람들은 벽에 비친 그림자를 현실로 인식하지만 실제 현실은 그림자 너머에 있다는, 플라톤의 동굴의 비유가 떠오르는 허위의식은 자본주의 사회 질서의 '기만적 전체성fraudulent totality'*이 현실을 교묘하게 조장한다는 개념이다. 루카치는 자본주의가 이 허위의식을 지속적으로 촉진하며, 이는 정당의 노력 없이는 멈추지 않을 것이라고 했다. 정당은 기만적 겉모습을 꿰뚫어 보고 역사적 법칙에 담긴 불변의 진리를 파악해 플라톤 철학자들처럼 이를 동굴에 살며 현혹된 사람들과 공유한다.

이 개념이 안토니오 그람시가 말한 정당의 개념, 즉 정당을 '계급을 대변해' 그 계급의 이익을 실현하려는 '집합적 지식인'과 '유기적 지식인'으로 보는 개념과 결합하자, 마르크스 이후 역사에 나타난 불확실한 변화를 재해석한 루카치의 주장은 표면적으로는 지식인들이 역사에서 더 적극적인 역할을 하게 했고, 그들의 윤리적·정치적 책임을 새로운 차원으로 끌어올렸다.

그러나 한편으로는 판도라의 상자가 열려 상호 비난, 죄책감 전가, 배신에 대한 의혹의 드러났고, 그 후 오랫동안 **지식인의 배신**, 비문명적 내부 갈등, 상호 비방, 마녀사냥, 인격 살해의 시대가 이어졌다. 사실 노동 운동이 어느 시점, 어느 장소에서 예언된 역사적 사명에 부합하지 않는 행동을 한다

---

*   자본주의 사회 전체에서 드러나는 기만적 특성.

면, 특히 자본주의 권력의 혁명적 전복을 회피한다면, 비난받을 사람은 오직 그렇게 할 수 있었지만 실패한 '유기적 지식인'뿐이다. 이들은 올바른 정당에 결집해야 하는, 그리고 그 후 용해되어야 하는 의무를 소홀히 했거나 적극적으로 배신했다.

역설적으로, 공적으로 인정받았거나 스스로 지식인을 자처했거나 지식인이 되기를 열망했거나 실패한 지식인들은 자신들을 부정적으로 바라보는 시각을 받아들이고 싶어 했고 이 유혹을 거부하기 힘들어했다. 이들의 약점과 실질적 무능함조차도, 간접적이고 왜곡된 방식이지만 역사에서 자신들이 중요한 역할을 하고 있다는 사실을 다시 한번 확인해 주는 강력한 논거가 되었기 때문이다.

기억나는 일화를 소개하자면 영국으로 돌아온 직후에 있었던 일인데, 영국 사회주의 경제학자 시드니 웹Sidney Webb과 비어트리스Beatrice 웹 부부의 저서를 읽고 난 어느 박사과정 학생의 발언을 들은 적이 있다. 그 학생은 영국에서 사회주의 혁명이 그렇게까지 늦어진 이유가 두 사람의 책에 모두 나와 있다고 섣불리 주장했고, 빽빽하게 들어찬 세미나 청중은 전적으로 찬성했다.

역사의 주체가 사라지다

벽에 쓰인 글*처럼 지식인들의 자만을 경고하는 분명한
경고가 있었다. 이를 제때 발견해 편견 없는 시각으로 주의
깊게 읽었다면 그들의 자만에 의심을 제기했을 것이다. 그러
나 영국 사회주의 지식인들이 새롭게 발견한 루카치나 그람
시의 사상은 벽에 쓰인 글이 전하는 메시지를 해독하는 데
도움이 되지 않았다.

예컨대 학생들의 시위를 불만의 겨울winter of discontent**과
어떻게 연결할 것인가? 실제로 우리가 목격하고 있는 것은
무엇인가? 항복 직전의 군대가 후방에서 벌이는 전투인가,
아니면 의욕 넘치는 선발 부대가 진격하면서 벌이는 전투인
가? 그 전투는 멀리에서 들려오는 옛 전투의 메아리, 또는 해
묵은 시나리오를 뒤늦게 재연한 것인가, 아니면 앞으로 닥칠
새로운 전쟁의 징후나 조짐인가? 무언가의 끝을 나타내는 것
인가, 시작을 나타내는 것인가? 시작이라면 과연 무엇의 시
작인가?

해외에서 일어난 지식계의 변화는 당혹스러움과 혼란을

---

* 　구약성경 「다니엘서」 5장 5절의 표현으로, 경고나 불길한 징조를 뜻한다.
** 　1978~1979년 영국에서 발생한 대규모 노동자 파업.

가중한다. 영국 해협 너머에서 '프롤레타리아와의 작별' 선언 소식이 들려오고, 혁명을 위해 행동할 때가 마침내 무르익었다는 알튀세르의 주장이 다시 대두된 것이다. 노동 계급이 스스로 결점 없는 존재로 인식하는 것에 대해 매혹적일 정도로 낭만적인 비전을 제시한 영국 역사학자 톰슨E. P. Thomson의 관점은 《뉴 레프트 리뷰》 편집자들에게 이론적으로 빈곤하다고 정면 공격받았다(톰슨이 전하는 교훈적 이야기에서 지식인의 역할이 눈에 띄지 않는다는 뜻일 것이다).

과거를 돌아보며 지금의 자신이 더 지혜롭다고 주장하는 것은 정직하지 못하고 잘못된 태도다. 또한 급변하는 상황에 갇혀서 혼란스러워하는 사람을 비난하는 것도 정직하지 못하고 부당하다. 누가 비난받고 누가 책임을 면하든 '영광의 30년'이 끝나고 있다는 사실은 변하지 않는다(전쟁이 끝나고 사회 국가 건설된 30년을 훗날 '영광의 30년'이라고 불렀다. 하지만 그렇게 이름 붙였을 때는 사회 국가 건설이 가능했던 조건이 모두 사라지거나 분해되고 그 사실이 매우 명백해진 뒤였다).

그로 인해 익숙한 세상이 흔들렸고, 그 세상을 분석하고 설명하는 데 사용된, 이미 검증된 기존의 도구는 무용지물이 되었다. 직감과 추측의 시대가 도래했고, 많은 혼란이 일어났다. 정통파는 점점 더 깊은 참호에 파묻혀 철조망에 둘러싸여 있었고, 이단은 땅속에서 점점 굵어지면서 용기와 뻔뻔함을 얻었다. 이단들은 서로 공통의 언어를 찾으려 했으나 실패했고 아무런 합의를 이루지 못했다.

이러한 지적 혼란의 근원을 분명하게 지적하는 사람도 있고 애써 외면하는 사람도 있다. 다시 말하지만 이 혼란의 근원은 이전까지 논란 없이 확실했던 역사의 주체가 사라진 것이었다(제아무리 상반되는 전략이라 할지라도, 모든 전략이 이 역사의 주체를 중심으로 돌아갔다).

사회주의 지식인들은 처음에는 자신들이 '활동'과 점점 분리되고 소통이 단절되어 이러한 변화가 일어난 것이라고 보았다. 이론적으로 흠잡을 데 없는 가정과 예측이 사회적·정치적 사건이 벌어지며 현실과 부합하지 않는 것으로 드러나자, 지식인 집단(일부 예외는 있었으나 이러한 흐름에 지속적으로 저항한 사람이 있는가 하면, 다른 노동자를 지원하고자 '2차 파업'을 할 때나 대처 정부의 압박에서 벗어나려고 헛고생하는 광부들의 활동을 정신적으로 지원하는 모임이 임시로 결성되었을 때와 같이 특별한 목적으로 이따금 저항한 사람도 있었다)은 마치 미셸 푸코가 주장한 '세분화된 지식인specific intellectuals'을 따르기라도 한 듯이, 사회 문제나 혁명보다 자신들의 이론이나 사상 탐구에 더욱 열정적으로 몰두하게 되었다(이 '세분화'는 전문 분야로 나누어진 정치권에서도 일어났다).

물론 세분화된, 또는 전문화된 지식인이라는 개념이 양립할 수 없는 두 단어를 함께 사용한 것이 아니냐는 문제 제기는, 지금도 그렇지만 논쟁의 여지가 있다. 급여가 합의되지 않을 때만 공적인 자리에서 목소리를 내는 대학 강사들, 연극이나 영화 제작 보조금의 잇따른 삭감에 항의하는 예술가들, 고객의 과도한 서비스 요구에 파업하는 컨설턴트에게 '지식인'이라는 단어를 써도 될지 모르겠으나 한 가지는 확실하다. 제도적 틀 안에서 자기중심적으로 자신과 관련된 문제로 한정하는 이 새로운 형태의 정치적 입장 표명과 권력 투쟁에서 '역사의 주체'는 전혀 중요하지 않다. 이때 역사의 주체는 양심의 가책 없이, 그리고 무엇보다 상실에서 오는 쓴맛이나 후회 없이 의제에서 제외될 수 있다.

세상은 속고 싶어 한다

'역사의 주체'가 심연으로 사라질 때 희망이나 해방을 위한 임무도 함께 사라져야 하는가?『모비딕』의 에이허브 선장이 물속으로 가라앉으며 선원들도 함께 파멸하도록 했듯이?

이 문제를 정면으로 마주하고 오랜 시간 고찰한 독일 철학자 테오도르 아도르노Theodore W. Adorno의 저서를 다시 읽어본다면 힘주어 '아니다'라고 정당하게 답할 수 있을 것이다.

결국 아도르노는 역사의 주체를 향한 영국 지식인들의 열망이 시들해지기 한참 전에, 직접 '브레히트적 모티프Brechtian motifs'라고 이름 붙인 것에 대해 선배이자 친구인 발터 베냐민Walter Benjamin에게 경고한다. 독일 극작가이자 연출가 브레히트의 기법에서 이름을 가져온 '브레히트적 모티프'는 예술이 독창성과 고유한 권위를 잃지 않도록 '실제 노동자들'이 예술을 구원해 줄 것이며, 혁명적 예술의 강렬하고 즉각적인 미적 효과는 노동자를 구원할 것이라는 희망을 말한다.[3]

아도르노의 주장에 따르면 "사실, 이 점에서, 실제 노동자들은 대척점에 있는 부르주아 노동자들과 비교했을 때 큰 차이를 보이지 않는다. 그들은 전형적인 부르주아의 특징을 왜곡된 형태로 모두 지니고 있다." 그러면서 마지막으로 강력하게 경고한다.

"우리의 필요(지식인들이 혁명에서 프롤레타리아를 필요로 하는 것)가 프롤레타리아의 미덕이 되지 않도록 주의해야 한다. 우리는 그 유혹을 끊임없이 느낀다."

이와 동시에 아도르노는 인간이 지금과 다른 더 나은 사회를 맞이해 해방될 전망은 이제 마르크스 시대만큼 분명하거나 유망하지 않다고 주장한다. 인류에게 용서할 수 없을 정도로 적대적인 세계에 대해 마르크스가 제기한 비난은 지금도 여전히 유효하다. 어떤 유능한 배심원도 해방에 대한 기존의 열망이 비현실적이라는 결정적 증거는 찾지 못했다. 아도르노는 그렇기에 해방을 의제에서 꼭 제외해야 할 이유가 없고 충분하지도 않다고 주장한다. 그러면서 오히려 그 반대라고, 사회악이 지속되어 해를 끼치는 현실은 해방을 위해 더 열심히 노력해야 할 또 다른 강력한 이유라고 말한다. 아도르노의 경고는 처음 쓰인 당시에도 그랬지만 오늘날에도 유효하다.

"고통, 두려움, 위협이 사라지지 않은 상황에서는 실현될 수 없는 생각일지라도 버려서는 안 된다."

지금도 그때처럼 "철학은 지금 당장 천국이 될 수 있는 이 세상이 왜 내일은 지옥이 될 수 있는지를 있는 그대로 알아야 한다." '지금'과 '그때'의 차이는 해방이라는 과제가 더 이상 시급하지 않게 되었거나 해방의 꿈이 무의미해졌다는 것이 아니다.

그러나 아도르노는 다음과 같은 내용을 서둘러 덧붙인

다. 마르크스에게는 세상이 '즉시' 천국으로 변할 준비가 된 것처럼 곧바로 유턴할 준비가 된 것처럼 보였을지 모르지만, 그래서 "세상을 '근본적으로' 바꿀 가능성이 바로 그때 존재한다고" 생각했을지 모르지만[4] 이제는 상황이 달라졌다("아직도 마르크스의 이론을 고수하는 것은 고집에 불과하다"). 보다 인간 친화적인 세상으로 가는 **지름길**은 이제 보이지 않고 그 어느 때보다 현실에서 멀어졌다.

지금의 이 세상에서 다른 '해방된' 세상으로, 즉 인류에게 호의적이고 '사용자 친화적인' 세상으로 가는 다리는 더 이상 남아 있지 않다고 할 수 있다. 그런 다리를 설계한다고 해도 다리를 끝까지 건너가려는 사람들도, 그들을 목적지인 다리 반대편 끝까지 안전하게 데려다주려고 기다리는 차량도 없을 것이다. 어떻게 해야 쓸 만한 다리를 설계할 수 있는지, 교통을 원활하고 편리하게 하려면 다리의 출발점을 어느 물가로 잡아야 하는지는 아무도 확실히 알 수 없다. 결론적으로 현재 상황에서 가능한 해결책은 **없다**.

"세상은 속고 싶어 한다."

아도르노의 이 직설적인 비판은 독일 작가 리온 포이히트방거Lion Feuchtwanger의 작품 중 오디세우스와 돼지에 관한 슬픈 이야기를 비평한 것 같기도 하다. 이야기에서 돼지로 변한 사람들은 원래 모습으로 돌아가기를 거부하는데, 인간이라면 필연적으로 겪게 되는 결정과 책임에 대해 고민하기 싫었기 때문이다. 에리히 프롬이 말한 '자유에서의 도피'가 떠오르기도 한다.

또는 이 모든 이야기의 주제를 전형적으로 보여주는 플라톤의 우울한 성찰도 떠오른다. 햇살이 비치는 순수한 이데아의 세계에서 가져온 좋은 소식을 동굴 속 사람들에게 전하려 애쓰는 철학자들의 비극적인 운명을 보여주는 듯하다.

"사람들은 속임수에 넘어가는 것뿐만 아니라 (…) 속고 싶어 한다. (…) [그들은] 거짓 만족을 주는 일에서 더 이상 만족감을 얻지 못한다면 삶을 도저히 견딜 수 없으리라는 것을 감지했다."[5]

진정한 '해방'의 의미

아도르노는 집단 심리에 관한 지크문트 프로이트의 글에 전적으로 동의하며 이를 인용한다. 그의 글에 따르면 집단은 "무제한적인 힘에 지배받기를 원하며 권위를 매우 열망한다. 프랑스 사회학자 르 봉Le Bon의 표현을 빌리자면 복종을 갈망한다. 집단은 원초적 아버지primal father*를 이상으로 추구하며, 그 아버지가 자아 이상ego ideal**을 대신해 자아를 지배하기를 원한다."6

아도르노의 말에 따르면 '정신'과 '구체적 실체'는 분리되었다. 정신이 현실을 붙잡으려 하면 그 자체로 위험할 수 있고, 결국 현실 자체가 위험해질 수 있다.

정신적 피난처가 없는 사유, 내면의 환상에 사로잡히지 않은 사유, 그 기능과 힘의 결여를 인정하는 사유만이, 가능한 것과 존재하지 않는 것의 질서를 엿볼 수 있을 듯하다. 그렇게 질서가 잡힌 곳에서는 인간과 사물이 각자의 정당한 위치에 있을 것이다.7

철학적 사고는 예측 가능한 인식에 만족하지 못하는 순간에, 그 인식에서 이전부터 있었던 것 말고는 어떤 것도 나타나지 않는 순간에 시작된다.8

사유는 이미 존재하는 것을 지적으로 재생산하는 것이 아니다.

* 프로이트 정신분석학에서 말하는 절대적 권위를 가진 존재.
** 개인이 이상적으로 여기는 가치나 기준.

사유는 중단되지 않는 한, 가능성을 단단히 붙들고 있다. 만족할 줄 모르는 특성, 빠르고 쉽게 만족하는 것에 대한 반감 때문에 체념이라는 어리석은 지혜를 거부한다. 사유에 있어 유토피아적 순간은 유토피아를 지나치게 고정적이고 구체적으로 그리지 않을수록, 그래서 그 이상의 실현을 방해받지 않을수록 (…) 더 강한 힘을 지닌다. 열린 사유는 스스로를 넘어선 방향을 가리킨다.[9]

아도르노의 주장에 따르면 철학은 "지적 자유와 실제 자유를 고수하려는 결단"을 의미하며, 오직 그러한 조건에서만 "현상 유지라는 제안에 흔들리지 않을" 수 있다.[10]

아도르노는 '이론은 편협하지 않은 것을 대변한다'라고 결론 내린다.[11] 실천, 특히 **실현 가능성**을 내세우며 눈앞에 닥친 일에만 집중하는 것은 '비열한 사람들'의 변명이나 자기기만인 경우가 많다. 이들은 '프랑스 삽화가 도레Doré의 풍자화에 등장하는 어리석은 국회의원'처럼, 당장 닥친 일 너머를 보지 못하는 것을 자랑스러워한다. 아도르노는 '실증주의적' 과학을 대변하는 사람들과 학문으로서 철학을 연구하는 전문가들(실제로 대다수)이 두려움에 굴복해 실천을 과도하게 숭상하는 태도를 부정한다.

사회 비판의 궁극적 목표인 '해방'이 "자율적이고 독립적인 개인이 스스로 판단하고 의식적으로 결정하는 것"을 목표로 한다면[12] 그 목표는 '문화 산업'의 강력한 저항에 부딪히게 된다. 이뿐만 아니라 그 산업이 진짜든 거짓이든 만족을 약속해 주기를 갈망하는 수많은 사람의 압력에도 부딪히게 된다.

좌절은 일시적이고 희망은 지속된다

지식인들이 과거의 충족하지 못한 희망과 약속을 고수하려 한다면, 그들의 전망, 과제, 전략은 어떻게 되는 것일까.

아도르노는 이 의문을 비롯해 이와 유사한 다른 의문에 대한 답을 '병에 담긴 메시지'라는 이미지가 가장 잘 전달한다고 보았다. 그의 이러한 견해를 가장 먼저 알린 사람은 위르겐 하버마스라고 흔히 알려져 있으며 아도르노 학자들 중에서도 일부만이, 그것도 비교적 최근에야 이에 대해 논의했다.

아도르노의 대답에 따르면 누가 메시지를 작성해 병에 넣은 다음 밀봉해서 바다에 던진다고 해도 언제(혹시라도 발견된다면) 어떤 선원이(누구라도 발견한다면) 그 병을 발견하고 건져 올릴지는 전혀 알 수 없다. 또한 병을 발견한 선원이 병뚜껑을 열고 안에 있는 종이를 꺼내서 내용을 읽고 메시지를 이해하고 받아들이고 저자가 의도한 대로 사용할 수 있을지 알 수 없다.

이 방정식 전체가 알 수 없는 변수로 구성되어 있으며 '병에 담긴 메시지'의 저자가 이 방정식을 풀 방법은 없다. 기껏해야 **'나는 말하였고 내 영혼은 구원받았다**Dixi et salvavi animam meam'라는 마르크스의 말을 되풀이할 수 있을 뿐이다. 메시지의 저자는 임무를 완수했고 그 메시지가 사라지지 않도록 최선을 다했다.

저자는 알고 있지만 동시대 사람들은 대부분 알지 못했고 알고 싶어 하지 않았던 희망과 약속은 돌이킬 수 없는 지점을 지나 망각에 이르지 않을 것이다. 그 희망과 약속은 적어도 한 번은 생명을 연장할 기회를 얻을 것이다. 적어도 저자가 파도의 자비에 운명을 맡기는 대신 병에 밀봉해서 넣는 선택을 한다면, 그 희망과 약속은 저자가 죽더라도 흔적 없이 **사라지지는** 않을 것이다.

아도르노가 거듭 경고했듯이 "의사소통의 영향을 받지 않는 생각은 없으며, 잘못된 장소에서 잘못된 합의에 그 생각을 말하는 것만으로도 그 안에 담긴 진실이 훼손될 수 있다."[13] 따라서 행동하는 사람, 행동하려는 사람, 행동에 실패한 사람, 행동에 동참하기를 주저하는 사람과 소통할 때 "지식인이 사회 소외 계층에게 어느 정도의 연대를 보여줄 수 있는 유일한 방법은, 지금으로서는 침범할 수 없는 고립 상태를 유지하는 것뿐이다."

아도르노의 관점에서 이러한 자기 고립은 배신행위가 아니다. 후퇴하겠다는 표시도 아니고, 우월감을 나타내려는 것도 아니다(아도르노는 "자신을 다른 사람들과 다르지 않다고 생각하는 것은 우월감과 같다"라고 지적했다). 역설적으로 거리를 두는 것이 참여 행위일 수 있다. 이는 이루어지지 않았거나 배신당한 희망의 편에서 유일하게 합리적으로 참여할 수 있는 형태다.

"거리를 둔 관찰자는 적극적인 참여자만큼 참여하고 있다. 거리를 둔 냉정한 관찰자의 장점은 그 상황을 통찰력 있게 바라볼 수 있다는 것과 그렇게 얻은 지식 속에서 미약하게나마 자유를 누린다는 것이다."[14]

'병에 담긴 메시지'라는 비유에는 두 가지 전제가 내포되어 있다. 우선 그 메시지가 기록해 병에 넣어 물에 띄울 만한 가치가 있다는 전제다. 그리고 누군가가 이를 발견해 읽는 시점(미리 규정할 수는 없다)에 그 메시지가 여전히 노력을 들여 해석하고 연구하고 흡수하고 활용할 가치가 있다는 전제다.

아도르노처럼 정해지지 않은 미래의 알 수 없는 독자에게 메시지를 맡기는 것이, 메시지를 듣고 이해하고 간직하기는커녕 들을 준비조차 안 되었거나 듣고 싶어 하지 않는 동시대인들과 어울리는 것보다 낫다고 생각할 수 있다. 이처럼 메시지를 알 수 없는 시간과 공간으로 보내는 것은 그 메시지에 지금의 부시를 넘어서고 그렇게 무시당하는 일시적인 상황을 견뎌낼 힘이 있다는 희망 때문이다.

'병에 담긴 메시지'라는 수단은, 그 메시지의 가치가 영원하다고 믿고, 진리가 보편적이라고 믿으며, 현재 진리를 찾고 가치를 지키게 하는 걱정이 앞으로도 계속되리라 의심하는 사람이 활용할 때, 그런 사람이 활용할 때만 의미가 있다. 병에 담긴 메시지는 좌절은 일시적이고 희망은 지속되며 가능성은 사라지지 않고 실행을 가로막는 역경은 깨지기 쉽다는 것을 증명한다. 아도르노의 해석에서는 비판 이론critical theory이 그 증명하는 역할을 하기에 병에 담긴 메시지는 적합한 비유다.

지식인과 대중의 합의는 깨졌다

부르디외는 마지막 대작 『세상의 비참함La Misère du Monde』

의 '후기'[15]에서 정치 무대에서 유권자들의 기대와 요구를 이해하고 표현할 수 있는 인물의 수가 급격히 줄고 있다고, 정치 공간이 내면을 향하며 자기중심적으로 변하고 있다고 지적한다. 정치 공간은 다시 열려야 한다. 그리고 이것은 명확하지 않거나 표현되지 않은 '사적인' 문제와 욕구가 정치 과정과 직접적으로 연결되어야만 가능하다(반대로 정치 과정도 개인의 문제에 영향을 미쳐야 한다).

하지만 이것은 말처럼 쉽지 않다. 공적 담론에는 프랑스 사회학자 에밀 뒤르켐Émile Durkheim이 말한 '선입견'이 넘쳐나기 때문이다. 선입견은 대부분 명확히 드러나지 않으며, 비판적으로 검토되는 경우는 더욱 드물다. 또한 주관적 경험을 공적 담론 수준에서 다룰 때, 그리고 개인적인 문제가 범주화되고 일반적인 사회 문제로 확대되어 공적 담론에 다시 등장할 때 비판 없이 적용된다.

사회학이 인간의 경험에 기여하려면 **우선 이러한 선입견을 말끔하게 없애야 한다**. 암묵적, 또는 명백한 선입견을 비판적으로 평가할 때는 사람들이 의식하지 못하는, 개인의 인식이라는 한계 너머의 경험을 보이고 들리게 하려는 노력이 동반되어야 한다.

그러나 잠시 생각해 보면 삶을 고통스럽게 하거나 심지

어 살 수 없게 만드는 메커니즘을 인식한다고 해서 문제가 해결된 것은 아님을 알 수 있다. 즉 모순이 드러났다고 해서 문제가 해결된 것은 아니라는 뜻이다. 그때부터 문제의 근원을 인식하고 근절하기 위한 길고 고통스러운 길이 펼쳐진다. 첫걸음을 내디딘다고 해서 반드시 다음 걸음도 걸을 수 있는 것이 아니며, 그 길 끝까지 갈 수 있다는 보장도 없다.

그러나 시작의 중요성은 부정할 수 없다. 개인이 겪는 고통과 집단이 만들어낸 조건 사이의 복잡한 인과 관계를 밝히는 일은 중요하다. 사회학에서는 다른 영역에 비해 시작이 더 결정적인데, 사회학이 그 임무를 다하고자 할 때는 더욱 그렇다. 수정으로 가는 길을 지정하고 닦는 것이 바로 이 첫 번째 단계다. 시작이 없으면 수정으로 가는 길을 알아차리기는커녕 그 길이 존재하지도 않을 것이다.

여기에서 피에르 부르디외의 말을 다시 인용하겠다.

"사회적 세계를 연구하는 데 삶을 바칠 기회를 얻은 사람들은, 세계의 미래가 걸려 있는 갈등 앞에서 중립적이거나 무관심할 수 없다."[16]

다시 말해 그들(우리 사회학자들)의 의무는 희망을 품는 것이다. 그런데 무엇을 희망해야 할까.

앞서 언급했듯이 약 2세기 전 카를 마르크스가 자본에 대해 제기한 두 가지 비판(낭비성과 부도덕성)은 지금도 매우 시의적절하다. 다만 낭비와 불공정의 범위가 **지구 차원**으로 확대되었을 뿐이다. 해방이라는 막중한 과제도 마찬가지다. 해방의 긴급성 때문에 약 반세기 전 프랑크푸르트 연구소가 설립되었다. 그 후 연구소는 해방 연구를 이끌었고 영국 사회학자 랠프 밀리밴드의 삶과 업적에도 활력을 불어넣었다.

그러나 한 가지 주목해야 할 점은 '국가를 초월하는' 지식인 특권층이 점점 더 단호하고 노골적으로 **영토를 초월하는** 상징을 만들고 조작하는 계층이 되어 세계화의 최전선에 서 있다는 사실이다. 세계화는 실제로든 가상으로든, 대부분의 영토 경계가 지속적으로 조금씩 약화하는 것을 의미한다. 그에 따라 영토를 바탕으로 규정된 집단과 연합 대신 전자적으로 매개된 '연결망'이 등장했다.

이 연결망은 물리적 공간에 구애받지 않으며 지역이나 지역에 국한된 통치권에서 자유롭다. 그리고 지식인 특권층은 국가를 초월하는 자신들의 영향력을 경험하고, 그 경험을 '세계적인 문화'와 '혼합주의'(이제는 신뢰를 잃어버린 '용광로'라는 개념의 바뀐 이름이라고 할 수 있다)라는 개념으로 재구성해 지배적인 흐름을 만들려고 한다. 하지만 이러한 이미지는 여러 국가를 자주 이동하지 못하는 나머지 인류가 자신들의 일상적 현실을 공정하게 반영하는 것으로 받아들이기에는 힘들 수 있다.

'지식인들'과 한때 그들이 역사, 자유, 자기주장을 하는 용기를 약속하며 이끌었던 '대중' 간의 합의는 깨졌다. 아니, 근대의 문턱에서 그 약속을 일방적으로 선언했듯이 이번에는 일방적으로 무효화되었다. 과거 지식인의 후손들이자 오늘날의 '지식인 특권층'은 이 '만족스러운 분리'에 한몫을 담당했고, 이제 '대중'의 삶과 가능성이 자리 잡은, 또는 부재한 여러 다른 세상과 겹치지 않고 확실하게 다른 세상에서 살게 되었다.

끊임없이 경계해야 할 운명

비판적 사고의 임무는 "과거를 보존하는 것이 아니라 과거의 희망을 되찾는 것"이라는 아도르노의 교훈은 지금도 적용된다. 단, 상황이 급격히 달라졌기 때문에 비판적 사고가 제 역할을 다하려면 끊임없이 생각하고 또 생각해야 한다. 이때 두 가지 주제가 중요하다.

첫째, 자유와 안전 사이에서 적절한 균형을 만들어내는 희망과 기회다. 자유와 안전은 호환되는 가치가 아니지만, 똑같이 중요하고 인간 사회에 **없어서는 안 되는** 요건이다. 둘째, 과거의 희망 중에서 가장 긴급히 되살려야 할 것은, 칸트가 남긴 '병에 담긴 메시지'라고 할 수 있는 그의 글 「세계시민적 관점에서 본 보편사의 이념」에 담긴 희망이다. 그가 말하는 희망은 단순한 희망이 아니라 메타 희망이라고 할 수 있다. 즉 희망이라는 담대한 행위를 현재에도 미래에도 가능하게 하고, 반드시 실현하게 해주는 희망을 말한다. 자유와 안전 사이의 새로운 균형이 무엇이든, 지구 전체 차원에서 구상해야 한다.

나는 극단적인 상황에서만 사용해야 하는 동사 '해야 한다'라는 말을 쓰고 싶다. 칸트의 예언에 가까운 경고에 귀 기울이지 않으면, 그것도 급히 귀 기울이지 않으면 장피에르 뒤피가 설명한 '피할 수 없는 재앙'을 맞이할 것이기 때문이다. 또한 그런 재앙이 닥친다고 최대한 열심히, 떠들썩하게 예언하는 것이 피할 수 없는 재앙을 피할 유일한 기회라는 점을, 어쩌면 불가피한 그 일이 일어나지 않게 만들 수 있을지도 모를 유일한 기회라는 점을 지적하고 싶다.[17]

칸트는 "우리는 끊임없이 경계해야 할 운명이다"라고 경고했다. 경계를 푸는 것은 불가피하게 재앙이 일어날 수 있는 충분조건일 수 있다(물론 필요조건이기도 하다). 반면 그 불가피함을 분명히 알리고 인류가 '자기를 파괴하지 않고 지구에 계속 존재할 방법을 생각하는 것'은 '미래에 그 불가피한 일이 벌어지지 않도록 하는' 필요조건이다(동시에 충분조건이기를 바란다).

선지자들은 뒤피의 주장에서 그가 현재를 위협하는 재앙에 직면한 우리에게 믿으라고 주장한 것에서 사명감을 느꼈고, 그 사명을 따를 결단력과 끝까지 실현할 능력을 얻었다. 그들은 종말이 임박했다고 강조했는데, 학문적 명예를 꿈꾸고 자신들의 예지력이 증명되기를 바랐기 때문이 아니었다. **오히려 미래에 그들이 틀렸음이 증명되기를** 바랐기 때문이었고, 자신들의 예언을 강제로 틀리게 만드는 것 말고는 재앙이 벌어지는 일을 막을 방법을 찾지 못했기 때문이었다.

이제 우리는 부정적 세계화를 통제하고 길들이지 않는 한, 안전을 빼앗긴 자유와 자유를 빼앗긴 안전이 교차하며 결국 재앙을 **피할 수 없게** 될 것이다. 이러한 예측을 하지 않거나 진지하게 받아들이지 않는다면, 인류는 재앙을 **피할 수 있다는** 희망을 품지 못할 것이다. 점점 커져서 결국 우리를 무력하게 만드는 두려움을 치료할 수 있는, 유일하게 가능성 있는 첫걸음은 그 두려움을 뿌리까지 꿰뚫어 보는 것이다. 그 두려움을 해결하려면 정면으로 맞서 뿌리를 잘라내는 수밖에 없다.

다가오는 세기는 궁극적인 재앙을 맞이하는 시대가 될 수도 있다. 또는 지식인과 이제 인류 전체를 뜻하게 된 대중이 새로운 협정을 맺고 이를 실현하는 시대가 될 수도 있다. 이 두 가지 미래 중 하나를 고를 수 있는 선택권이 아직 우리에게 있기를 바란다.

주석

들어가며: 두려움은 어떻게 우리를 움직이는가

1   Lucien Febvre, *Le Problème de l'incroyance au XVIe siècle,* A. Michel, 1942, p. 380.

2   Quoted after Alain Finkielkraut, *Nous autres, modernes,* Ellipses, 2005, p. 249.

3   Hugues Lagrange, *La Civilité à l'épreuve. Crime et sentiment d'insécurité,* PUF, 1996, pp. 173ff.

4   See Craig Brown, *1966 and All That,* Hodder and Stoughton, 2005; here quoted after the edited extract in *Guardian Weekend,* 5 Nov. 2005, p. 73.

5   See Thomas Mathiesen, *Silently Silenced: Essays on the Creation f Acquiescence in Modern Society,* Waterside Press, 2004, pp. 9, 14.

6   Catherine Bennett, 'The time lord', *Guardian Wellbeing Handbook,* 5 Nov. 2005.

7   Milan Kundera, *Les Testaments trahis,* Gallimard, 1990. In *English as Testaments Betrayed,* Faber, 1995.

8   See Jacques Attali, 'Le *Titanic,* le mondial and nous', *Le Monde,* 3 July 1998.

9   See Peter Applebome and Jonathan D. Glater, 'Storm leaves legal system in shambles', *New York Times,* 9 Sept. 2005.

10 See Dan Barry, 'Macabre reminder: the corpse on Union Street', *New York Times,* 8 Sept. 2005.

11 Mary William Walsh, 'Hurricane victims face tighter limits on bankruptcy', *New York Times,* 27 Sept. 2005.

12 See Gary Rivlin, 'New Orleans utility struggles to relight a city of darkness', *New York Times,* 19 Nov. 2005.

13 'Louisiana sees faded urgency in relief effort', *New York Times,* 22 Nov. 2005.

14 Jean-Pierre Dupuy, *Pour un catastrophisme éclairé. Quand l'impossible est certain,* Seuil, 2002, p. 10.

15 Ibid., p. 143.

16 Corinne Lepage and François Guery, *La Politique de précaution,* PUF, 2001, p. 16.

17 Barry, 'Macabre reminder'.

18 Timothy Garton Ash, 'It always lies below', *Guardian,* 8 Sep. 2005.

19 See Stephen Graham, 'Switching cities off: urban infrastructure and US air power', *City,* 2 (2005), pp. 169–94.

20 Martin Pawley, *Terminal Architecture,* Reaktion 1997, p. 162.

21 John Dunn, *Setting the People Free: The Story of Democracy,* Atlantic Books, 2005, p. 161.

22 See Danny Hakim, 'For a G.M. family, the American dream vanishes', *New York Times,* 19 Nov. 2005.

23 Cf Georg Christoph Lichtenberg, *Aphorisms,* trans. R. J. Hollingdale, Penguin, 1990, p. 161.

1. 거부할 수 없는 운명, 죽음

1 See Maurice Blanchot, *The Gaze of Orpheu,* Station Hill, 1981.

2 See Sandra M. Gilbert, *Death's Door: Modern Dying and the Ways we Grieve,* W. W. Norton, 2005.

3 See George L. Mosse, *Fallen Soldiers,* Oxford University Press, 1990, pp. 34ff.

4 Sigmund Freud, 'Thoughts for the time of war and death', in Freud, *Civilization, Society and Religion,* ed. Albert Dickson, Penguin, 1991, pp. 77–8.

5 See Jacques Derrida, *Chaque fois unique, la fin du monde,* presented by Pascale-Anne Brault and Michael Naas, Galilée, 2003.

6 See Vladimir Jankélévitch, *Penser la mort?* Liana Levi, 1994, pp. 10ff.

7 Freud, 'Thoughts for the time of war and death', p. 78.

8 See Jean Baudrillard, *Selected Writings,* ed. Mark Poster, Polity, 1988, p. 168.

9 See my *Liquid Life,* Polity, 2005, ch. 5: 'Consumers in consumer society'.

10 See Jean Starobinski, 'Le concept de nostalgie', in Revue Diogène, *Une Antologie de la vie intellectuelle au XXe siècle,* PUF, 2005, pp. 170ff.

11 See his interview in *Tikkun,* July–Aug. 2005, pp. 39–41.

12 Sigmund Freud, *Civilization and Its Discontents,* collected in Freud, *Civilization, Society, Religion,* p. 264.

2. 점점 더 모호해지는 악의 경계

1 Susan Neiman, *Evil in Modern Thought: An Alternative History of Philosophy,* Princeton University Press, 2002.

2 Jean-Pierre Dupuy, *Petite métaphysique des tsunamis,* Seuil, 2005.

3 Jean-Jacques Rousseau, 'Lettre à Monsieur de Voltaire', in *Oeuvres*

complètes, Pléiade, 1959, vol. 4, p. 1062.

4   Neiman, *Evil in Modern Thought,* p. 230.

5   Ibid., pp. 240, 281.

6   Hannah Arendt, *Eichmann in Jerusalem,* Viking, 1963, p. 277.

7   John P. Sabini and Mary Silver, 'Destroying the innocent with a clear conscience: a sociopsychology of the Holocaust', in *Survivors, Victims, and Perpetrators: Essays in the Nazi Holocaust,* ed. Joel P. Dinsdale, Hemisphere, 1980, p. 330.

8   Neiman, *Evil in Modern Thought,* p. 287.

9   Arendt, *Eichmann in Jerusalem,* p. 295.

10 Hans Mommsen, 'Anti-Jewish politics and the interpretation of the Holocaust', in *The Challenge of the Third Reich: The Adam von Trott Memorial Lectures,* ed. Hedley Bull, Clarendon Press, 1986, p. 117.

11 Arendt, *Eichmann in Jerusalem,* pp. 25–6.

12 See the incisive analysis of Primo Levi's views on that point in Tzvetan Todorov, *Mémoire du mal, tentation du bien,* Robert Laffont, 2000, pp. 260ff.

13 Eduardo Mendietta, 'The axle of evil: SUVing through the slums of globalizing neoliberalism', *City,* 2 (2005), pp. 195–204.

3. 통제 불가능한 것을 통제하려는 욕망

1   See Jean-Pierre Dupuy, *Pour un catastrophisme éclairé,* Seuil, 2002, and *petite métaphysique des tsunamis,* Seuil, 2005.

2   See Ivan Illich, *Limits to Medicine: Medical Nemesis: The Expropriation of Health,* Oenghin, 1977.

3   Jean Pierre Dupuy, *Petite métaphysique des tsunamis,* Seuil, 2005, p. 43.

4   Paul Taponnier, 'Tsunami: je savait tout, je ne savait rien', *Le Monde,* 5 Jan. 2005.

5 This and the following quotations come from David Gonzales, 'From margins of society to center of the tragedy', *New York Times,* 2 Sept. 2005.

6 See my *Wasted Lives,* Polity, 2004.

7 Simon Shama, 'Sorry Mr President, Katrina is not 9/11', *Guardian,* 12 Sept. 2005.

8 See Max Hastings, 'They've never had it so good', *Guardian,* 6 Aug. 2005.

9 See Susan Neiman, *Evil in Modern Thought: An Alternative History of Philosophy,* Princeton University Press, 2002, Introduction.

10 See Max Weber, *Political Writings,* ed. Peter Lasman and Ronald Speirs, Cambridge University Press, 1994, p. 359.

11 Dupuy, *Pour un catastrophisme éclairé,* pp. 76–7.

12 Jodi Dean, 'Communicative capitalism: circulation and the foreclosure of politics', *Cultural Politics,* 1 (2005), pp. 51–73.

13 See Hermann Knell, *To Destroy a City: Strategic Bombing and its Human Consequences in World War II,* Da Capo Press, 2003.

14 Ibid., pp. 25, 330–1.

4. 세계화, 개인의 안전을 빼앗다

1 Arundhati Roy, 'L'Empire n'est pas invulnérable', *Manière de Voir,* no. 75 (June–July 2004), pp. 63–6.

2 Milan Kundera, *L'Art du roman,* Gallimard, 1986.

3 See Jean-Pierre Dupuy, *Pour un catastrophisme éclairé. Quand l'impossible est certain,* Seuil, 2002, p. 154.

4 Robert Castel, *L'Insécurité sociale. Qu'est-ce qu'être protégé?* Seuil, 2003, p. 5.

5 Mark Danner, 'Taking stock of the forever war', *New York Times,* 11

Sept. 2005.

6   Quoted after Matthew J. Morgan, 'The garrison state revisited: civil–
    military implications of terrorism and security', *Contemporary Politics,*
    10, no. 1 (Mar. 2004), pp. 5–19.

7   Michael Meacher, 'Playing Bin Laden's game', *Guardian,* 11 May 2004,
    p. 21; Adam Curtis quoted from Andy Beckett, 'The making of the
    terror myth', *Guardian,* 15 Oct. 2004, 42 pp. 2–3.

8   See Richard A. Oppel Jr, Eric Schmitt and Thom Shanker, 'Baghdad
    bombings raise anew questions about US strategy in Iraq', *New York
    Times,* 17 Sept. 2005.

9   See 'Generals offer sober outlook on Iraqi war', *New York Times,* 19 May
    2005.

10 Gary Young, 'Blair's blowback', *Guardian,* 11 July 2005.

11 See Carlotta Gall, 'Mood of anxiety engulfs Afghans as violence rises',
    New York Times, 30 June 2005.

12 See John F. Burns, 'Iraqi offensive met by wave of new violence from
    insurgents', *New York Times,* 30 May 2005.

13 See Richard W. Stevenson, 'Acknowledging diffi culties, insisting on a
    fight to the finish', *New York Times,* 29 June 2005.

14 See Dexter Filkins and David S. Cloud, 'Defying US efforts, guerillas in
    Iraq refocus and strengthen', *New York Times,* 24 July 2005.

15 See David S. Cloud, 'Insurgents using bigger, more lethal bombs, US
    offi cers say', *New York Times,* 4 Aug. 2005.

16 Quoted from Dexter Filkin, 'Profusion of rebel groups helps them
    survive in Iraq', *New York Times,* 2 Dec. 2005.

17 Paul Virilio, 'Cold panic', *Cultural Politics,* 1 (2005), pp. 27–30.

18 See Elaine Sciolino, 'Europe meets the new face of terrorism', *New York
    Times,* 1 Aug. 2005.

19 See Larry Elliott, 'Rich spend 25 times more on defense than aid',
    Guardian, 6 July 2005.

20 Meacher, 'Playing Bin Laden's game'.

21 See Maurice Druon, 'Les stratégies aveugles', *Le Figaro,* 18 Nov. 2004, p. 13.

22 See Mark Juergensmeyer, 'Is religion the problem?', *Hedgehog Review,* Spring 2004, pp. 21–33.

23 Charles Kimball, *When Religion Becomes Evil,* Harper, 2002, p. 36.

24 See Henry A. Giroux, 'Rapture politics', *Toronto Star,* 24 July 2005.

25 See Martin Bright, 'Muslim leaders in feud with the BBC', *Observer,* 14 Aug. 2005.

26 Interview with Uri Avnery, *Tikkun,* Sept.–Oct. 2005, pp. 33–9.

27 Tzvetan Todorov, *Mémoire du mal, tentation du bien. Enquête sur le siècle,* Robert Laffont, 2000, pp. 139ff; Margarete Buber-Neumann, *La Révolution mondiale,* Casterman, 1971; and 'Mein Weg zum Kommunismus', in *Plädoyer für Freiheit und Menschlichkeit,* Hentrich, 2000.

28 See Jad Mouawad, 'Katrina's shock to the system', *New York Times,* 4 Sept. 2005.

29 See David Lyon, 'Technology vs. "terrorism": circuits of city surveillance since September 11, 2001', in *Cities, War and Terrorism: Towards an Urban Geopolitics,* ed. Stephen Graham, Blackwell, 2004, pp. 297–311.

30 Quoted after Sandra Lavikke, 'Victim of terror crackdown blames bombers for robbing him of freedom', *Guardian,* 4 Aug. 2005, p. 7.

31 See Ian Fisher, 'Italians say London suspect lacks wide terrorist ties', *New York Times,* 2 Aug. 2005.

32 Alan Trevis and Duncan Campbell, 'Bakir to be banned from UK', *Guardian,* 10 Aug. 2005.

33 See Benjamin R. Barber in conversation with Artur Domosławski, *Gazeta Wyborcza,* 24–6 Dec. 2004, pp. 19–20.

5. 액체처럼 퍼져 나가는 두려움

1   Robert Castel, *L'insécurité sociale. Qu'est-ce qu'être protégé?* Seuil, 2003, p. 5.

2   Ibid., p. 6.

3   David L. Altheide, 'Mass media, crime, and the discourse of fear', *Hedgehog Review,* 5, no. 3 (Fall 2003), pp. 9–25.

4   See Neal Lawson, *Dare More Democracy: From Steam-Age Politics to Democratic Self-Governance,* Compass, 2005.

5   Cf. Thomas Frank, *One Market under God,* Secker and Warburg, 2001.

6   Thomas Frank quoted in Lawson, *Dare More Democracy.*

7   See 'Awash in information, patients face a lonely, uncertain road', *New York Times,* 14 Aug. 2005.

8   See *The Complete Prose of Woody Allen,* Picador, 1980.

9   *Hedgehog Review,* 5, no. 3 (Fall 2003), pp. 5–7.

10 Caroline Roux, 'To die for', *Guardian Weekend,* 13 Aug. 2005.

11 Mary Douglas, *Natural Symbols: Explorations in Cosmology,* Pantheon Books, 1970, pp. 21ff.

12 Stephen Graham, 'Postmortem city: towards an urban geopolitics', *City,* 2 (2004), pp. 165–96.

13 Eduardo Mendietta, 'The axle of evil: SUVing through the slums of globalizing neoliberalism', *City,* 2 (2005), pp. 195–204.

14 Ray Surette, *Media, Crime and Criminal Justice,* Brooks/Cole, 1992, p. 43.

15 Loïc Wacquant, *Punir les pauvres. Le nouveau gouvernement de l'insécurité sociale,* Agone, 2004, pp. 11ff.

16 See Joseph Epstein, 'Celebrity culture', *Hedgehog Review* (Spring 2005), pp. 7–20.

17 Richard Rorty, 'Love and money', in Rorty, *Philosophy and Social Hope,* Penguin, 1999, p. 233.

18 John Dunn, *Setting the People Free*, Atlantic Books, 2005, p. 161.

19 Lawrence Grossberg, *Caught in a Crossfi re*, Paradigm, 2005, p. 112.

20 Polly Toynbee, 'Free-market buccaneers', *Guardian*, 19 Aug. 2005. 영국 항공(BA)에 기내식을 제공하는 초국적 기업 게이트 고메는 최근 직원 670명을 해고했다. 더 저렴한 노동력을 채용하겠다는 파견 업체 블루 애로의 제안에 반대하는 파업에 참여했다는 이유였다.

21 See Andy Beckett, 'The making of the terror myth', *Guardian*, 15 Oct. 2004, G2 pp. 2–3.

22 See Hugues Lagrange, *Demandes de sécurité*, Seuil, 2003.

23 See Deborah Orr, 'A relentless diet of false alarms and terror hype', *Independent*, 3 Feb. 2004, p. 33.

24 Richard Norton-Taylor, 'There's no such thing as total security', *Guardian*, 19 Aug. 2005.

25 See 'War on terror fuels small arms trade', *Guardian*, 10 Oct. 2003, p. 19.

26 See Conor Gearty, 'Cry Freedom', *Guardian*, G2, 3 Dec. 2004, p. 9.

27 《뉴욕 타임스》가 입수해 2005년 5월 28일 자에 수록한, 2000쪽 분량의 미 육군 범죄 수사 기밀 파일 참고.

28 See Neil A. Lewis, 'Interrogators cite doctors' aid at Guantanamo', *New York Times*, 24 June 2005.

29 See Eric Schmitt and Thom Shanker, 'New posts considered for US commanders after abuse', *New York Times*, 20 June 2005.

30 Beckett, 'The making of the terror myth'.

31 See Victor Grotowicz, *Terrorism in Western Europe: In the Name of the Nation and the Good Cause*, PWN (Warsaw), 2000.

32 Tzvetan Todorov, *Mémoire du mal, tentation du bien*, Robert Laffont, 2000, pp. 28–9.

33 See my *In Search of Politics*, Polity, 2000.

34 Quoted after Ken Hirschkop, 'Fear and democracy: an essay on Bakhtin's theory of carnival', *Associations*, 1 (1997), pp. 209–34.

35 Todorov, *Mémoire du mal*, p. 47.

36 Richard Rorty, *Achieving our Country*, Harvard University Press, 1998, pp. 83–4.

37 Ibid., p. 88.

38 Max Hastings, 'They've never had it so good', *Guardian*, 6 Aug. 2005.

나가며: 무력감에서 해방되기 위해

이 장은 2005년 11월, 런던 정경대학에서 열린 밀리밴드 기념 강연을 편집한 것이다.

1   See Jacques Derrida, *Chaque fois unique, la fin du monde*, presented by Pascale-Anne Brault and Michael Naas, Galilée, 2003.

2   See Alain Finkielkraut, *Nous autres, modernes*, Ellipses, 2005, p. 245.

3   See Adorno's letter to Benjamin of 18 March 1936, in Theodor Adorno and Walter Benjamin, *Correspondence*, 1928–1940, Harvard University Press, 1999, pp. 127–33.

4   Ibid., p. 14.

5   Theodor W. Adorno, *The Culture Industry: Selected Essays on Mass Culture*, ed. J. M. Bernstein, Routledge, 1991, p. 89.

6   Ibid., p. 119.

7   Ibid., p. 15.

8   Ibid., p. 128.

9   Ibid., pp. 292–3.

10 T. W. Adorno and M. Horkheimer, *Dialectic of Enlightenment*, Verso, 1989, p. 243.

11 T. W. Adorno, *Critical Models*, Columbia University Press, 1998, p. 263.

12 Ibid., p. 92.

13 Theodor W. Adorno, *Minima Moralia,* trans. E. F. N. Jephcott, Verso, 1974, p. 25.

14 Ibid., p. 26.

15 *La Misère du monde,* under the direction of Pierre Bourdieu, Seuil, 1993, pp. 1449–554. See also P. Bourdieu et al., *The Weight of the World,* Polity, 1999.

16 Claude Lanzmann and Robert Redeker, 'Les méfaits d'un rationalisme simplifi cateur', *Le Monde,* 18 Sept. 1998, p. 14.

17 See Jean-Pierre Dupuy, *Pour un catastrophisme éclairé. Quand impossible est* certain, Seuil, 2002, p. 167.

옮긴이 박지선

동국대학교에서 영어영문학을 전공하고 성균관대학교 번역대학원에서 번역학과 석사 과정을 마쳤다. 대형 교육기업에서 영어교재 개발, 편집 및 영어교육 연구직으로 근무한 뒤에 번역가가 되었다. 현재 출판번역 에이전시 글로하나에서 인문, 소설을 중심으로 영미서를 번역하면서 출판번역가로 활발히 일하고 있다.
옮긴 책으로는 『생각 중독』, 『퀴팅』, 『감각의 미래』, 『당신은 왜 나를 괴롭히는가』 『내가 빠진 로맨스』, 『핵가족』, 『우리가 끝이야』 『당신의 손길이 닿기 전에』, 『작은 아씨들』, 『만체보 씨네 식료품 가게』, 『소호의 죄』, 『나를 지워줄게』 등 40여 권이 있다.

불안의 기원

초판 1쇄 발행 2025년 4월 2일
초판 2쇄 발행 2025년 4월 22일

지은이 지그문트 바우만
옮긴이 박지선
펴낸이 김선식

부사장 김은영
콘텐츠사업본부장 박현미
기획편집 박윤아 **디자인** 황정민 **책임마케터** 박태준
콘텐츠사업4팀장 임소연 **콘텐츠사업4팀** 황정민, 박윤아, 옥다애, 백지윤
마케팅1팀 박태준, 권오권, 오서영, 문서희
미디어홍보본부장 정명찬
브랜드홍보팀 오수미, 서가을, 김은지, 이소영, 박장미, 박주현
채널홍보팀 김민정, 정세림, 고나연, 변승주, 홍수경
영상홍보팀 이수인, 염아라, 김혜원, 이지연
편집관리팀 조세현, 김호주, 백설희 **저작권팀** 성민경, 이슬, 윤제희
재무관리팀 하미선, 임혜정, 이슬기, 김주영, 오지수
인사총무팀 강미숙, 이정환, 김혜진, 황종원
제작관리팀 이소현, 김소영, 김진경, 이지우, 황인우
물류관리팀 김형기, 김선진, 주정훈, 양문현, 채원석, 박재연, 이준희, 이민운

펴낸곳 다산북스 **출판등록** 2005년 12월 23일 제313-2005-00277호
주소 경기도 파주시 회동길 490 다산북스 파주사옥 3층
전화 02-702-1724 **팩스** 02-703-2219 **이메일** dasanbooks@dasanbooks.com
홈페이지 www.dasanbooks.com **블로그** blog.naver.com/dasan_books
용지 스마일몬스터 **인쇄 및 제본** 상지사 **코팅 및 후가공** 제이오엘앤피

ISBN 979-11-306-6495-8 (03100)